北大社·"十四五"普通高等教育本科规划教材
高等院校汽车专业"互联网+"创新规划教材

汽车营销工程

马 芳 主编

内容简介

本书以营销管理理论的逻辑结构为基础，系统地介绍了汽车营销工程的基本概念、基本理论与模型。全书共分9章，包括导论、汽车市场营销环境、汽车市场分析、汽车市场消费者分析、汽车市场营销战略、汽车产品策略分析、汽车定价策略分析、汽车营销渠道策略分析、汽车促销策略分析。

本书可作为高等学校汽车服务工程、汽车营销、汽车运用工程、车辆工程、交通运输、交通工程等相关专业的教材，也可作为从事汽车行业的营销人员和管理人员的参考用书。

图书在版编目(CIP)数据

汽车营销工程／马芳主编．—北京：北京大学出版社，2024.1
高等院校汽车专业"互联网+"创新规划教材
ISBN 978-7-301-34664-8

Ⅰ.①汽… Ⅱ.①马… Ⅲ.①汽车—市场营销学—高等学校—教材 Ⅳ.①F766

中国国家版本馆CIP数据核字（2023）第224347号

书　　　名	汽车营销工程 QICHE YINGXIAO GONGCHENG
著作责任者	马　芳　主编
策划编辑	童君鑫
责任编辑	关　英　童君鑫
数字编辑	蒙俞材
标准书号	ISBN 978-7-301-34664-8
出版发行	北京大学出版社
地　　　址	北京市海淀区成府路205号　100871
网　　　址	http://www.pup.cn　新浪微博：@北京大学出版社
电子邮箱	编辑部 pup6@pup.cn　总编室 zpup@pup.cn
电　　　话	邮购部 010-62752015　发行部 010-62750672　编辑部 010-62750667
印　刷　者	大厂回族自治县彩虹印刷有限公司
经　销　者	新华书店
	787毫米×1092毫米　16开本　13印张　330千字 2024年1月第1版　2024年1月第1次印刷
定　　　价	49.00元

未经许可，不得以任何方式复制或抄袭本书之部分或全部内容。
版权所有，侵权必究
举报电话：010-62752024　电子邮箱：fd@pup.cn
图书如有印装质量问题，请与出版部联系，电话：010-62756370

前　言

随着我国经济的快速发展、科技的进步和全球化的深入，我国汽车行业得到了快速的发展，汽车行业的生产力迅速提高，出现了供大于求的现象。虽然我国汽车的产销量仍然位居世界前列，但是行业内深感供求不平衡的发展压力，这其中有很多原因。我国汽车行业较少运用基于现代科技的市场营销方式是一个重要原因。目前，越来越多的汽车组织已经认识到汽车市场营销在提高经营效率方面的重要性。但是，汽车企业经营环境日益复杂，依靠经验做决策的传统营销已不能满足汽车企业的需要。汽车市场营销学是一门随着社会科技发展而动态发展的学科，需要与时俱进，不断更新变化。如何借助多学科知识发展营销，为汽车企业在做决策时提供更多的科学分析工具，已成为汽车市场营销学发展的主要趋势。其实，市场营销学在发展之初就是以科学研究为基础的，是集学术性、科学性和艺术性于一体的学科。汽车营销工程正是在这种趋势下，综合工程学、数学、统计学等学科的相关知识发展起来的一门应用型学科。

汽车营销工程包含的理论、模型、方法、技术、实务等内容非常丰富，本书所述的也并非汽车营销工程的全部内容。汽车营销工程的全部内容博大精深，是一个包含汽车营销问题鉴别、汽车营销决策模型建立和汽车营销决策系统等多个方面的系统工程。在实际应用中，汽车企业需要根据企业的实际经营情况进行汽车营销问题鉴别、汽车营销决策模型建立与分析来制定汽车营销决策。但是，作为教材，相对完整的内容体系能提供一套相对完整的分析方法，对于学生掌握汽车营销工程的基本技术可以起到积极的作用。本书可作为高等学校汽车服务工程、汽车营销、汽车运用工程、车辆工程、交通运输、交通工程等相关专业的教材，也可作为从事汽车行业的营销人员和管理人员的参考用书。

本书以营销管理理论的逻辑结构为基础，系统地介绍了汽车营销工程的基本概念、基本理论与模型。全书共分9章：第1章导论，主要介绍了汽车营销工程的内涵、核心概念、汽车市场营销哲学；第2章汽车市场营销环境，主要介绍了汽车市场营销环境概述、汽车市场营销宏观环境和微观环境、汽车市场营销环境综合分析；第3章汽车市场分析，主要介绍了汽车市场反应模型概述、市场反应模型的类型、汽车市场营销信息系统、汽车市场调研、汽车市场趋势分析方法；第4章汽车市场消费者分析，主要介绍了汽车市场购买者类型、汽车市场个人消费者和组织购买者行为分析；第5章汽车市场营销战略，主要介绍了汽车市场营销战略分析、汽车市场STP营销战略、汽车市场营销竞争战略；第6章汽车产品策略分析，主要介绍了汽车产品策略、汽车产品策略模型；第7章汽车定价策略分析，主要介绍了汽车定价的基本方法、汽车定价策略；第8章汽车渠道策略分析，主要介绍了汽车渠道策略概述、引力模型、引力区位模型；第9章汽车促销策略分析，主要介绍了汽车促销策略、汽车广告决策模型、新型促销策略。

在本书的编写过程中，编者参考了国内外大量文献资料及网络资源，谨此对资料作者深表感谢。

汽车企业营销活动的实质是一个利用内部可控因素适应外部环境的过程,即通过对产品、价格、渠道、促销的计划和实施,对外部不可控因素做出积极动态的反应,从而促成交易的实现,并完成个人与组织的目标。随着科学技术的发展,在经典的营销组合策略的基础上,新的营销形态和新型的汽车营销模式出现,包括网络营销、OTO(Online to Offline)营销、数字营销、智能营销、新能源汽车环保营销等。

汽车营销工程是与时俱进的系统工程。党的二十大报告指出,"必须坚持系统观念。万事万物是相互联系、相互依存的。只有用普遍联系的、全面系统的、发展变化的观点观察事物,才能把握事物发展规律"。随着营销管理和现代汽车技术的迅速发展,新的理论、模型与技术不断诞生,汽车营销工程的内容也将越来越丰富。

由于编者水平所限,书中难免有不妥之处,敬请广大读者批评、指正。

编 者

2023 年 10 月

资源索引

目 录

第 1 章 导论 ……………………………… 1
 1.1 汽车营销工程的内涵 …………… 2
 1.2 汽车营销工程的核心概念 ……… 4
  1.2.1 需要、欲望和需求 …………… 4
  1.2.2 产品、效用和价值 …………… 4
  1.2.3 交换、交易和关系 …………… 5
  1.2.4 潜在顾客、市场营销者和相互市场营销 ……………………… 5
  1.2.5 数据 …………………………… 5
  1.2.6 信息 …………………………… 6
  1.2.7 解释 …………………………… 6
  1.2.8 决策 …………………………… 6
  1.2.9 实施 …………………………… 6
  1.2.10 营销模型 …………………… 6
 1.3 汽车市场营销哲学 ……………… 7
  1.3.1 汽车生产观念 ………………… 7
  1.3.2 汽车产品观念 ………………… 8
  1.3.3 汽车推销观念 ………………… 8
  1.3.4 汽车市场营销观念 …………… 8
  1.3.5 汽车社会市场营销观念 ……… 8
  1.3.6 汽车全面营销观念 …………… 9
 本章小结 ……………………………… 10
 习题 …………………………………… 10

第 2 章 汽车市场营销环境 …………… 13
 2.1 汽车市场营销环境概述 ………… 14
  2.1.1 汽车市场营销环境的内涵 … 14
  2.1.2 汽车市场营销环境的特点 … 14
 2.2 汽车市场营销宏观环境 ………… 15
  2.2.1 汽车市场营销宏观环境的影响变量 ………………………… 15
  2.2.2 汽车市场营销宏观环境的分析模型 ……………………… 19
 2.3 汽车市场营销微观环境 ………… 23
  2.3.1 汽车市场营销微观环境的影响变量 ………………………… 24
  2.3.2 汽车市场营销微观环境的分析模型 ……………………… 26
 2.4 汽车市场营销环境综合分析 …… 32
 本章小结 ……………………………… 33
 习题 …………………………………… 34

第 3 章 汽车市场分析 ………………… 37
 3.1 汽车市场反应模型概述 ………… 37
 3.2 市场反应模型的类型 …………… 38
  3.2.1 简单的市场反应模型 ……… 38
  3.2.2 市场反应模型的评价与选择 … 41
 3.3 汽车市场营销信息系统 ………… 41
  3.3.1 汽车市场营销信息系统的概念 … 41
  3.3.2 汽车市场营销信息系统的构成 … 42
 3.4 汽车市场调研 …………………… 44
  3.4.1 汽车市场调研的概念与步骤 … 44
  3.4.2 汽车市场调研方法 ………… 45
  3.4.3 汽车市场调研问卷的设计方法 ……………………………… 47
  3.4.4 汽车市场调研分类 ………… 55
 3.5 汽车市场趋势分析方法 ………… 59
  3.5.1 定性分析方法 ……………… 60
  3.5.2 定量分析方法 ……………… 61
 本章小结 ……………………………… 64
 习题 …………………………………… 64

第 4 章 汽车市场消费者分析 ………… 68
 4.1 汽车市场购买者类型 …………… 69
 4.2 汽车市场个人消费者行为分析 … 70
  4.2.1 影响汽车市场个人消费者行为的因素 …………………… 70
  4.2.2 汽车市场个人消费者行为分析模型 ……………………… 82
 4.3 汽车市场组织购买者行为分析 … 90

4.3.1　汽车市场组织购买者
　　　　　行为的概念 …………… 90
　　4.3.2　汽车市场组织购买者行为
　　　　　特征与影响因素 ………… 90
　　4.3.3　汽车市场组织购买者的
　　　　　购买模式 ………………… 92
　　4.3.4　汽车市场组织购买者的采购
　　　　　方式与程序 ……………… 93
　　4.3.5　汽车市场组织购买者的购买
　　　　　决策分析 ………………… 95
　本章小结 …………………………… 97
　习题 ………………………………… 98

第5章　汽车市场营销战略 ………… 101
　5.1　汽车市场营销战略分析 ……… 102
　　5.1.1　汽车市场营销战略的概念 … 102
　　5.1.2　汽车市场营销战略分析过程 … 103
　5.2　汽车市场 STP 营销战略 ……… 105
　　5.2.1　汽车市场细分 ……………… 105
　　5.2.2　汽车目标市场选择 ………… 107
　　5.2.3　汽车市场定位 ……………… 109
　5.3　汽车市场营销竞争战略 ……… 113
　　5.3.1　汽车市场类型 ……………… 113
　　5.3.2　汽车市场营销竞争战略选择 … 114
　　5.3.3　基于汽车市场竞争地位的
　　　　　战略选择 ………………… 115
　本章小结 …………………………… 117
　习题 ………………………………… 118

第6章　汽车产品策略分析 …………… 123
　6.1　汽车产品策略 ………………… 124
　　6.1.1　汽车产品的内涵 …………… 124
　　6.1.2　汽车产品设计 ……………… 126
　　6.1.3　汽车产品生命周期营销策略 … 127
　6.2　汽车产品策略模型 …………… 128
　　6.2.1　新产品设计模型 …………… 129
　　6.2.2　新产品决策模型 …………… 131
　本章小结 …………………………… 134
　习题 ………………………………… 135

第7章　汽车定价策略分析 …………… 142
　7.1　汽车定价的基本方法 ………… 143

　　7.1.1　汽车定价的影响因素 ……… 143
　　7.1.2　以汽车企业成本为导向的
　　　　　定价法 …………………… 146
　　7.1.3　以汽车市场需求为导向的
　　　　　定价法 …………………… 147
　　7.1.4　以汽车市场竞争为导向的
　　　　　定价法 …………………… 147
　7.2　汽车定价策略 ………………… 148
　　7.2.1　差别定价策略 ……………… 148
　　7.2.2　地理定价策略 ……………… 148
　　7.2.3　折扣定价策略 ……………… 149
　　7.2.4　心理定价策略 ……………… 149
　　7.2.5　产品组合定价策略 ………… 150
　本章小结 …………………………… 150
　习题 ………………………………… 150

第8章　汽车营销渠道策略分析 ……… 154
　8.1　汽车渠道策略概述 …………… 155
　　8.1.1　汽车渠道策略 ……………… 155
　　8.1.2　汽车渠道模式 ……………… 161
　8.2　引力模型 ……………………… 163
　8.3　引力区位模型 ………………… 165
　本章小结 …………………………… 165
　习题 ………………………………… 166

第9章　汽车促销策略分析 …………… 169
　9.1　汽车促销策略 ………………… 170
　　9.1.1　汽车促销策略类型 ………… 170
　　9.1.2　汽车促销组合模型 ………… 175
　9.2　汽车广告决策模型 …………… 177
　　9.2.1　汽车广告决策的内涵 ……… 177
　　9.2.2　汽车广告效果 ……………… 177
　　9.2.3　汽车广告预算决策 ………… 179
　9.3　新型促销策略 ………………… 181
　　9.3.1　汽车整合营销 ……………… 181
　　9.3.2　汽车数字化促销 …………… 181
　本章小结 …………………………… 183
　习题 ………………………………… 183
　附录　模拟试题及答案 …………… 188

参考文献 …………………………………… 199

第1章 导　　论

1. 了解汽车营销工程产生的背景；
2. 理解汽车营销工程的内涵；
3. 理解汽车营销观念的演变路径。

营销工程（marketing engineering）
需求（demand）
交换（exchange）
关系（relationship）
营销观念（marketing concept）
营销模型（marketing model）

汽车数字化营销案例①

数字化营销已经成为汽车企业启用的新型营销战略。数字化营销使用数字传播渠道开展产品和服务的营销实践活动，旨在通过数字传播渠道找到客户、维系客户、促进成交。汽车企业纷纷通过实施数字化营销战略彰显自身独特的品牌价值，提升市场占有率。

在沃尔沃与张家界玻璃栈道的数字化品牌营销案例中，沃尔沃没有请传统媒体报道，而是邀请知识型网红及互联网媒体做直播。在全球最高的玻璃桥上完成500米的自动驾驶展示，甚至往玻璃上泼洒肥皂水，创造了一个轰动的社会热点事件，引起许多人的围观和评议。沃尔沃选择在此完成这项挑战，是因为玻璃栈道的设计不会对环境造成破坏，正符合沃尔沃的价值理念。

汽车数字营销

汽车数字化营销已经成为汽车企业营销实施的有效方式，与此同时，汽车数字化营销也是一个系统工程，并且与时俱进。

---

① 亢樱青，2016. 从沃尔沃看汽车的数字化营销之道［J］. 商学院（12）：82-83.

1.1 汽车营销工程的内涵

市场营销（marketing）发展了多年，关于其定义，从不同的角度有不同解释，下面选取其中三种比较有代表性的定义来介绍。

根据美国市场营销协会（american marketing association，AMA）的定义，**市场营销是在创造、沟通、传播和交换产品中，为顾客、客户、合作伙伴及整个社会带来价值的一系列活动、过程和体系。**

根据菲利普·科特勒（Philip Kotler）的定义，**市场营销是个人和群体通过创造并同他人交换产品和价值，以满足需求和欲望的一种社会和管理过程。**

根据晁钢令的定义，**市场营销学的理论内核是交换障碍的克服。**

从以上定义可以看出，**市场营销的含义包括：市场营销必须以市场为导向，贯穿企业管理全程，是一种社会化的管理活动、过程和体系；市场营销强调交换是核心，交换是构成市场营销活动的基础；市场营销的目标是交换障碍的克服；交换过程的管理水平体现了市场营销战略和策略。**

汽车市场营销学是一门将汽车与市场营销结合起来进行研究的、应用性很强的交叉学科。其研究对象是汽车企业及其产品与服务和相关企业及其产品与服务的市场营销理论、方法、技术与实务活动。汽车市场营销是汽车企业为了实现企业经营目标，在一定的汽车市场营销环境下，通过发现消费者的需要及潜在需求，并按消费者的需要及潜在需求来设计、生产、推广产品与服务，以更好地满足汽车市场需求，或者引导汽车消费需求，而开展的一系列汽车市场营销活动和管理过程。所以，汽车市场营销可以描述为一个系统工程。汽车市场营销系统工程包括汽车市场调研系统、汽车市场推广系统、汽车品牌策划系统、汽车销售系统、客户服务系统等。汽车市场营销系统可以满足客户需求，简化汽车销售过程，提升汽车产品销量。汽车市场营销是以客户需求为导向，并把有效创造和维护客户当成首要任务，这是一种由外而内的思维方式；汽车市场营销是一种战略思考，以创造力为中心，注重建立能持续销售的系统，关心客户的需求满足和汽车企业的永续经营。

根据《现代汉语词典（第7版）》，工程是指土木建筑或其他生产、制造部门用比较大而复杂的设备来进行的工作，如土木工程、机械工程、化学工程、采矿工程、水利工程等，也指具体的建设项目工程；或泛指某项需要投入巨大人力和物力的工作。关于工程的研究称为工程学；关于工程的立项称为工程项目；一个全面的、大型的、复杂的包含各子项目的工程称为系统工程。

加里·L.利连（Gary L. LiLien）教授认为营销工程是使用各种决策模型来制定营销决策的方法。营销工程可以使用互动的、基于客户的计算机决策模型来分析、计划和实施营销战术及战略。营销工程可以作为一个通过计划、设计、决策支持结构化和营销管理支持系统将营销数据和知识用于实践的系统。因此，**汽车营销工程可以界定为将自然科学和社会科学的方法综合应用到汽车市场营销中的一个分支。具体来说，汽车营销工程是通过汽车市场营销的各种分析和决策模型对汽车市场营销数据、案例等进行定性化、定量化、系统化分析，以提高决策准确性的系统工程。**汽车营销工程的发展为汽车企业开展市场营销实践活动的理性决策提供了理论基础和技术支持。可以说，汽车营销工程是根据汽车营销理论和方法，综合运用管理学、计量经济学、数理统计学等学科知识，建立思想模型、数学模型、仿真模型，然后利用软件进行运算求解的过程。汽车营销工程可以实现从问题到实施的营销决策过程。

汽车营销工程系统包含三个方面：汽车营销理论、汽车营销决策模型、汽车营销工程软件应用。在汽车营销工程系统中，汽车营销理论是汽车营销工程的基础，是对汽车营销实践中的问题进行分析的理论依据。在汽车营销工程中，大多数决策模型都是基于汽车营销理论的。从汽车营销的基本概念、汽车营销环境分析、汽车市场分析、汽车消费者分析、汽车企业战略分析，到汽车营销组合策略，菲利普·科特勒的现代营销管理理论为汽车营销工程提供了较为全面的理论基础。

数据及分析与决策模型是汽车营销工程的核心部分。采集数据、建立分析与决策模型、运用软件进行运算求解可以揭示汽车营销实务中的本质与核心问题，并以系统工程的过程来协助管理者做出最佳决策、制订解决问题的方案。一般而言，汽车营销决策模型是基于汽车企业的现实营销问题或者汽车企业的一个特定营销目的，通过模型化、程序化的表述来探索和解决汽车企业的营销问题、进行汽车企业的营销决策支持的一种方法。需要说明的是，汽车营销决策模型是针对汽车营销实践问题的主要方面来进行分析，并不一定要求系统地分析汽车营销实践问题涉及的方方面面。因此，汽车营销工程中的汽车营销决策模型并非现实问题的完全写照，而是在约束条件下对现实营销问题的模拟，这也是汽车营销决策模型的局限性。然而，汽车营销决策模型具备对现实营销问题的抽象和模拟运算的能力，可以为汽车企业管理决策者提供现实影响因素在不同条件下的模拟结果，从而为汽车企业管理决策者制订汽车营销方案提供了便利和决策支持。汽车营销决策模型的表现形式也是多种多样的，可以是概念模型或者思想模型，也可以是图表模型、数学模型或者仿真模型。

汽车营销工程软件是指通过计算机编码将决策模型计算机化、软件化和程序化。由于汽车营销工程是一个包含营销问题鉴别、决策模型设计和决策系统选择三个方面的系统方法，因此，汽车营销工程软件的应用使管理汽车营销决策者不必关心那些复杂的数学模型，而可以通过汽车营销工程软件探索多种决策方案、简化计算求解和决策过程，从而制订和实施有效的解决方案。目前，在汽车营销决策过程中，仍主要借助 Excel、SPSS、SAS 等统计软件来完成决策模型运算。

随着社会、经济和技术的不断发展，汽车营销工程的内涵也在不断丰富和发展中。毋庸置疑的是，汽车营销工程的提出和发展不仅为汽车营销问题的解决提供了一种定量化、程序化、科学化的方法，而且在汽车营销理论与汽车营销实践之间架起了一座桥梁，为汽车企业营销决策者提供了一种很好的汽车营销决策分析方法，为汽车企业在汽车营销实践中制定科学有效的汽车营销决策提供了理论指导，同时提高了汽车企业营销决策的效率和精准度。

汽车营销工程

1.2 汽车营销工程的核心概念

汽车营销工程的核心概念包含了市场营销的核心概念及营销工程的独特概念,有需要、欲望和需求,产品、效用和价值,交换、交易和关系,潜在顾客、市场营销者和相互市场营销,数据,信息,解释,决策,实施,营销模型。

1.2.1 需要、欲望和需求

1. 需要

需要是人们生存与发展的基本要求,是外在行为的内在动机。需要是有层次的,初阶的需要是生存所需,高阶的需要是发展所需。需要的满足物是必须拥有的,如果不能满足,则会影响人们的生存或发展。

2. 欲望

欲望是指想要,是一种想要拥有的愿望。欲望的满足物不是必须拥有的,如果不能满足,不会影响人们的生存或发展,但会影响人们的心理状态。消费者的消费动机源于消费者的需要和欲望。其中,需要常常被视为刚需,而欲望则是指一个人想要但还没有得到某种东西的一种心理感觉。非必需的物品之所以能成为商品,就在于其具有满足消费者某些欲望的性能。人的欲望表现为无限性,如在消费中的表现为在可支配的资源条件下,人们会倾向于尽可能多地获取商品,以最大化满足欲望。

3. 需求

需求是指既有购买意愿,又有购买能力的需要和欲望。只有购买意愿,不构成需求。既有购买意愿,又有购买能力,才构成需求。因此,需求是有购买能力的需要和欲望,人们的消费活动是建立在此基础上的。需求是汽车市场营销活动的出发点,开展汽车市场营销活动需要从人们的需求出发。

1.2.2 产品、效用和价值

1. 产品

产品是指提供给市场的可以用来交换的物品,包括有形产品和无形产品。例如,一辆车是有形产品,为这辆车进行维修和保养的汽车服务是无形产品。

2. 效用

效用是指消费者对拥有或消费商品、服务获得的满足程度。反映在汽车市场上,效用是消费者拥有和使用汽车产品的满足程度。

3. 价值

价值是指满足需要的效用关系。价值可以表明商品的交换能力。

1.2.3 交换、交易和关系

1. 交换

交换是指各自把自己拥有的某种物品给对方的行为过程。 交换的重点在于所拥有的物品是不是对方所需。交换是人类经济活动的核心，是市场营销的核心概念。实现交换的必要条件如下。

（1）交换必须在至少两人之间进行。
（2）双方都拥有可用于交换的东西。
（3）双方都认为对方的东西对自己是有价值的。
（4）双方都有可能相互沟通并把自己的东西递交给对方。
（5）双方都有决定进行交换和拒绝交换的自由。

需要的产生使交换成为有价值的活动，产品的产生使交换成为可能，而价值的认同才能使交换最终实现。

2. 交易

交易是指双方以某种介质为媒介的价值交换。 介质通常包括货币媒介或者非货币媒介。其中，非货币媒介的表现形式可以为以物换物，即以产品换产品、以服务换服务、以产品换服务等。

3. 关系

关系是指人、事、物之间的相互联系，是在交换过程中形成的社会和经济等方面的联系。 关系的广泛存在使市场营销中派生出关系营销。关系营销是通过营销活动建立企业与消费者、供应商、分销商、竞争者、政府机构及其他公众之间的联系，并发展他们之间的良好互动过程，使关系各方实现其组织目标的营销管理过程。

1.2.4 潜在顾客、市场营销者和相互市场营销

1. 潜在顾客

潜在顾客是指对某类产品存在需求，并且具备购买能力的待开发顾客。

2. 市场营销者

市场营销者是指交换双方中比另一方更主动、更积极地寻找交换的人。 市场营销者可以是卖方，也可以是买方。

3. 相互市场营销

当买卖双方都在积极寻求交换时，就把双方都称为市场营销者，这就形成了相互市场营销。

1.2.5 数据

数据是事实或观察的结果，是对客观事物的逻辑归纳，是用于表示客观事物的未经加

工的原始素材。数据的类型包括声音、图像等模拟数据和符号、文字等数字数据。

1.2.6　信息

数据经过加工后就成为信息。数据是信息的表现形式和载体，信息本身没有意义，只有对实体行为产生影响时才成为信息。信息是加载于数据之上、对数据进行解释的内涵，二者是形与质的关系。

1.2.7　解释

解释是指在观察的基础上进行思考，合理地说明数据和信息的含义、事物变化的原因，事物之间的联系，或者事物发展的规律。

1.2.8　决策

决策是指决定的策略或办法。决策是一个复杂的思维、意志和行动相互结合而成的操作过程，表现为信息搜集、信息加工、做出判断、得出结论的过程。决策过程是从提出问题、确定目标开始，经过优选方案、做出决策，最后交付实施的全部过程。

1.2.9　实施

实施是指开展、施行，用实际行动去落实施行。汽车营销工程中的实施是指汽车企业主管或组织为实现组织目标而采取的一系列活动。

1.2.10　营销模型

汽车营销工程的基础是营销模型。营销模型是通过研究自变量、因变量之间，以及中间变量之间的关系，并尽量将它们之间的关系用数学函数表示出来，进而研究不同决策下市场的反应，并进行模拟决策。营销模型通常可以分为理论性模型、测量性模型、决策性模型。理论性模型主要包括文字模型和数学模型，主要用于解释营销现象。测量性模型主要用于测量多个自变量与因变量之间的关系以衡量营销活动对市场指标的影响。决策性模型主要通过应用测量性模型以提供营销决策的选择集。

汽车营销模型并不都是纯数学公式构建的数理模型，概念性模型也是营销模型的重要组成部分。例如，菲利普·科特勒基于数字化营销环境提出了全新用户路径的数字营销5A模型，即 aware（了解）、appeal（吸引）、ask（问询）、act（行动）、advocate（拥护）。5A模型重新定义了用户行为链路，这个链路代表了复杂的行为关系。信息传播不再是线性结构，而是网状结构，每个人都是其中的一个关键节点。基于5A模型的数字营销策略是将汽车用户的全生命周期纳入营销的所有环节。图1.1所示为汽车数字营销5A模型示意图。

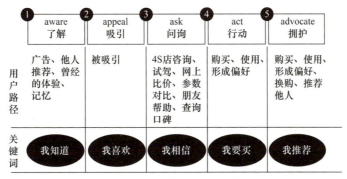

图 1.1 汽车数字营销 5A 模型示意图

（资料来源：杨海燕，2021. 基于 5A 模型的汽车行业数字营销策略研究：以大型国有汽车 H 公司为例［D］. 北京：对外经济贸易大学.）

1.3 汽车市场营销哲学

哲学是人们认识问题和分析问题的基本角度和方法。汽车企业在市场上的表现和业绩方面的主要差异并不是策略和技巧上的差异，而是经营观念上的差异。

汽车营销观念又称汽车市场观念或汽车市场营销哲学，是指汽车企业在开展营销管理活动时依据的指导思想和行为准则。汽车营销观念是社会经济发展的产物。

汽车营销观念的演变路径如图 1.2 所示，主要包括汽车生产观念、汽车产品观念、汽车推销观念、汽车市场营销观念、汽车社会市场营销观念、汽车全面营销观念。

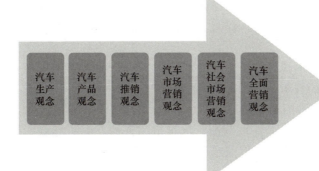

图 1.2 汽车营销观念的演变路径

1.3.1 汽车生产观念

20 世纪 20 年代前，经济不发达、物资短缺、产品供不应求，在卖方市场中产生了汽车生产观念。汽车生产观念的核心表现为：①大批量生产以提高效率，降低成本以扩展市场；②产品品种单一；③企业关心市场上产品的数量，不关心市场上消费者的需求。最为典型的例子为美国福特汽车公司。美国福特汽车公司通过对生产方式的改进提高了生产效率，生产了大量规格统一、品种单一、价格低廉的 T 型汽车。由于大规模生产带来的质量提高和成本降低，T 型汽车的市场销量迅速增加，产品供不应求。当时的汽车大王亨利·福特宣称，不管顾客需要什么颜色，我只有一种黑色的汽车。这充分体现了汽车生产观念是一种重生产、轻市场的汽车营销观念。

1.3.2　汽车产品观念

汽车产品观念是指以产品为中心的营销观念，是与汽车生产观念并存的。汽车产品观念的核心表现为产品至上。汽车产品观念认为汽车企业应致力于生产和改进优质产品，注重产品的质量，而不注重市场需求的变化。汽车产品观念仍然是以生产和产品为中心，不注重市场需求和销售，是汽车生产观念的后期表现。

1.3.3　汽车推销观念

汽车推销观念是汽车生产观念的发展和延伸。20 世纪 20 年代末期，世界性的经济危机导致产品供过于求，卖方市场向买方市场转换，汽车企业开始重视推销技术，汽车推销观念成为主导。然而，汽车推销观念仍然是以汽车企业为营销活动的出发点，其实质仍然是以汽车企业、生产和产品为中心，通过推销和促销的方式来提高销量，进而获取利润。汽车推销观念仍然没有研究顾客需求和市场变化。

1.3.4　汽车市场营销观念

汽车市场营销观念是在 20 世纪 50 年代中期出现的。市场营销观念是一种新型的企业经营哲学，是以顾客需求为中心的企业经营观念。市场营销观念的产生和应用是对其以前的各种经营观念的一种质的变革。其核心是从以企业需要为经营出发点变为以顾客需要为经营出发点。哈佛大学教授西奥多·莱维特曾对推销观念和市场营销观念做过深刻的比较，指出推销观念注重卖方需要，以卖方需要为出发点；市场营销观念则注重买方需要，以满足买方需要为出发点。

汽车市场营销观念的核心表现为以顾客为中心，即顾客需要什么就生产什么。以汽车市场营销观念为导向的汽车企业在开展营销活动时，把顾客不同的需求作为营销活动的起点，通过市场细分、选择目标市场和定位来进行战略性分析，提供适当的产品服务和营销组合来提高顾客满意度，进而获取利润。汽车市场营销观念的起点和终点都是顾客的需求。汽车市场营销观念不再是把汽车产品推销给顾客，而是研究顾客需要什么样的产品，并为顾客设计满足其需求的汽车产品。

1.3.5　汽车社会市场营销观念

从 20 世纪 70 年代起，全球环境和社会问题日益严重，企业不仅要考虑消费者的需要，而且要考虑整个社会的长远利益，由此出现了社会市场营销观念。社会市场营销观念是指企业在经营活动中必须承担相应的社会责任，保持企业利益、消费者利益同社会利益的一致性。随着汽车企业经营实践的发展，社会市场营销观念也逐步为汽车企业所接受，由此出现了汽车社会市场营销观念。汽车社会市场营销观念的核心表现为汽车企业必须平衡企业利益、消费者利益和社会利益三者的关系。因为汽车企业的经营活动不仅要受到经济规律的制约，而且会受到社会规律的制约，并且随着汽车企业经营活动的发展，汽车企业行为对社会的影响会变得越来越大。首先，汽车企业的产品及服务直接影响社会的生活方式；其次，汽车企业生产经营行为所产生的一些污染会对社会环境产生影响；最后，汽车企业在整个国民经济系统中所发挥的作用会给整个社会发展带来影响。因此，汽车企业在其经营活动中必须同时兼顾企业利益、消费者利益和社会利益，使汽车企业同社会和谐发展。

1.3.6 汽车全面营销观念

汽车全面营销观念来源于菲利普·科特勒的全方位营销观念。当以数字化经济为代表的新经济时代开始形成时，数字经济、网络经济、信息经济开始深入到社会生产和生活的各个方面，随着社会环境的变化，市场营销的理论和实践也相应地得到进一步发展。以菲利普·科特勒为代表的一些营销学者开始对新经济条件下的市场营销哲学进行新的探索，提出新经济条件下的全方位营销观念。他们认为在新经济条件下，企业必须把重心由产品投资组合转向客户投资组合；将客户价值、核心能力、合作网络作为塑造市场的三大基本要素；营销过程表现为以价值为基础的活动，是由价值探索、价值创造、价值传递等阶段构成的；企业的营销管理主要由需求管理、资源管理、网络管理三方面构成。这些动态发展的市场营销理论和实践使汽车企业受益颇多。汽车市场营销哲学也随之发展为汽车全面营销观念。汽车全面营销观念认为汽车营销应贯穿构成其内外部环境的所有因素，要有广阔的、前瞻性的视野，要超越传统营销观念，突破空间和地域的限制，建立一种多层次的、立体的营销方式，以更具全面性、关联性的方式开展汽车营销活动，以便在汽车市场中获得持续的经营和竞争优势。汽车全面营销观念包括整合营销、关系营销、内部营销、社会责任营销、内外销联动、网络营销、跨界营销等。汽车全面营销观念关注的重点是顾客不同的需求，通过塑造顾客价值、汽车企业的核心能力和合作网络来发挥协同效应，并进行资料库管理、价值链整合，提高汽车市场占有率、顾客忠诚度和其终身价值来达到汽车企业获利性的成长。

党的二十大报告指出，"必须坚持科技是第一生产力、人才是第一资源、创新是第一动力"。汽车全面营销观念就是通过科技和人才，将更多的汽车营销要素和模型方法创新性地综合起来，以寻找最优的汽车营销解决方案。例如，在数字化的时代，广汽三菱的数字化营销系统已经形成了官网、微信、天猫商城等数字化营销网络。在挖掘潜在顾客、提升售后服务及营销效率、扩大品牌知名度与竞争力等方面发挥了积极的作用。

汽车营销工程的产生背景来自宏观环境和微观环境的变化。宏观环境的变化主要表现在信息技术的飞速发展和复杂的市场营销环境共同推动了汽车营销定量化研究的进程。大数据、人工智能和云计算正在改变汽车企业的内外部环境。一方面，汽车市场中可获得的数据量激增，大量关于顾客偏好和行为的可用数据呈指数级增长，市场中沉淀了大量的数据。人们必须依赖科学的决策模型或者决策过程来应对在复杂的汽车营销环境中产生的营销问题。另一方面，信息技术的飞速发展使高性能的计算机更新速度越来越快，其计算能力越来越强，应用高性能的计算机处理大量数据已经成为现实。现代科学的汽车营销决策可以通过汽车营销决策模型和计算机软件的运算和求解来获得。

与此同时，随着社会与经济的发展，消费者的需求日益多样化和个性化，这使汽车企业难以通过简单的概念分析方式来应对汽车市场和消费者需求的变化。汽车企业需要精准地满足消费者的需求和应对快速变化的汽车市场环境。简单的经验式决策方法在竞争日益激烈的汽车市场环境中已经不再具备优势，从而要求汽车企业的决策者运用定量的研究与分析技术的成果进行科学的决策，即通过汽车营销研究人员对大量汽车市场数据进行定量的研究与分析，从而为汽车企业决策者的科学决策提供决策依据。

目前，汽车企业仍然需要通过营销人员建立汽车营销决策模型、进行模型分析来辅助决策的制定与实施，这对营销人员和营销决策者要求很高，也在一定程度上制约了汽车营销工程在汽车企业营销实务中的应用推广。

本 章 小 结

汽车市场营销是汽车企业为了实现企业经营目标，在一定的汽车市场营销环境下，通过发现消费者的需要及潜在需求，按消费者的需要及潜在需求来设计、生产、推广产品与服务，以更好地满足市场需求，或者引导消费需求，而开展的一系列汽车市场营销活动和管理过程。

汽车营销工程是通过汽车市场营销的各种分析和决策模型对汽车市场营销数据、案例等进行定性化、定量化、系统化分析，以提高决策准确性的系统工程。

汽车营销工程的核心概念包含了市场营销的核心概念及营销工程的独特概念，有需要、欲望和需求，产品、效用和价值，交换、交易和关系，潜在顾客、市场营销者和相互市场营销，数据，信息，解释，决策，实施，营销模型。

汽车营销观念的演变路径主要包括汽车生产观念、汽车产品观念、汽车推销观念、汽车市场营销观念、汽车社会市场营销观念、汽车全面营销观念。

汽车营销工程的提出和发展不仅为汽车营销问题的解决提供了一种定量化、程序化、科学化的方法，而且在汽车营销理论与汽车营销实践之间架起了一座桥梁，为汽车企业营销决策者提供了一个很好的汽车营销决策分析方法，为汽车企业在汽车营销实践中制定科学有效的汽车营销决策提供了理论指导，同时提高了汽车企业营销决策的效率和精准度。

一、名词解释

汽车市场营销、汽车营销工程、市场营销者、数据、信息、决策、营销模型。

二、简答与论述

1. 请简述汽车营销工程的内涵。
2. 请简述产品、效用和价值的内涵。
3. 请简述汽车营销观念的演变路径。
4. 某公司招聘营销人员，要求应聘者必须通过以下测试：在一个星期内，以比赛的方式推销一辆奇妙的汽车，并且把它卖给一个特别指定的人群——不会开车的人。一个星期的期限到了，应聘者回到公司汇报业绩。A先生卖出了0辆，B先生卖出了1辆，C先生卖出了10辆，D先生卖出了100辆，E先生卖出了500辆，并提交了计划书，承诺一年内至少卖掉一万辆！请分析在同样的条件下，不同的应聘者可能采取了哪些不同的方式，才导致推销结果有这么大的差异。

 阅读材料

福特T型车的兴衰

1903年，亨利·福特正式创立了福特汽车公司。1908年，福特T型车正式量产。福特根据当时大众的需要，做出了战略性的决策，致力于生产规格统一、品种单一、价格低廉、大众需要且买得起的汽车。这一决策为福特汽车公司带来了里程碑式的发展。当第一批福特T型车推向市场时，因其功能实用、质量上乘、价格合理，获得了市场广泛的认可，销量大幅上升，供不应求。1913年，福特汽车公司首创工业史上第一条流水生产线。由于这条生产线，福特汽车的生产成本和生产周期大幅下降，并且质量更加可靠。福特汽车公司在商业上取得了巨大的成功。

然而，到了20世纪20年代中期，汽车市场发生了巨大的变化，简陋而又千篇一律的T型车虽然价廉，但已经不能满足消费者的需求。面对市场的变化，福特不以为意，不理会消费者的需求变化，仍然坚持以生产为中心的观念。福特宣称，无论你需要什么颜色的汽车，我只有黑色的。

通用汽车公司面对市场的变化，及时地抓住了市场机会，推出了各种式样和颜色的雪佛兰汽车。雪佛兰汽车一上市就受到消费者的追捧，而福特T型车的销量剧降。到1927年，销售了1500万辆的T型车不得不停产。由于通用汽车公司及时改变了汽车营销理念，适应了汽车市场的变化，满足了消费者的需求，一举超过了福特汽车公司，成为世界第一大汽车公司。

（资料来源：https://auto.sohu.com/20060523/n243372081.shtml［2023-04-13］）

思考：请从福特T型车的兴衰来理解汽车营销理念对汽车企业的影响。

 拓展案例

营销4.0时代下的汽车企业数字化转型[①]

汽车行业在传统4P市场营销策略（product：产品，price：价格，promotion：促销，place：渠道）的渠道上，一直遵循着汽车主机厂＋4S店模式。汽车主机厂通过4S店完成用户线下试驾体验及销售环节，并形成了一种前厂、后店的销售模式。汽车主机厂与消费者之间不直接沟通。另外，传统的价格策略是汽车主机厂对产品有指导定价的

---

① 杨梅燕，2021. 基于5A模型的汽车行业数字营销策略研究：以大型国有汽车H公司为例［D］. 北京：对外经济贸易大学：9-10.

权利，各汽车 4S 店又有浮动定价权，4S 店通过这种信息不对称及汽车后市场赚取利润。

然而，随着移动互联网的发展，智能手机的应用带来了信息透明化，这种格局被打破，汽车主机厂开始重视直接面对消费者的机会。因此，汽车主机厂对消费者全生命周期价值的重视、与用户建立直接的沟通与联系成为汽车企业赢得用户并获得市场增长的重要途径。例如，汽车之家的电商销售就是一个很好的示例。汽车之家 2020 年推出的全球超级车展提供了与用户高频互动与引导、在线下单的一站式服务。2020 年"8·18"全网累计曝光 3.2 亿次。2020 年天猫"双 11"小鹏汽车销量突破 10000 台，长城汽车收集到销售线索 34411 条，成交量 26916 台。线上渠道已经成为汽车企业最有潜力的流量入口。在数字化营销环境下，汽车电商作为企业与用户重要的线上触点，是企业获取用户数据，对用户进行培育，获取用户全生命周期价值的重要渠道。

第 2 章　汽车市场营销环境

1. 理解汽车市场营销环境的内涵；
2. 理解汽车市场营销环境的影响因素；
3. 理解汽车市场营销环境的分析模型。
4. 理解波士顿矩阵及其作用。

营销环境（marketing environment）
宏观环境（macro environment）
微观环境（micro environment）
竞争者（competitors）

理想汽车营销案例[①]

理想汽车的线上营销模式是在新媒体和短视频社交媒体平台上创建营销内容。营销内容包括内部制作的高质量视频，视频详细介绍了产品规格和技术。理想汽车还会发布用户自愿推荐的内容，以及由关键意见领袖（key opinion leader，简称KOL）在技术、旅行及母婴产品领域创建的视频，通过用户真实体验的表达来提升知名度。此外，理想汽车利用短视频社交媒体平台的数据驱动功能进行准确定位用户，实现高效营销互动。通过网络平台的内容运营，更多用户认识汽车产品，从而扩大品牌知名度和提高产品认知度，售后问题可以在线解答，信息公开透明，与消费者的联系密切，用户需求可以及时得到处理。

理想汽车的线下营销模式采用直营销售模式，注重下沉市场，持续扩张实体门店，有效扩大服务范围。

互联网已经成为汽车企业重要的市场营销环境。通过网络推广实现新产品的传播和销售的案例在汽车企业中并不少见。早在 2006 年，大众汽车公司花费数百万美元通过电视、印刷媒体做了大量新产品的预热宣传，并通过 flash 动画技术建立虚拟网络试驾功能，用

---

① 来源：聆英咨询，2022. 理想汽车企业分析：线上＋线下营销模式[EB/OL]. (10 - 05)[2023 - 09 - 11]. https://lean-in.cn/index.php/industry/detail/id/427.html.

户可以通过网络预约当地经销商，了解产品知识，制订购车计划。大众汽车公司通过网络推广新产品收到了非常好的效果，活动结束，最终产生了2500份线上订单，经销商参与度达90%。

随着互联网和移动互联网技术的高速发展，汽车市场营销环境已呈现出明显的网络化局面。如今，互联网和移动互联网已经成为各大汽车企业开展市场营销活动的重要平台。

2.1　汽车市场营销环境概述

2.1.1　汽车市场营销环境的内涵

汽车市场营销环境是指影响汽车企业市场营销活动的所有因素的总称。汽车企业市场营销活动是在动态发展变化的环境下进行的。汽车市场营销环境既给汽车市场带来机遇，也带来风险。汽车市场营销环境包括宏观环境和微观环境。分析汽车市场营销环境可以发现环境中影响汽车市场营销的主要因素及其变化趋势、市场环境中存在的机会与威胁、企业自身的优势和劣势，进而可以制定有效的市场营销战略和策略。把握机会，避开威胁，发挥优势，克服劣势，以实现汽车企业的市场营销目标。

汽车市场营销环境是汽车企业市场营销活动的基础和条件。菲利普·科特勒认为企业的营销环境是由企业营销管理职能外部的因素和力量组成的。这些因素和力量影响营销管理者成功地保持和发展同其目标市场顾客交换的能力。因而，汽车市场营销环境是指与汽车企业市场营销管理职能有潜在关系的所有外部因素的体系。

汽车市场出口量

汽车企业是整个社会经济活动的有机组成部分，与社会存在紧密的联系。因此汽车企业的市场营销管理活动必然会受到企业市场营销管理职能外部因素的影响，这些因素构成了汽车市场营销环境。按这些因素对汽车企业市场营销管理职能的影响不同，汽车市场营销环境可以分为汽车市场营销宏观环境、中观环境、微观环境。汽车市场营销宏观环境是指人口环境、经济环境、政治法律环境、社会文化环境、自然环境、地理环境、科技环境。各个环境变量相互作用，相互依存，使汽车企业市场营销管理职能具有影响重大、不确定性和不可控性等特点。汽车市场营销中观环境是指行业环境、产业环境和相关公众（如供应商、竞争者、渠道商、顾客等）。汽车市场营销中观环境对汽车企业市场营销管理职能影响重大，汽车企业也可以部分影响汽车市场营销中观环境，如通过市场营销管理活动影响供应者、竞争者、顾客等。汽车市场营销微观环境仅指汽车企业自身环境。汽车市场营销微观环境的影响因素是指汽车企业可以控制的环境因素，如汽车企业的经营能力、制度条例、经济实力、企业文化等。一般来说，汽车企业可以影响汽车市场营销微观环境。

2.1.2　汽车市场营销环境的特点

1. 客观性

汽车市场营销环境是客观存在的，不以企业意志为转移。

在 20 世纪 80 年代前，宏观环境被认为是不可控因素，企业可以控制的因素只有存在于企业内部的因素。然而，在 20 世纪 80 年代后期，大营销的概念被菲利普·科特勒提出后，人们发现企业的外部环境不是完全不可控的，营销者可以通过影响政策，消除贸易壁垒等，使企业在新的市场环境下开展营销工作。

2. 发展性

随着社会和科技的发展变化，汽车市场营销环境的定义和边界也在不断发展变化。因而，汽车市场营销环境具有发展性。汽车市场营销环境可以产生新的环境机会和新的环境威胁。环境机会和环境威胁并存，并且在一定条件下可以相互转化。因此，汽车企业必须用发展变化的趋势观点去研究和把握汽车市场营销环境对企业自身的影响，发现环境机会，积极地响应汽车市场营销环境的变化。

3. 相关性

汽车市场营销环境中各个影响因素是相互联系、相互作用的。汽车市场营销环境不是由单一的因素决定的，而是受到一系列相关因素的影响。因而，汽车市场营销环境具有相关性。例如，通货膨胀、原材料短缺等因素都能导致商品价格上涨，从而影响企业产品的质量及其更新换代的速度等。

4. 差异性

汽车市场营销环境的差异性表现在同一种环境因素的变化对不同汽车企业的影响不同。在相同的宏观环境下，由于汽车企业自身环境不同，同样一种宏观环境因素的变化对不同汽车企业会造成不同程度的影响。例如，油价上升对于大排量汽车产品的生产企业而言是不利因素，但是对于经济型、小排量汽车产品的生产企业而言是有利因素。

汽车市场营销环境的差异性还表现在不同汽车企业会受到不同环境的影响。由于区域、性质等不同，不同汽车企业面对的具体环境不同。因而，汽车市场营销环境具有明显的差异性。汽车企业需要认真分析自身所处的环境特点，结合自身企业特点，为适应营销环境的变化采取不同的、切合实际的营销策略。

汽车市场营销环境具有的发展性、相关性、差异性的特点使汽车市场营销环境呈现出复杂性。汽车企业可以分析这些特点，把握汽车市场营销环境的发展趋势，在复杂的环境变化中主动调整汽车市场营销战略和策略，以促进汽车企业发展。

2.2 汽车市场营销宏观环境

2.2.1 汽车市场营销宏观环境的影响变量

汽车市场营销宏观环境是指对汽车企业市场营销管理职能产生重要影响但又不受汽车企业市场营销管理职能控制的因素。汽车市场营销宏观环境的影响变量包括人口环境、经济环境、政治法律环境、社会文化环境、自然环境、地理环境、科技环境。

汽车产业链环境

1. 人口环境

人口环境包括人口数量、人口的地理分布、人口的自然结构和社会结构、人口素质。

人口数量构成了劳动力市场和消费市场。人口增长带来了交通拥堵，对交通出行各项需求的增加使汽车企业不断扩大产能来满足这些需求。随着有购车需求的人不断增加，汽车消费者逐年增加，汽车市场随之扩大。但是，当市场达到饱和状态时，汽车企业就需要考虑如何保持企业的良性发展。人口环境对汽车企业的经营活动具有总体性和长期性的影响。

人口的地理分布带来了生活方式和风俗习惯的差异，形成了消费需求和方式的地域差异，如大型城市消费者比中小型城市消费者对汽车消费的需求旺盛。

人口结构包括自然结构和社会结构。人口的自然结构是指年龄结构和性别结构。年龄和性别的差异使消费者对汽车产品的需求各不相同。人口的社会结构包括民族结构、职业结构和教育结构等。由于不同民族或者不同区域的文化、风俗习惯和生活方式各不相同，消费者对汽车的品牌名称、色彩、款式等都有不同的偏好和忌讳，因此其消费需求也呈现一定的差异。不同职业或者不同教育背景的消费者，由于其消费需求不同，也会构成不同的消费群体。

人口素质是指人口总体的身体素质、文化素质和思想素质的综合表现。身体素质主要包括健康状况和健康预期寿命，文化素质主要包括文化科学水平和劳动技能，思想素质主要包括政治思想和道德品质。这三个方面具有内在的紧密联系。人口素质的提高，促进了生产力的发展和消费的升级换代，也推动了汽车市场的不断发展。

2. 经济环境

经济环境是指汽车企业所在的外部宏观经济情况。经济环境包括消费者的收入水平、消费者支出模式和消费结构、消费者储蓄和信贷、经济发展水平、产业结构、经济增长率、货币供应量、利率、经济体制地区和行业发展状况、城市化程度等多种因素。社会购买力是以上一些因素的函数，这些因素在不同程度上影响着汽车企业的市场营销管理职能和市场营销活动的开展。所以，汽车企业必须密切关注经济环境的动向，尤其要着重分析社会购买力、消费者支出模式和消费结构的变化及促成其变化的各种因素。

新能源汽车下乡

3. 政治法律环境

政治法律环境是指影响和制约汽车企业市场营销活动的外部政治形势、法律法规及公众团体等。汽车企业直接受政治法律环境的影响，并且很难预测和控制其变化。政治环境对汽车企业的影响主要表现为国家政府制定的方针政策的影响，如汽车产业政策、汽车企业政策、汽车产品政策和汽车消费政策、能源政策等。法律环境是指国家或地方政府颁布的各项法规、法令、规章、条例等。汽车企业的市场营销决策在很大程度上受政治法律环境的影响，汽车企业的市场营销管理者必须遵纪守法，保证其经营的合法性。

4. 社会文化环境

社会文化是一个涵盖面非常广的概念，是指人们在社会实践过程中获得的物质和精神的生产能力、创造的物质和精神财富的总和。社会文化是一个复杂的总体，包括物质和精神两个层面，对社会成员的生活方式和行为模式影响深远。

社会文化基本上可以分成三大要素：物质文化、关系文化和观念文化。物质文化是指人们在从事以物质资料为目的的实践活动过程中创造出来的文化成果，以生产力为首要目标。关系文化是人们在创造、占有和享受物质文化的过程中形成的社会关系。观念文化是在前两种文化的基础上形成的意识形态文化。社会文化是这三种要素的统一体。

价值观是一种思维取向，是人们对社会生活中各种事物的总的态度和看法，可以反映人们的认知，影响人们的购买动机和需求。以价值观为内核的观念文化是最深沉的核心文化，有高度的连续性，不会轻易改变。

风俗习惯是指集体传承下来的传统习俗、礼仪、生活方式、行为模式、行为规范。不同文化环境中人们的风俗习惯有其各自的特点，这对消费者购买行为会形成特定的影响。

社会文化环境就是指价值观、风俗习惯和其他社会性影响因素。消费者的购买行为受到不同社会文化背景的影响而表现出差异性。例如，两种不同文化背景下的消费高峰期不同，不同的节日风俗也使不同文化背景下的节日消费各具特色。另外，市场营销者本身也深受社会文化的影响，从而表现出不同的经商习惯和风格。

在进行社会文化环境分析时，除注重文化的多样性外，还要注重研究亚文化。每种文化都包含核心文化和若干亚文化，由此形成了亚文化群体，即那些有着共同生活经验或生活环境的群体。这些亚文化群体的价值观和风俗习惯等既与整体社会文化相符合，又因为他们各自有不同的生活经历和环境而表现出不同的特点。由于不同国家和地区文化的多样性，不同国家和地区有不同的价值观和风俗习惯等。社会文化环境会影响汽车企业的市场营销决策，汽车企业可以选择多样性下的文化群体或者亚文化群体作为目标市场。

社会文化环境对汽车市场营销的影响深远而广泛，尤其是在国际市场营销活动中表现更为明显。国际市场营销活动是跨国界、跨文化的活动，不同国家的文化差异对汽车市场营销影响很大。例如，在本国市场上受欢迎的汽车市场营销策略，在其他国家不同的文化背景下可能行不通，甚至招来厌恶和抵制。因此，汽车企业在开展国际市场营销活动时，需要仔细分析，在充分尊重文化差异的基础上，实现跨文化市场营销的目的。

5. 自然环境

自然环境是指自然界的资源和环境，包括自然资源和生态环境。自然环境是人类最基本的活动空间和物质来源。汽车企业的发展和市场营销活动的开展对自然环境会产生影响，同时也会受到自然环境的制约。过去粗放型的经济增长方式对资源的消耗比较大，随着工业化和城市化的发展，环境污染程度日益增加，出现了资源枯竭、海洋污染、土壤沙化、温室效应、物种灭绝和臭氧层破坏等一系列资源生态环境危机。目前，自然资源的短缺和污染问题已成为各国经济进一步发展的制约力甚至反作用力。各界都开始做出改变，力求达到一种与自然环境和谐发展的状态，正如党的二十大报告指出，"我们坚持绿水青山就是金山银山的理念，坚持山水林田湖草沙一体化保护和系统治理，全方位、全地域、全过程加强生态环境保护"。

由于传统的燃油汽车生产和使用需要消耗大量的自然资源，在使用过程中产生的废气对环境的污染造成了影响。因此，随着自然资源日益短缺，环境污染日趋严重，生态环境日趋恶化，环境保护措施将日趋严格。对传统燃油车的发展在宏观政策上持续收紧，对节能环保的新能源汽车的政策则是大力扶持。与此同时，越来越多的消费者具备了环保理念。因此，汽车企业纷纷加强研究汽车节能、改进排放新技术，开发节能、减排汽车新产品，并积极开发新能源汽车，逐步转型到新能源汽车领域。

6. 地理环境

地理环境是指汽车企业和消费者所处的地理位置及与此相联系的各种自然条件的总和，包括气候、公路与城市道路交通、山脉等。地理环境影响汽车使用过程，从而形成汽车使用环境，这对汽车市场营销活动具有约束作用。

7. 科技环境

科技环境是科学技术的进步及其应用所产生的影响的总和。科学以系统的理论反映系统的现象，是人类对自然、社会和思维等现象认识的结晶。技术是人类为实现社会需要改革客观世界所采用的手段的总和。科学、技术与生产的结合和统一是新技术革命的特征之一。作为推动社会生产力发展的主导力量，科学转化为直接的社会生产力的周期日益缩短，科技在社会生产中的作用呈几何级数增长。科技环境反映了一个国家和地区整体科技水平的现状及其变化情况。每一种科技新成果都会给社会生产和社会生活带来影响甚至是深刻的变化。科技环境对汽车企业的影响体现在科技进步改善了产品的性能、质量、外观设计等方面，降低了产品成本，满足了汽车市场消费者的差异性需求，提高了汽车企业的市场营销能力。科技的发展和运用也促成了新的市场机会，产生了新的行业。汽车市场营销人员应准确地把握科技革命的发展趋势，密切关注科技环境的变化对市场营销活动的影响，并及时采取适当的对策。"竞争战略之父"迈克尔·波特指出，技术概念除了可狭义地定义为一种科技类的东西外，还可定义为极为广泛的含义，包括管理、组织创新等，而运用技术的能力是企业获得竞争优势的源泉。科技的发展和运用已经改变了零售业的结构和消费者的购物习惯。随着网络技术的发展，网上消费已经成为现代消费者的主流消费方式。网络营销是现代电子技术高度发展带来的营销方式的重大变革，汽车市场营销人员如何借助网络、计算机通信和数字交互式媒体的共同作用来实现汽车市场营销目标是一个必须面对的问题。现代电子技术为市场营销活动创造了一个由计算机和通信交汇的无形空间，消费者可以在这个空间获取信息、自由购物，企业可以在这个空间进行广告宣传和销售商品等。所以，虚拟的空间已经开辟出了实实在在的竞争新领域，是包括汽车企业在内的各行各业竞相争夺的市场空间。

汽车市场营销宏观环境、中观环境、微观环境综合而成的汽车市场营销环境可以影响汽车企业市场营销管理职能，是汽车企业市场营销活动开展的约束条件。因此，汽车市场营销管理者需要研究汽车市场营销环境，制定适应动态发展变化的市场营销环境的市场营销战略和策略，以汽车企业可控的市场营销组合因素去适应不可控的外部环境，并考虑整个社会的长远利益，积极地影响和改变环境，满足、创造或改变顾客的需要，实现汽车企业的目标。

汽车市场营销环境中各环境变量的影响相互交织在一起，因此，在实际中可以按宏观环境和微观环境两个维度来分析。

2.2.2 汽车市场营销宏观环境的分析模型

汽车市场营销宏观环境的分析可以使用 PEST 分析模型来进行。PEST 即政治法律（political and legal）、经济（economic）、社会文化（sociocultural）、科技（technological）。PEST 分析模型是战略分析中进行外部环境分析的一种工具。影响汽车企业的外部环境因素可以利用 PEST 分析模型进行分析。各因素相互制约、相互影响。

汽车市场营销宏观环境的影响变量一般不受汽车企业控制。然而，汽车企业战略的制定受汽车市场营销宏观环境制约，汽车市场营销宏观环境的分析模型能从各方面比较好地把握宏观环境的现状及变化的趋势，这有利于汽车企业利用发展机会，及早发现和避开威胁。利用分析模型进行分析相对简单，可通过头脑风暴法来完成。无论是整车企业还是汽车零部件企业，都可以利用汽车市场营销宏观环境的分析模型进行分析。下面举例说明。

例1：汽车零部件企业宏观环境的分析[①]

Y 汽车零部件公司，是一家汽车零部件专业生产商。对于汽车零部件企业，宏观环境的分析通常采用 PEST 分析模型，即从政治法律环境、经济环境、社会环境和技术环境四个方面进行分析。

1. 政治法律环境

在一系列的政策指导下，我国正迈向汽车工业强国方向发展，汽车新能源行业和物联网被列为重点发展的领域。我国市场规模的优势及良好的政策环境有利于加强产学研合作创新及跨行业深度融合，有利于促进汽车新能源与物联网、智能化结合形成产业新生态。另外，全球性的能源危机及环境危机促使各国政府逐步颁布禁止销售石油燃料汽车的禁令，并从国家层面部署新能源汽车的发展战略。因此，新能源汽车行业迅速发展，进而也带动了汽车零部件行业及企业发展及转型。

Y 汽车零部件公司立足于传统汽车零部件生产的同时，顺应宏观环境的发展变化和汽车行业发展趋势，实施了新能源汽车技术研发及产品生产方面的战略。

2. 经济环境

2022 年 3 月 26 日，中国人民大学副校长、著名经济学家刘元春教授的主题讲座《从政府工作报告看当前经济形势》中指出，过去一年中国取得的 114.4 万亿元 GDP（国内生产总值），是具有重要里程碑意义的成就。从外部来看，全球新型冠状病毒感染仍在持续，世界经济复苏动力不足，大宗商品价格高位波动，外部环境更趋复杂严峻和不确定性；从内部来看，中国经济环境面临需求收缩、供给冲击、预期转弱的三重内部压力。

新冠疫情、交通拥堵、能源危机及环境保护理念都给汽车行业的发展提出了严峻的挑战。一方面，我国宏观经济将继续实行结构化改革；另一方面，工业化与城镇化水平加速提高，相应生产型物流运输能力需要同步上升，城镇人口快速增加，购车需求也相应增加。工业化及城镇化发展将会带动汽车行业的发展，从而大幅提高中国汽车保有量。因此，新冠疫情下我国的主要经济指标均有所下降，汽车行业虽存在危机，但也有发展的机会。

---

① 涂渠，2021. Y 汽车零部件公司产品竞争战略研究 [D]．重庆：重庆工商大学：23-27．

3. 社会环境

随着经济、社会的发展及消费者理念的更新，消费者的出行方式、生活方式、居住地选择、消费结构、休闲方式等都发生了很大变化。消费者在购买汽车时，不仅看中汽车的经济性、舒适性，更注重各品牌汽车所塑造的气质、形象与影响，部分消费者逐渐加大了对汽车环保性的考虑。

整车消费发生变化，推动了整车企业的产品升级，同时推动了汽车零部件企业的产品升级。

4. 技术环境

以人工智能、大数据及云计算技术为特征的"工业 4.0"将工业化与信息化进行深度融合，将工业生产中各流程中的数据紧密且及时地连接起来，实现数据化与智能化，从而高效率生产高质量的产品。

Y汽车零部件公司较早参与了新能源汽车零部件的研究，在新能源汽车产业链、电机电控技术及汽车电动化、智能化、网联化方面都有一定优势。同时，Y汽车零部件公司也可朝汽车快速充电、加氢设备供应等新能源汽车前端产业规划发展。

例2：影响汽车销量的因素分析[①]

1. 宏观环境分析

（1）政治法律环境

受双积分、开放汽车企业投资股比、国家第五阶段和第六阶段机动车污染物排放标准切换、汽车新四化、新能源补贴退坡、限行限购等因素的影响，以及面对日益激烈和复杂多变的市场竞争，汽车行业的马太效应越发明显，车企利润差距越来越大，粗放的发展模式不可持续，弱势汽车企业的淘汰加剧。这种局面部分是外部环境变化和产业政策调整的结果，同时客观上也为国内汽车企业提供了一个自我审视和战略调整的机遇。

（2）经济环境

2022年，中国经济经受了新冠病毒感染、乌克兰危机等多重内外部因素的较强冲击，但在高效统筹经济社会发展、多项稳定宏观经济大盘的政策陆续推出并加快落地的情况下，GDP达到121万亿元，按不变价格计算，比上年增长3.0%；以2019年为基期，之后三年的年均复合增速为4.5%，在全球主要经济体中居于绝对前列。2022年，中国居民消费价格指数（consumer price index, CPI）上涨2.0%，涨幅较上年提高1.1个百分点；工业生产者生产价格指数（producer price index, PPI）上涨4.1%，涨幅较上年下降4.0个百分点，

---

① 杨海燕，2021. 基于5A模型的汽车行业数字营销策略研究：以大型国有汽车H公司为例 [D]. 北京：对外经济贸易大学：24-28.

张须姣，2015. 互联网背景下的汽车营销模式研究：以一汽大众为例 [D]. 上海：上海工程技术大学：81-84.

中国社会科学院经济研究所，2023.2022年中国经济回顾与2023年经济展望 [EB/OL]. (01-28) [2023-09-11]. http://ie.cass.cn/academics/economic_trends/202301/t20230128_5584374.html.

新华社，2022.4.5亿辆、超5亿人！我国发布最新机动车和驾驶人数据 [EB/OL]. (12-08) [2023-09-11]. https://www.gov.cn/xinwen/2022-12/08/content_5730661.htm.

下降幅度较为明显,其中 10 月份以来,主要受去年同期基数抬升影响,PPI 同比增速已由正转负。2022 年,全国网上实物商品零售额同比增长 6.2%,比社会消费品零售总额同比增速高出 6.4 个百分点,网上实物商品零售额占社会消费品零售总额的比例为 27.2%,比 2020 年、2021 年分别提高 2.3 个百分点、2.7 个百分点,较 2019 年更是大幅提高了 6.5 个百分点,显示出线上消费对缓解消费冲击发挥了积极作用。

截至 2022 年 11 月底,全国机动车保有量达 4.15 亿辆,其中汽车保有量达到 3.18 亿辆;机动车驾驶人数量超过 5 亿人,其中汽车驾驶人达到 4.63 亿人。目前,机动车和驾驶人总量均居世界第一。

随着居民收入不断提高,消费结构升级进一步加快,这意味着我国汽车市场有巨大的增长空间,依然是一个体量巨大的市场。汽车工业在中国国民经济的发展过程中占据重要的地位,汽车工业的产业链较长,对于上下游两端具有较强的协同增长效用。随着国家经济的发展,人均可支配收入不断增长,中国汽车市场已经迅速成长为全球第一大汽车市场,这为 GDP 的增长作出了重要贡献。

2022 年汽车工业经济运行情况如下。

2022 年,汽车产销分别完成 2702.1 万辆和 2686.4 万辆,同比分别增长 3.4% 和 2.1%。其中,2022 年乘用车产销分别完成 2383.6 万辆和 2356.3 万辆,同比分别增长 11.2% 和 9.5%。2022 年新能源汽车产销分别完成 705.8 万辆和 688.7 万辆,同比分别增长 96.9% 和 93.4%,市场占有率达到 25.6%,高于上年 12.1 个百分点。新能源汽车经过多年发展,随着技术壁垒的不断突破和产销链不断成熟,越来越受到消费者的认可,销量逐年增长,发展势头迅猛。2013—2022 年新能源汽车销量及增长率如图 2.1 所示。新能源汽车正在从最初的小众市场向大众市场转变。

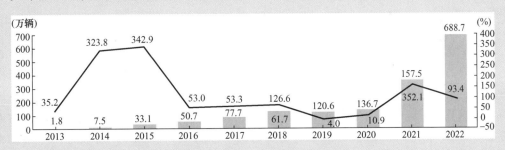

图 2.1　2013—2022 年新能源汽车销量及增长率

(数据图表来源于中国汽车工业协会)

在 2022 年中国品牌汽车销量前十名企业(集团)中,上汽集团第一,中国一汽第二,东风公司第三,广汽集团第四,长安汽车第五,如图 2.2 所示。

(3)社会环境

从社会结构来看,随着工业化的进程加速,城镇化水平的不断提高,中国汽车行业的消费群体将会进一步扩大。从人口和家庭结构来看,80 后和 90 后群体成为购车的主体人群。80 后群体经历了一定的经济积累,购车需求由首次购买代步车向品质品牌提升的增购、换购升级。90 后群体通过几年的职场打拼有了一定的积累,加上婚车婚房等

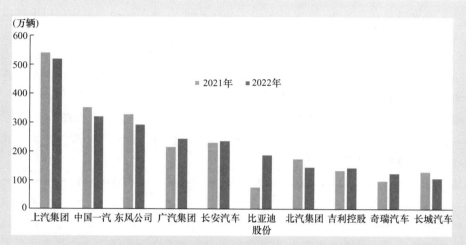

图 2.2　2022 年中国品牌汽车销量前十名企业（集团）
（数据图表来源于中国汽车工业协会）

普适性需求的助推，90 后群体呈现首次购买代步车为主的消费特征。互联网环境下成长起来的 00 后，则是网络时代的原住民，有着更为先进的消费理念与个性化的消费需求。

新一代消费者的社群化、移动化消费特征明显，他们愿意分享、交流、沟通、互动。社群成为更具说服力的销售推动力，如网红的粉丝群及因兴趣、行业而聚集的各种社群等。社会环境的变化使汽车企业的营销方式也相应发生了变化。汽车企业着力打造的线上接触用户、线下试驾等线上线下一体化的新的市场营销方式开始涌现并占据主导地位。

（4）技术环境

汽车行业是一个技术密集和资金密集的行业，技术进步是推动汽车产业变革的重要力量。电动化、网联化、智能化、共享化是汽车行业的未来，汽车企业之间的竞争已经演变为技术实力的竞争。例如，已经应用于汽车产品的自动驾驶技术，可分为五个级别：L1、L2、L3、L4、L5。L1 和 L2 可以实现自适应巡航、车道保持辅助、车道偏离警告等；L3 可以实现部分自动驾驶，如自动泊车；L4 可以实现车辆环境感知等高度自动驾驶；L5 可以实现完全自动化（自动驾驶最高级形态）。目前市场上可以实现的级别为 L1~L4。大部分 10 万~20 万元的车型均配备 L2 级别自动驾驶功能，在 30 万元左右豪华品牌（如宝马 3 系和奥迪 A4）上有 L3 级别的应用，L4 级别应用在智能汽车上，如小鹏汽车的 NGP Beta 版等。

2. 与汽车销量有关的指标选取

目前，新能源汽车和智能网联车仍处于兴起时期。因此，可能影响汽车销量的因素仍基于传统车型，从中选取的 15 个与汽车销量有关的指标如下。

（1）T1——中国汽车年度产量（单位：万辆）。

（2）T2——GDP（单位：现价亿美元）。

(3) T3——人均 GDP（单位：现价美元）。

(4) T4——城镇平均工资（单位：元）。

(5) T5——公路长度（单位：万千米）。

(6) T6——私人汽车拥有量（单位：万辆）。

(7) T7——居民消费水平（单位：元）。

(8) T8——汽油消耗总量（单位：万吨）。

(9) T9——S&P 全球股票指数（年变化率）。

(10) T10——汽油市场价格（单位：美元/升）。

(11) T11——按全年居民消费价格指数衡量的通货膨胀（年通货膨胀率）。

(12) T12——全年居民消费价格指数。

(13) T13——存款利率（百分比）。

(14) T14——按图表集法衡量的人均国民总收入（单位：现价美元）。

(15) T15——城镇人口占总人口比例（城镇人口总数/总人口数）。

3. 所选指标与汽车销量的相关性分析

通过 SPSS 软件进行所选指标与汽车销量的相关性分析，如果其间存在很强的相关性，则可用主成分分析法来继续分析。

4. 汽车销量影响因素的主成分分析

主成分分析法是通过降维将原先复杂的变量转化为少量由相关变量组成的变量之间的函数关系，减少由于指标重叠造成的误差，同时降低运算的复杂性。因此，可以通过主成分分析法对影响汽车销量的因素进行分类，同时构建出相应的分析模型。

总之，汽车市场营销宏观环境是汽车企业生存的总体综合环境，对汽车企业发展有极大的影响。

2.3 汽车市场营销微观环境

汽车市场营销微观环境是指与汽车企业紧密相连、可以被汽车企业直接影响、也可以直接影响汽车企业市场的因素。汽车市场营销微观环境也表现为对汽车企业服务其目标市场的市场营销能力构成直接影响的各种力量。汽车市场营销微观环境的影响变量包括汽车企业内部环境、汽车市场营销渠道企业、目标顾客、竞争者和各种公众等与汽车企业具体业务密切相关的个人和组织。汽车市场营销微观环境的影响变量包括汽车企业自身、供应商、中间商、顾客、竞争者、公众。

汽车行业竞争格局

汽车营销工程

2.3.1 汽车市场营销微观环境的影响变量

1. 汽车企业自身

汽车企业自身是指汽车企业的类型、组织结构、企业文化、管理机制等归属于汽车企业自身建设的影响因素，汽车企业自身是汽车企业可以直接控制的因素，是微观环境中的重要影响变量之一，也是汽车市场营销职能充分发挥的基础。汽车企业内部除市场营销管理部门外，还包括企业管理高层和其他职能部门，如制造部门、采购部门、研发部门及财务部门等。正是汽车企业内部的这些力量构成了汽车企业内部市场营销环境。其中，汽车企业的市场营销部门在制订汽车市场营销计划时，不仅要考虑汽车企业外部的环境力量，而且要考虑与汽车企业内部其他力量的协调。首先，汽车企业的市场营销经理只能在最高管理层规定的范围内进行决策，以最高管理层制定的汽车企业目标、战略和任务及相关规定为依据，制订市场营销计划，并得到最高管理层批准后方可执行。其次，汽车企业的市场营销部门要成功制订和实施市场营销计划还必须有其他职能部门的密切配合和协作。因此，汽车企业管理者应强化企业自身建设，促进市场营销职能的充分发挥和企业目标的实现。

2. 供应商

供应商是指向汽车企业提供企业经营所需的原材料、部件、能源、劳动力等各种资源的组织和个人。供应商能对汽车企业的经营活动产生巨大影响，是汽车市场营销微观环境的重要影响变量之一。供应商的供货价格会直接影响汽车企业的成本，供货的质量和时间的稳定性则直接影响汽车企业服务目标市场的能力。供应商不仅会直接影响汽车企业的销售实现，也会间接影响汽车企业顾客的满意度。所以，供应商的建设主要在供应链管理方面，包括供应的成本、质量、效率等。汽车企业应重视供应商的建设，选择那些有质量保证、交货期准确和成本低的供应商，并且避免对某一家供应商过分依赖，不至于受该供应商突然提价或限制供应的控制，同时重视供应商的利益，将供应商视为战略合作伙伴，与其实现双赢的共同发展。供应商的建设主要包括两个方面：一方面，严格确定资格标准，如技术水平、财务状况、创新能力和质量观念等，选择优秀的供应商；另一方面，积极争取业绩卓越的供应商，与他们建立良好的战略合作伙伴关系。

3. 中间商

中间商是指协助汽车企业市场营销活动开展的组织或个人，也可以说，中间商是协助汽车企业将产品销给最终顾客的那些企业或个人。中间商是汽车市场营销微观环境的重要影响变量之一。中间商包括分销商、物流服务商、市场营销服务商、财务服务机构等。

分销商是汽车企业销售渠道中的重要环节，可以协助汽车企业扩大市场份额。同时，大型分销商也有能力影响交易的条件。分销商是联系生产者和消费者的桥梁，分销商直接面对消费者，协调生产者与消费者之间存在的数量、地点、时间、品种及持有方式等矛盾。分销商的工作效率和服务质量会直接影响汽车企业产品的销售情况。因此，汽车企业的分销渠道构建是一个重要的市场营销战略和策略问题。

物流服务商提供将汽车企业的产品从原产地送至目的地的服务。物流服务商储存、运输和传递汽车企业产品，是汽车企业产品仓储和运输过程中的重要一环。

市场营销服务商是为汽车企业提供市场调查、广告、传播、咨询等服务的机构。市场营销服务商包括市场调研公司、广告公司、各种广告媒体和市场营销咨询公司等，他们提供的专业服务是汽车企业市场营销活动中不可缺少的。

财务服务机构包括银行、保险等金融机构，为汽车企业提供金融服务。汽车企业的信贷来源、银行的贷款利率和保险公司的保费变动等都会对汽车企业市场营销活动产生直接的影响。

供应商和中间商都是汽车企业向消费者提供产品和服务价值过程中不可缺少的支持力量，是顾客价值让渡系统中主要的组成部分。汽车企业应和他们建立战略合作伙伴关系，使顾客价值让渡系统趋于最优化。

4. 顾客

顾客是汽车企业的服务对象，是汽车企业产品的直接购买者或使用者。顾客是汽车企业市场营销活动的起点和终点，是汽车企业赖以生存和发展的根本。汽车企业与市场营销渠道中的各种力量保持密切关系就是为了有效地向企业的目标顾客提供产品和服务。顾客的需求是汽车企业市场营销努力的起点和核心。因此，认真分析目标顾客需求的特点和变化趋势是汽车企业极其重要的基础工作。

根据市场营销学对企业的目标市场进行分类的标准，汽车企业的目标市场根据购买者和购买目的可以分为五类：汽车消费者市场、汽车生产者市场、汽车中间商市场、政府市场、国际市场。汽车消费者市场是指为了个人消费而购买汽车产品的个人和家庭构成的市场。汽车生产者市场是指为了加工生产来获取利润而购买的个人和企业构成的市场。汽车中间商市场是指为了转卖来获取利润而购买的批发商和零售商构成的市场。政府市场是指为了履行政府职责而进行购买的各级政府机构构成的市场。国际市场是指国外的购买者构成的市场，包括国外的消费者、生产者、中间商和政府机构。

因此，一般来说，汽车市场的顾客也可以分为五类：个体顾客、企业顾客、经销商、政府采购和国际采购。个体顾客由个人和家庭组成，购买汽车的目的一般为自身消费。企业顾客购买和使用商品和服务是为了深加工或再生产。经销商的购买目的是转卖获利。政府采购多用以服务公众。国际采购是由其他国家的购买者发起的购买行为，购买目的较为多样。

每种汽车市场类型在汽车产品消费需求和消费方式上都具有鲜明的特色。汽车企业的目标顾客可以是以上五种市场中的一种或几种。也就是说，一个汽车企业的市场营销对象可以包括广大的消费者，也可以包括各类组织机构。汽车企业必须分别了解不同类型目标市场的需求特点和购买行为。

5. 竞争者

竞争者是指提供相似的产品或服务、服务相似的目标顾客的其他汽车企业。汽车市场中存在大量的竞争者，对汽车企业的生存和发展带来威胁和动力，是汽车市场营销微观环境的重要影响变量之一。

任何汽车企业都不太可能单独服务于某一顾客市场。只要存在出现替代品的可能性，就可能出现潜在的竞争对手。所以，汽车企业在某一顾客市场的市场营销总会遇到其他汽车或替代品企业类似市场营销的影响。这些和汽车企业争夺同一目标顾客的力量就是汽车企业的竞争者。汽车企业要在激烈的市场竞争中获得成功，就必须比竞争者更有效地满足目标顾客的需求。因此，汽车企业除发现并迎合消费者的需求外，还要识别和关注竞争者，并随时对竞争者的行为做出及时的反应，这也是成败的关键。汽车企业必须时时从顾客的角度出发，考虑顾客购买决策过程中的各种影响因素，通过有效的汽车市场定位，取得汽车市场的竞争优势。

6. 公众

公众是指与汽车市场营销活动有关并具有影响力的群体或个人，包括对汽车企业实现市场营销目标的能力有实际或潜在影响的群体或个人。

汽车企业的公众主要包括新闻媒介、协会、金融界、新闻界、政府、社区公众和汽车企业内部公众、社团组织及一般大众，如消费者协会、老年协会、旅游者俱乐部、环境保护组织等。这些公众不是官方组织，不具强制性，但因其是某个群体的利益代言人，所以颇具影响力和号召力，已成为一种重要的社会力量。在我国影响很大的是1984年12月在北京成立的中国消费者协会，该协会是对商品和服务进行社会监督的保护消费者合法权益的社团组织。中国消费者协会履行的公益性职责如下。

（1）向消费者提供消费信息和咨询服务，提高消费者维护自身合法权益的能力，引导文明、健康、节约资源和保护环境的消费方式。

（2）参与制定有关消费者权益的法律、法规、规章和强制性标准。

（3）参与有关行政部门对商品和服务的监督、检查。

（4）就有关消费者合法权益的问题，向有关部门反映、查询，提出建议。

（5）受理消费者的投诉，并对投诉事项进行调查、调解。

（6）投诉事项涉及商品和服务质量问题的，可以委托具备资格的鉴定人鉴定，鉴定人应当告知鉴定意见。

（7）就损害消费者合法权益的行为，支持受损害的消费者提起诉讼或者依照本法提起诉讼。

（8）对损害消费者合法权益的行为，通过大众传播媒介予以揭露、批评。

有时候公众的态度会直接影响汽车企业市场营销的效果。因此，处理好与公众的关系显得格外重要。目前，许多汽车企业建立了公共关系部门，专门筹划与协助企业和各类公众建立良好关系，为企业建设良好的市场营销微观环境。

2.3.2 汽车市场营销微观环境的分析模型

汽车市场营销微观环境的分析模型有波特五力分析模型、波士顿矩阵、生命周期模型。

1. 波特五力分析模型

波特五力分析模型又称波特竞争力模型，如图2.3所示。波特五力分析模型是迈克尔·波特（Michael Porter）于20世纪80年代初提出的战略分析工具，对企业战略制定产生了全球性的深远影响。**五力分别是供应商的议价能力、购买者的议价能力、潜在竞争**

者进入的能力、替代品的替代能力、行业内竞争者现在的竞争能力。五种力量的不同组合变化共同决定了行业的竞争规模和程度,最终影响行业和企业变化。因此,波特五力分析模型是企业进行环境分析并制定竞争战略时经常采用的战略分析工具。

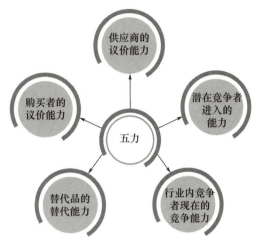

图 2.3 波特五力分析模型

（1）供应商的议价能力。

汽车供应商根据其规模,主要通过提高价格与降低质量的方式,来影响行业中现有汽车企业的盈利能力与产品竞争力。

（2）购买者的议价能力。

汽车购买者主要通过压价与要求较高的产品或服务质量的方式,来影响行业中现有汽车企业的盈利能力。

（3）潜在竞争者进入的能力。

汽车企业潜在竞争者在给汽车行业带来新生产能力、新资源的同时,将影响现有汽车市场的格局,加剧竞争的态势,最终导致汽车行业中现有汽车企业盈利水平降低,还有可能危及现有汽车企业的生存。潜在竞争者产生进入威胁的严重程度取决于进入壁垒和现有汽车企业的反应。

（4）替代品的替代能力。

一种产品的功能和另一种产品相似,就构成了替代品。源自汽车行业内（外）替代品的竞争会以各种形式影响汽车行业中现有汽车企业的竞争战略。

（5）行业内竞争者现在的竞争能力。

汽车行业内现有企业之间的竞争常表现在价格、广告、产品宣传、售后服务等方面,其竞争强度与许多因素有关。汽车行业中的企业,利益相关但又相互竞争,构成了复杂的竞争态势。

波特五力分析模型不仅指出了影响竞争的五种力量,还指出了三类战略:总成本领先战略、差异化战略、专一化战略。

波特五力分析模型应用广泛。下面仍以汽车零部件企业举例说明。

例3：汽车零部件企业微观环境的分析[①]

1. 供应商的议价能力

Y 汽车零部件公司供应商所带来的风险较低。公司供应商集中程度适中，供应商产品质量、配合度、逾期率均符合产品发展要求，供应商品牌、前向一体化能力均较弱。与此相对应的是，公司转换成本较高。

2. 购买者的议价能力

Y 汽车零部件公司在与整车企业进行交易时，买方具有较强的议价能力；Y 汽车零部件公司在与其他购买方进行交易时，Y 汽车零部件公司具有较强的议价能力。

因此，在汽车生产的价值链上，整车企业拥有较强的议价能力，汽车零部件企业作为供应商，只有通过降低生产成本以取得价格优势或通过加强技术创新以取得不可替代性的优势，才能降低购买者的议价能力。

3. 潜在竞争者进入的能力

Y 汽车零部件公司生产的主要零部件产品为汽车线束产品及火花塞产品。2019 年 Y 汽车零部件公司国内外潜在竞争者见表 2-1。

表 2-1 2019 年 Y 汽车零部件公司国内外潜在竞争者

企业名称	营业收入/万元	主营产品
宁波华翔电子股份有限公司	711743	金属件、电子产品、轻量化材料
海南韵达汽车饰件股份有限公司	49354	汽车仪表、门护板、装配集成
宁波双林汽车部件股份有限公司	200964	精密注塑件、新能源电机、控制器
宁波继峰汽车零部件股份有限公司	86575	头枕支杆、座椅扶手
通达集团控股有限公司	361844	电子电器外壳
上海华时机电有限公司	—	空调外壳、电器配件
深圳市华益盛模具股份有限公司	—	焊接件、注塑件、产品喷涂
青岛海科模内装饰有限公司	—	塑料制品、机械制品、金属制品
延锋汽车内饰系统有限公司	—	控制台模块、驾驶舱模块
Visteon Corporation	997920	汽车照明、空调系统
Faurecia Group Co. Ltd.	7823972	内饰系统、排放系统
Novem Car Interior Design GmbH	392220	新型材料、内饰加工
HB W-Gubesch	—	研发、高分子材料、模具
Dr. Schneider GmbH	423620	通风系统
Summit PolY 汽车零部件 mers Inc	—	全套控制台、照明控制
Flex-N-Gate Corp.	—	汽车前端模块、冲压金属

[①] 涂渠，2021. Y 汽车零部件公司产品竞争战略研究 [D]. 重庆：重庆工商大学：28-32.

表 2-1 所列公司在各自领域的资源、合作关系、技术水平方面都有一定的积累；但是，整车企业对汽车零部件产品有严格的要求，需要新进供应商进行较长的时间认证。Y 汽车零部件公司进入较早，具有自身优势，形成了一定的行业壁垒。

4. 替代品的替代能力

Y 汽车零部件公司的主要产品为汽车线束，附带生产火花塞、点火线圈及电子控制模块等相关汽车零部件产品。但是，按新能源汽车的发展趋势，新能源汽车线束及其他相关新能源汽车零部件产品将对 Y 汽车零部件公司产品构成极大的替代威胁。

5. 行业内竞争者现在的竞争能力

下面采用 CR_n 指标描述行业集中度。行业集中度指的是行业内前 n 家企业占据的市场份额，如 CR_4 指行业内前 4 家企业占据的市场份额。如果 $CR_4<30\%$，则为竞争型市场，如果 $CR_4 \geqslant 30\%$，则为寡占型市场。市场结构与行业集中度的关系见表 2-2。

表 2-2 市场结构与行业集中度的关系

市场结构	CR_4 值/(%)
寡占Ⅰ型	$CR_4 \geqslant 85$
寡占Ⅱ型	$75 \leqslant CR_4 < 85$
寡占Ⅲ型	$50 \leqslant CR_4 < 75$
寡占Ⅳ型	$35 \leqslant CR_4 < 50$
寡占Ⅴ型	$30 \leqslant CR_4 < 35$
竞争型	$CR_4 < 30$

根据以上数据可知，全球汽车线束行业呈现高度垄断的形势，前 4 家企业占据了 75% 的市场份额，属于寡占Ⅱ型市场。

2. 波士顿矩阵

波士顿矩阵（BCG matrix）又称 BCG 矩阵或增长-份额矩阵，是由美国著名管理学家、波士顿咨询公司创始人布鲁斯·亨德森开创的分析工具，主要用于协助企业分析公司业务的表现，以便更好地分配资源。

根据波士顿矩阵的研究，决定产品结构的基本因素一般有两个：市场引力与企业实力。市场引力是指整个市场的销售（销售量或者销售额）增长率、竞争对手强弱及利润高低等。其中，最主要的指标是销售增长率。销售增长率是决定企业产品结构的外在因素。因此，一般将销售增长率作为反映市场吸引力的指标。企业实力是指企业产品的相对市场份额、企业技术、设备、资金利用能力等。其中，最主要的指标是相对市场份额。相对市场份额是决定企业产品结构的内在因素。因此，相对市场份额常作为反映企业实力的指标。综合内外因素，波士顿矩阵将销售增长率与相对市场份额设为两个主要指标，用来绘制波士顿矩阵图（图 2.4），并分析决定企业的产品结构和描述企业产品的发展前景。

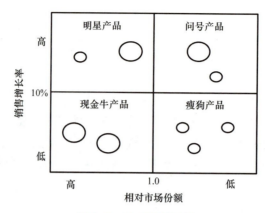

图 2.4 波士顿矩阵图

绘制波士顿矩阵图的基本步骤如下。

（1）核算企业各种产品的销售增长率和相对市场份额。

销售增长率可以用企业的产品销售额增长率和销售量增长率来表示。

销售增长率和相对市场份额的计算公式为

$$销售额增长率＝本年销售增长额÷上年销售总额$$
$$＝（本年销售额－上年销售额）÷上年销售总额$$
$$销售量增长率＝本年销售增长量÷上年销售总量$$
$$＝（本年销售量－上年销售量）÷上年销售总量$$
$$相对市场份额＝企业产品的市场份额÷其最大竞争对手的市场份额$$

（2）绘制四象限图。

一般首先以 10% 的销售增长率和 1.0 的相对市场份额为高低标准分界线，将坐标图划分为四个象限；然后把企业全部产品按其销售增长率和相对市场份额，以及每种产品当年销售额，在坐标图上标出其相应位置并绘成面积不等的圆圈。

根据销售增长率与相对市场份额两个因素的相互作用，波士顿矩阵图把企业全部产品分为四类：明星产品、现金牛产品、问号产品和瘦狗产品。

① **明星产品。明星产品是销售增长率和相对市场份额双高的产品群**，属于发展前景好、竞争力强的产品群。企业可以加大投资以支持其发展。

② **现金牛产品。现金牛产品是销售增长率低、相对市场份额高的产品群**，属于成熟市场的领导者。企业可以降低投资、收割利润，维持相对市场份额并延缓衰退。

③ **问号产品。问号产品是销售增长率高、相对市场份额低的产品群**，属于发展前景好、但市场开拓与维护不足的产品群。企业需谨慎评估后投入支持或重新定义。

④ **瘦狗产品。瘦狗产品是销售增长率和市场份额双低的产品群**，属于利润率低甚至亏损的产品群。企业应采取维持或放弃战略。

综合而言，明星产品、现金牛产品、问号产品和瘦狗产品相应的发展战略分别为投入支持、收割利润、评估后投入支持或重新定义、维持或放弃。

例4：OF集团的波士顿矩阵[①]

2018年OF集团光学光电、智能汽车两大领域中主要产品的销售增长率和相对市场份额见表2-3。

表2-3　2018年OF集团光学光电、智能汽车两大领域中主要产品的销售增长率和相对市场份额

主要产品	销售增长率	相对市场份额
触控显示	6.37%	13.36%
生物识别	8.56%	16.23%
保护盖板	3.29%	10.55%
影像	116.75%	18.35%
VR（虚拟现实技术）项目	5.51%	0.24%
智慧事业	0.13%	0.87%
汽车电子	20.36%	2.95%
智能中控	30.67%	5.78%
智能驾驶	27.82%	3.37%
互联网+	15.65%	0.65%

OF集团光学光电、智能汽车两大领域中主要产品的波士顿矩阵图如图2.5所示。由图可知，OF集团应实施差异化的市场竞争战略。

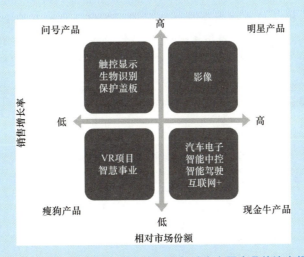

图2.5　OF集团光学光电、智能汽车两大领域中主要产品的波士顿矩阵图

3. 生命周期模型

同任何事物一样，产业、行业、产品也要经历孕育、诞生、成长、成熟、衰亡等阶段，即具有生命周期。行业的生命周期是指行业从出现到完全退出社会经济活动所经历的

---

① 钟瑜，2019. OF集团市场竞争战略研究[D]. 南昌：江西师范大学：39-40.

时间。类似地,产品的生命周期是指产品从上市到完全退出市场所经历的时间。一般而言,**生命周期模型主要包括四个阶段:导入期、成长期、成熟期、衰退期**,如图 2.6 所示。生命周期模型可以用来评价一家企业、一个行业或者产品处于哪个阶段。

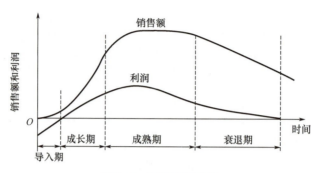

图 2.6　生命周期模型

2.4　汽车市场营销环境综合分析

汽车市场营销环境综合分析通常使用优劣势分析法(SWOT 分析法)。**SWOT 分析法中,S、W、O、T 四个字母分别代表优势(strength)、劣势(weakness)、机会(opportunity)和威胁(threat)**。SWOT 分析法是一种综合分析企业内外部环境的方法。优势和劣势为企业内部环境,机会和威胁为企业外部环境。首先,收集系统全面的相关信息;其次,分析信息,将不同类别的信息按重要性进行排序,并按优势、劣势、机会、威胁进行分类总结,进而形成 S—O 策略、W—O 策略、S—T 策略、W—T 策略,以评价企业的优势、劣势、机会和威胁,对企业市场营销内外部环境进行综合分析;最后,结合企业的实际情况、特点及需要选择最恰当的策略。通过 SWOT 分析法,企业可以把资源集中在企业有优势和有最多机会的地方。

例 5:CQ 公司使用 SWOT 分析法进行汽车市场营销环境综合分析[①]

根据 CQ 公司面临的行业机会和威胁,结合 CQ 公司自身的优势和劣势,其新能源汽车产品发展的组合策略见表 2-4。

表 2-4　CQ 公司新能源汽车产品发展的组合策略

	S	W
策略	(1) 起步早,人才开发资源丰厚; (2) 自主掌握核心零部件技术,研发经验丰富; (3) 基地和营销服务网络布局广; (4) 现有可利用车型平台较完整; (5) 整车驾驶体验好,性价比高	(1) 盈利能力差,研发投入不足; (2) 新能源汽车区别不明显; (3) 产业链整合不够,成本压力较大

---

① 谭辉龙,2018.CQ 公司新能源汽车产品战略研究 [D]. 重庆:重庆理工大学:37-38.

续表

O	S—O策略	W—O策略
（1）行业需求潜力大； （2）国家产业政策扶持； （3）续航里程、成本、充电设施等将有较大改善； （4）普通消费者环保意识日益加强	（1）坚定新能源业务信心，扩大新能源汽车产品投放，扩大产能； （2）抓住现有基盘客户，开展消费升级研究； （3）加大现有上市新能源车型推广和示范，扩大新能源汽车影响力	（1）产学研合作，积极争取国家级项目，寻求国家资金支持； （2）组建新能源事业部，与传统燃油车分开管理
T	S—T策略	W—T策略
（1）新能源市场竞争迅速加剧； （2）成本受制于核心零部件供应商，整车企业相对较被动； （3）产品迭代快，车型生命周期面临挑战； （4）国家对新能源汽车补贴退坡，对消费意愿有一定抑制	（1）优化新能源车型开发项目管理，缩短开发周期； （2）优化产品组合，实现同平台车型的多目标用户群覆盖； （3）积极寻求强强联合，寻求在大宗物资的联合采购和物流等领域合作	（1）转变盈利模式，加快围绕新能源车型的生态圈建设； （2）扩展上游产业链； （3）扩展下游产业链，打造超级充电网络

通过上述分析，新能源汽车行业属于政策支持、市场快速扩张的发展型行业，行业发展给企业带来的机会大于威胁。CQ公司属于发展型汽车企业，在新能源领域具备一定的优势，但目前在新能源市场的相对市场占有率还不够大。因此，基于CQ公司的内外部情况，建议选择S—O策略，充分利用企业内部优势与外部机会，加速新能源汽车布局；同时，结合W—O策略，利用外部机会来弥补内部劣势，并推动内部能力提升，避免因内部能力不足而制约新能源汽车战略目标的实现。

本章小结

汽车市场营销环境是指影响汽车企业市场营销活动的所有因素的总称。汽车企业市场营销活动是在动态发展变化的环境下进行的。

汽车市场营销环境具有客观性、发展性、相关性、差异性的特点。

汽车市场营销环境包括汽车市场营销宏观环境和汽车市场营销微观环境。

汽车市场营销宏观环境是指那些对汽车企业市场营销管理职能产生重要影响但又不受汽车企业市场营销管理职能控制的因素。汽车市场营销宏观环境的影响变量包括人口环境、经济环境、政治法律环境、社会文化环境、自然环境、地理环境、科技环境。

汽车市场营销微观环境是指与汽车企业紧密相连、可以被企业直接影响、也可以直接影响汽车企业市场的因素。汽车市场营销微观环境的影响变量包括汽车企业自身、供应商、中间商、顾客、竞争者、公众。

汽车市场营销环境的分析模型有PEST分析模型、波特五力分析模型、波士顿矩阵、生命周期模型。汽车市场营销环境综合分析通常使用SWOT分析法。

习题

一、名词解释
汽车市场营销环境、行业的生命周期。

二、简答与论述
1. 请简述研究汽车市场营销环境的意义。
2. 请简述汽车市场营销宏观环境的影响变量。
3. 请简述汽车市场营销微观环境的影响变量。
4. 请简述波特五力分析模型。
5. 请简述波士顿矩阵图的组成及其绘制的基本步骤。
6. 请论述汽车市场营销环境综合分析使用的SWOT分析法的内涵。

阅读材料

小鹏汽车网络营销

不少房企、车企等大件商品企业入局"双11"阵营，都希望借助电商的渠道链路为企业的数字化按下"快进键"。其中，小鹏汽车和天猫、聚划算百亿补贴的合作，在2020年"双11"取得了非常亮眼的成绩。这除了与小鹏汽车一贯的产品品质和新能源技术积累的良好口碑有关，还离不开它和天猫、聚划算在网络营销方面的合作策略。

此次"双11"，小鹏汽车和天猫、聚划算共创的"2S+2S"的新型营销模式是从试驾、售车、售后、金融、二手车、周边等多元维度触达消费者，实现了渠道的数字化，也让小鹏汽车的"双11"网络营销事半功倍。

在汽车的销售过程中，整车销售、零配件、售后服务和信息反馈（4S）都是不可或缺的一环，通常，这四个环节的任务都需要汽车销售服务4S店承担，来满足消费者在售前、售中、售后的各方面服务需求。这也意味着车企在建店、装修、人工等方面的巨大成本投入，无形中增添了消费者的购车成本。

而小鹏汽车的"2S+2S"营销模式则是将"4S"拆解为两个部分，将销售和零部件的部分放在天猫线上，售后服务和信息反馈的环节仍在线下进行。通过"小鹏汽车天猫旗舰店＋小鹏汽车线下门店"的双渠道联动，小鹏汽车打通了线上和线下两个场域，这不仅大幅度降低了成本支出，也为消费者带来了升级的购车体验。

线上线下结合的购车体验可以满足不同群体的个性化消费需求，提供更加贴心、优质的服务。相比单一的线下销售渠道，无论是对于车企还是消费者来说，这种线上线下结合的模式给汽车行业的数字化营销带来了更多可能性。

（资料来源：https://www.sohu.com/a/431835149_678786［2023－09－11］）

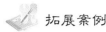拓展案例

安凯客车生命周期识别[①]

判断企业所处的生命周期有多种方法,这里采用现金流量组合法来判断安凯客车所处的生命周期。现金流量组合法通过经营活动现金净流量、投资活动现金净流量、筹资活动现金净流量反映企业不同阶段的增长速度、盈利能力等,更加客观地反映了企业的生命周期,并且实操性强。安凯客车生命周期识别见表2-5。

表2-5 安凯客车生命周期识别

现金净流量	成长期	成熟期	衰退期
经营活动现金净流量	+	+	-
投资活动现金净流量	-	-	+
筹资活动现金净流量	+	-	-

经营活动现金净流量是企业经营活动的现金流入量减去现金流出量的余额。经营活动现金净流量为正(+)说明企业运营资金周转比较健康,运营活动能为企业提供正向的现金流量;相反,经营活动现金净流量为负(-)说明运营活动能为企业提供负向的现金流量。

投资活动现金净流量是企业投资活动的现金流入量减去现金流出量的余额。投资活动现金净流量为正(+)说明本期企业进行投资活动所产生的现金流入量大于现金流出量;相反,投资活动现金净流量为负(-)说明本期企业进行投资活动所产生的现金流入量小于现金流出量。

筹资活动现金净流量是企业筹资活动的现金流入量减去现金流出量的余额。筹资活动产生的现金净流量为正(+)说明企业通过筹资活动产生的现金流入量大于现金流出量。筹资活动现金流量为负(-)说明企业通过筹资活动产生的现金流入量小于现金流出量。

由于安凯客车1998—2020年间的现金流量表现出的生命周期较为散乱,因此,以六年为界限,将现金流量进行平均化处理,以得出较为规范的企业生命周期阶段。安凯客车现金流量均值见表2-6。安凯客车生命周期阶段见表2-7。

表2-6 安凯客车现金流量均值　　　　　　　　单位:元

年份	经营活动现金流量	投资活动现金流量	筹资活动现金流量
1998—2003	45904620.57	-14130182.68	678163.21
2004—2009	105499487.65	-25712220.33	-15812833.53
2010—2015	92573619.42	-111825156.46	85499265.02
2016—2020	-429946473.11	283904563.76	-349557803.82

[①] 姚楚,2022.生命周期视角下企业的创新策略与绩效分析:以安凯客车为例[D].郑州:河南财经政法大学:17-18.

表 2-7 安凯客车生命周期阶段

年份	生命周期阶段
1998—2003	成长期
2004—2009	成熟期
2010—2015	成长期
2016—2020	衰退期

从现金流量组合法得出的结果可以发现,安凯客车的生命周期并不是按导入期—成长期—成熟期—衰退期这一生命周期模型的顺序,而是体现出一种无序性,甚至在2016—2020年直接进入衰退期。通过对安凯客车的年报与深交所的查询获悉,安凯客车在2017—2018年间的盈利连年下降,共亏损11亿元人民币,因此,被深圳证券交易所进行特殊处理。无论是企业生命周期的异常转变还是利润连年亏损,究其原因,都与企业的策略选择相关。因此,在应用生命周期模型进行汽车企业分析时,要根据汽车企业的实际数据进行相应的科学分析与论证。

第3章 汽车市场分析

1. 理解汽车市场反应模型；
2. 理解市场反应模型的类型；
3. 理解汽车市场营销信息系统的概念；
4. 掌握汽车市场调研和汽车市场趋势分析的方法。

市场反应模型（market response model）
市场营销信息系统（marketing information system）
市场调研（marketing research）
市场趋势分析（market trend analysis）

新型市场环境下哈弗的线上营销[①]

早在新冠疫情前期，哈弗便已展开线上营销布局。在云上沟通渠道选择方面，哈弗精准捕捉当下消费者的线上注意力风向，早早确立直播＋短视频两大热门形态。哈弗的线上直播看车模式采用"1＋K＋N＋X"方式，即由哈弗品牌发起，多位KOL深度参与直播团购。

哈弗H6销量突破300万之际，哈弗开展了"全民掘金，轻松赚钱"活动，将品牌的庆祝转化为用户的狂欢。哈弗也有"合伙人计划"，推荐购车成功不仅有机会获得现金奖励、精美车模、车品代金券等惊喜大礼，还将有机会获邀参加哈弗新品上市发布会、工厂参观等尊崇礼遇。

3.1 汽车市场反应模型概述

汽车企业投入的市场营销努力在一定时间内会引起相应的市场反应。在汽车营销工程

[①] 小观整理，2020. 最值得关注的15个汽车营销案例盘点[EB/OL].（05－25）（2023－09－123）. https://baijiahao.baidu.com/s?id=1667660828269451987.

中，汽车市场反应模型可作为汽车市场营销决策的参考。汽车市场反应模型如图3.1所示。

图 3.1　汽车市场反应模型

由图3.1可见，在汽车市场反应模型中，输入变量为汽车市场营销人员可以控制的汽车市场营销活动。产品设计、产品、定价、促销、渠道等市场营销组合要素属于输入变量。输出变量为可衡量的市场表现，如销售量、利润、产品知名度、客户满意度等，用来表示汽车企业的目标完成情况。中间变量为不可控的环境因素，如竞争者行为、市场环境、市场规模、竞争环境等。汽车市场反应模型是将汽车企业的输入变量与输出变量间建立函数关系。汽车企业的管理者可以根据企业目标对输出变量进行评价，并将反馈信息传递给输入端，用于汽车营销者改进输入变量。

3.2　市场反应模型的类型

3.2.1　简单的市场反应模型

简单的市场反应模型是在不考虑竞争的情况下，将一个非独立变量与一个独立变量间建立函数关系，用来处理市场营销实务中的各种简单现象。桑德斯于1987年总结了八种简单的市场反应现象（图3.2），认为可以用简单的市场反应模型来处理这些现象。

图3.2中，X代表输入变量，即市场营销努力的水平，为独立变量；Y代表输出变量，即市场营销努力的结果，为非独立变量。

P1：当输入为零时，输出为零（经过原点）。

P2：输入和输出呈线性关系。

P3：回报随输入的提高而递减（新增一单位的输入比以前增一单位的输入所带来的输出少）。

P4：输出不能超出某一水平（饱和）。

P5：回报随输入的提高而递增（新增一单位的输入比以前增一单位的输入所带来的输出多）。

P6：回报随输入的提高先增加再减少（S形回报曲线）。

P7：在输入能产生输出前，输入必须超过某一水平（阈值）。

P8：输入达到一定水平后，输出开始下降（过饱和）。

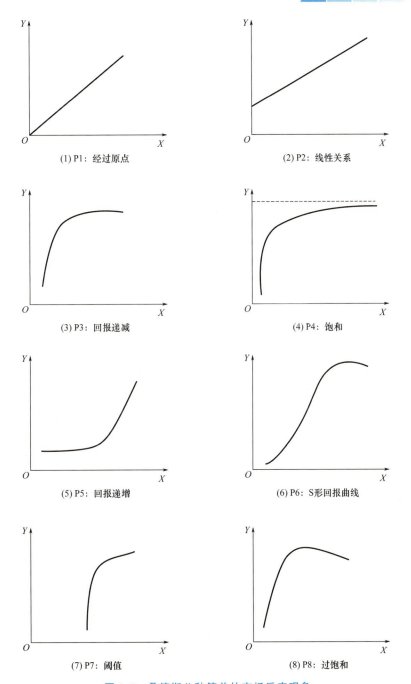

图 3.2　桑德斯八种简单的市场反应现象

下面介绍八种常见的简单的市场反应模型。其中，X 是输入变量，Y 是输出变量，a、b、c、d 均为参数。

1. 线性模型

线性模型是最简单且使用最广泛的模型，其函数表达式为

$$Y = a + bX \tag{3-1}$$

线性模型具有以下优点。

(1) 线性模型容易构建，容易理解。

(2) 线性模型可以应用标准回归方法估计参数的值。

(3) 线性模型能很好地近似表示更复杂的函数，在市场营销中的应用十分普遍。

(4) 线性模型适用于 P1 和 P2 现象，若 X 的取值范围限于某个区间内，线性模型则适用于 P4 和 P7 现象。

但是，线性模型也存在一定的问题：它不适用于 P3、P5 和 P6 现象；Y 没有上限；线性模型较为理想化，在实际应用中的指导性较弱。

2. 幂级数模型

若 X 和 Y 之间的关系不明确，则可以用幂级数模型，其函数表达式为

$$Y = a + bX + cX^2 + dX^3 + \cdots \tag{3-2}$$

幂级数模型的形态多样，对数据取值范围要求较高。如果能选择适当的参数值，幂级数模型适用于 P1、P2、P3、P5、P6 和 P8 现象。

3. 分数根模型

分数根模型的形式简单灵活，其函数表达式为

$$Y = a + b^{X^c} \tag{3-3}$$

式中，c 为预定值。

分数根模型中参数的不同组合可分别表示回报率递增、递减和恒定（$c=1$）等情况。当 $c=1/2$ 时，该模型称为平方根模型；当 $c=-1$ 时，该模型称为倒数模型。根据所选参数值的不同，该模型分别适用于 P1、P2、P3、P4 和 P5 现象。

4. 半对数模型

半对数模型的函数表达式为

$$Y = a + b\ln X \tag{3-4}$$

半对数模型适用于市场营销的努力以固定比率不断提高，从而导致销售出现绝对恒定提高的情况。它适用于 P3 和 P7 现象，可用来表示市场对广告费用变动的反应。

5. 指数模型

指数模型的函数表达式为

$$Y = a e^{bX} \tag{3-5}$$

式中，$X > 0$。当 $b > 0$ 时，指数模型表示回报率递增的情况；当 $b < 0$ 时，指数模型表示回报随价格下降而递增。指数模型适用于 P5 现象；当 b 为负数时，指数模型也适用于 P4 现象。

6. 修正指数模型

修正指数模型的函数表达式为

$$Y = a(1 - e^{-bX}) + c \tag{3-6}$$

修正指数模型适用于 P3 和 P4 现象，可用来表示市场营销努力的反应函数。当 $c=0$ 时，该模型适用于 P1 现象。

7. Logistic 模型

Logistic 模型是最常见的 S 形模型，其函数表达式为

$$Y = a/[1 + e^{-(b+cX)}] + d \tag{3-7}$$

Logistic 模型适用于 P4 和 P6 现象。

8. ADBUDG 模型

ADBUDG 模型的函数表达式为

$$Y = b + (a-b)X^c/(d+X^c) \tag{3-8}$$

ADBUDG 模型适用于 P1、P3、P4 和 P6 现象。

3.2.2 市场反应模型的评价与选择

各类市场反应模型各有利弊，都有其适用之处，也有局限性。因此，在使用时，必须考虑汽车市场的实际情况，根据模型的适用性加以选择。

3.3 汽车市场营销信息系统

3.3.1 汽车市场营销信息系统的概念

汽车企业的市场营销活动都离不开相应的环境。汽车企业内外部环境的复杂性使汽车市场需求更加多样化、复杂化，市场竞争也日趋激烈。汽车企业作为汽车市场系统的组成部分，其市场营销决策要以汽车市场需求为核心，充分了解汽车市场，适应汽车市场，确切掌握相关市场营销信息，保持对汽车市场变化的高度敏感，提高市场营销决策的正确性，使汽车企业的市场营销活动与社会需要相协调。因此，反映汽车市场营销活动特征及其发展变化情况的营销信息对于汽车企业更好地参与汽车市场竞争的作用越来越大。

汽车市场营销信息属于经济信息的范畴，是指在一定时间和条件下，同汽车市场营销活动有关的各种消息、情报、数据和资料的总称。

一般而言，汽车市场营销信息可以分成两大部分：汽车市场外部环境信息和汽车市场内部环境信息。

1. 汽车市场外部环境信息

汽车市场外部环境信息是指来自汽车企业外部、可以反映客观环境变化的各种与汽车市场营销活动有关的信息。汽车市场外部环境信息的范围很广，汽车企业可以根据自身条件和需要，在不同时期选择对汽车市场营销活动影响最大的因素作为市场调研的重点，如政府的方针、政策、法令、计划与相关文件，市场竞争情况，市场需求状况，科技发展水平，等等。

随着科技的不断发展，新产品、新行业不断涌现，一些产品和行业落后甚至被淘汰。汽车企业必须及时掌握有关科技信息，不断改进现有产品和开发新产品，与时俱进。

另外，汽车企业的市场营销活动不是孤立的活动，需要许多相关行业的支持。因此，

汽车相关行业的动态发展情况及自然资源条件、气候变化与旱涝灾情、国际形势的重大变化等内容都是汽车企业应当重视的汽车市场外部环境信息。

2. 汽车市场内外部环境信息

汽车市场内部环境信息是指来自汽车企业内部管理的各项经济指标、可以反映汽车市场营销情况的信息。汽车市场内部环境信息是取得市场营销信息的一个重要来源。汽车市场内部环境信息可以帮助汽车市场营销管理人员迅速而经济地取得汽车企业积累的各种数据、资料，并可以明确其中存在的机会与问题，比较预期和实际完成的水平。汽车市场内部环境信息包括产品产量、产品销量、产品质量、品种等生产资料，原材料、燃料、动力、设备等在生产过程中的物资利用情况，人力资源情况，财务状况，等等。

汽车市场外部环境信息和汽车市场内部环境信息包含的内容广泛，可以通过各种途径获得，如报纸杂志、文件报表、协作单位、专业机构及企业内部会计、营销、运输、人事等部门都是汽车市场环境信息的重要来源。汽车企业应根据自身条件和需要收集适量的有用信息，还必须进行汽车市场营销信息的综合分析，形成具有企业特色的、综合的、全方位的汽车市场营销信息网络体系，建立科学的汽车市场营销信息系统，提高处理汽车市场营销信息和汽车市场营销科学决策的能力，达到优化汽车市场营销决策的目的。

3.3.2　汽车市场营销信息系统的构成

汽车市场营销信息系统是由人、设备与程序构成的持续和相互作用的结构，可用于收集、整理、分析、评估和分配那些恰当的、及时的、准确的汽车市场营销信息，以使汽车市场营销决策者能做出正确的汽车市场营销决策。汽车市场营销信息系统有利于汽车企业建立良好的汽车市场营销环境。汽车市场营销信息系统的运行实质上是汽车企业对市场营销信息的收集和分析过程。

汽车市场营销信息系统一般由汽车企业内部信息系统、汽车营销调研信息系统和汽车营销分析系统三个子系统组成。汽车市场营销信息系统为汽车企业市场营销管理者提供了及时、准确的汽车市场营销信息。

1. 汽车企业内部信息系统

汽车企业内部信息系统是指汽车企业内部的运营系统，包括会计信息系统、营销信息系统、财务信息系统、人力资源信息系统、仓储信息系统、生产信息系统等。汽车企业内部信息系统一般较为完备，它是汽车市场营销信息系统中最基本的子系统。通过分析汽车企业内部信息系统提供的信息能发现重要的市场机会和威胁。

2. 汽车营销调研信息系统

汽车营销调研信息系统是指汽车企业市场营销管理人员通过各种来源、程序与技术了解汽车市场外部环境信息，收集、识别、分析和传递与汽车市场营销决策有关的信息，以协助汽车企业市场营销管理者制定有效的市场营销决策。偶发事件也由系统中的专门部门负责提供信息。

汽车营销调研信息系统进行的是有计划、有步骤的营销信息收集和分析过程，一般包括以下五个步骤。

(1) 明确调研问题。

汽车营销调研的内容可以非常广泛，所以首先要确定调研问题，然后明确调研目标。一般而言，汽车营销调研的调研问题主要有以下六个方面。

① 汽车市场研究。汽车市场研究要调研的问题主要包括产业分析，市场趋势分析，区域市场、国内市场和国际市场的潜在需求量分析，地区分布及特性分析，相对市场份额分析，竞争者分析，等等。

② 汽车消费者研究。汽车消费者研究要调研的问题主要包括消费者的购买动机与购买行为分析、消费者对汽车产品的满意程度分析、消费者对汽车产品品牌的偏好程度分析、消费者对细分市场的分析等。

③ 汽车产品研究。汽车产品研究要调研的问题主要包括对现有汽车产品的分析与改进、竞争者产品的对比分析、新产品的开发设计、汽车产品品牌名称的设计、汽车产品包装设计等。

④ 汽车产品价格研究。汽车产品价格研究要调研的问题主要包括汽车产品价格弹性分析，竞争者产品价格分析，成本、利润和需求分析，等等。

⑤ 汽车产品渠道研究。汽车产品渠道研究要调研的问题主要包括现有生产工厂、原材料和仓储分析与改进，现有渠道的分析和建设，等等。

⑥ 汽车产品促销研究。汽车产品促销研究要调研的问题主要包括汽车产品促销手段分析、汽车产品媒体选择与促销效果分析、汽车企业形象分析、竞争者的汽车产品促销手段分析、汽车产品促销成本与绩效分析等。

(2) 选择调研实施方案。

选择恰当的调研实施方案的选择是取得预期效果的关键环节之一。汽车企业应根据调研目标和实际情况选择恰当的调研实施方案。调研实施方案主要包括以下五方面。

① 资料来源。资料来源主要包括第一手资料、第二手资料等。
② 调研方法。调研方法主要包括观察法、询问法、实验法、文案调研法等。
③ 调研工具。调研工具主要包括调查表、机械设备等。
④ 抽样计划。抽样计划主要包括抽样范围、抽样程序等。
⑤ 接触方法。接触方法主要包括网络、电话、邮寄、面谈等。

(3) 收集调研信息。

汽车营销调研的结果是建立在收集的信息基础之上的。所以，汽车企业应该如何收集营销信息、收集哪些营销信息、如何将所收集的营销信息提炼出恰当的调研结果等，都是汽车企业开展市场营销调研的实际操作，也是整个汽车营销调研过程的重点之一。

(4) 分析调研信息。

分析汽车营销调研信息是对所收集的汽车营销信息进行全面、综合的分析，从而从数据中提炼出恰当的调研结果。

(5) 提出调研结论。

汽车营销调研最终必须提出调研结论，形成书面报告并提交。调研报告没有一定的规定格式，但无论哪一类调研报告，都必须注意突出调研目的。调研报告的内容要简明、客观、完整。

3. 汽车营销分析系统

汽车营销分析系统也称汽车营销决策支持系统。汽车营销分析系统的建立和运用主要是通过科学方法对某些汽车市场营销问题进行理解、分析和预测，需要汽车市场营销者综合掌握统计学、管理学及计算机应用等科学知识。目前，已经有许多规范的市场营销分析方法。一般而言，汽车营销分析主要围绕以下四种类型展开。

（1）探索性分析。探索性分析是指借助一些初步的数据资料，找出多元观测变量的本质结构，并进行降维处理，以更好地阐明某个汽车市场营销问题的性质和可能提出的某些问题。探索性分析有汽车市场顾客满意度调查分析、汽车售后服务质量调查分析等。

（2）描述性分析。描述性分析是指对汽车市场营销调查所得的大量数据资料进行初步的整理和归纳，以找出这些资料的内在规律，如汽车市场集中趋势、分散趋势、影响因素及其关联性。描述性分析有对汽车市场规模、汽车消费者行为、汽车分销渠道等方面的分析。

（3）因果性分析。因果性分析是指为了确定引起某一现象变化的原因的分析。因果性分析有汽车消费者偏好变化引起的汽车企业销售量变化分析、相对市场份额变化分析、汽车企业市场营销策略调整引起的市场变化分析等。

（4）预测性分析。预测性分析涵盖了各种统计学技术，包括利用预测模型、机器学习、数据挖掘等技术来分析当前及历史数据，从而对未来或其他不确定的事件进行预测分析。预测性分析有通过汽车市场过去的和现在的数据资料对汽车企业市场营销活动的开展和发展趋势的分析等。

3.4 汽车市场调研

3.4.1 汽车市场调研的概念与步骤

汽车市场调研是汽车市场调查与研究的统称，用以识别和界定汽车市场营销机会和威胁，为汽车企业开展及改进和评价汽车市场营销活动、监控汽车市场营销绩效提供有效的信息。

汽车市场调研一般按以下步骤进行。

（1）确定汽车市场调研的必要性，即论证是否需要开展此项汽车市场调研项目。

（2）明确开展汽车市场调研需要解决的问题，即汽车市场调研项目需要围绕某个明确的问题开展。

（3）确定汽车市场调研目标，即确定汽车市场调研项目需要达成的目标。

（4）制订汽车市场调研计划，即围绕汽车市场调研目标，设计汽车市场调研方案，确定信息的类型和来源，制订汽车市场调研计划。

（5）执行汽车市场调研计划，即实施已经制订好的汽车市场调研计划，并在实施过程中发现问题、反馈信息、修正和调整计划，在计划执行后进行评估和总结。

（6）处理汽车市场调研信息，即将汽车市场调研计划实施过程中收集到的信息进行整理、分析，得出调研结论，撰写调研报告。

3.4.2 汽车市场调研方法

汽车市场调研方法有很多,其中,文案调研法和实地调研法为两种常用的方法。

1. 文案调研法

文案调研法是指通过收集、整理和分析包括文献、动态统计资料等各种二手资料,发现与汽车市场调研项目有关的信息。

文案调研法作为一种间接的汽车市场调研方法,可以为其他调研方法做准备,有时可以直接作为某项调研的依据。但是,由于汽车企业的现实市场情况有所不同,因此调研人员必须在连续、大量、全面收集资料的基础上,分析彼此之间的内在联系,从而提高资料的有序化程度,保证所收集的二手资料的准确度和实用性,为汽车企业开展市场营销活动提供有价值的信息。

中国汽车行业市场现状

文案调研法一般有以下三个步骤。

(1) 收集资料。

根据资料的来源,文案调研法的资料可分为公开资料和内部资料两大类。

① 公开资料。公开资料包括国家机关公布的国民经济发展计划、统计资料、政策、法令、法规等;各行业协会、联合会,各研究单位、学会,以及专业情报机构和咨询机构公开发布的资料;国内外公开出版物,如报纸、杂志、书籍等刊物上的新闻、报道、消息、评论、报告、论文等。

② 内部资料。内部资料包括国家机关、机构的内部文件;企业内部的业务记录、统计报表、工作总结等;各行业协会、联合会,各研究单位、学会,专业情报机构和咨询机构及企业之间内部交流的有关资料等。

在收集资料时,应该遵循先内后外、先易后难、先近后远的原则。第一,从汽车企业自身信息数据库中查找资料,获得大量反映汽车企业自身情况的时间序列信息,以及信息系统中的客户、市场等方面的资料;第二,在内部资料收集的基础上,从图书馆、资料室、信息中心等有关的公共机构由近期到远期逐期查阅、收集相关外部资料。

(2) 保存资料。

资料收集完毕后,必须对所收集的资料进行整理、保存。可以充分利用计算机存储、加工、检索、传递资料的目录、摘要、索引等建立资料网络数据库。

(3) 分析资料。

在围绕汽车市场调研需要研究的具体问题并收集和保存所需的资料后,还要进一步运用科学方法对资料进行分析、研究,为汽车市场调研最终结论的形成提供充分且科学的依据。

2. 实地调研法

实地调研法属于直接的汽车市场调研方法,即运用科学化的社会调研方法为汽车企业某个特定研究目的直接收集原始的汽车市场营销信息。实地调研法包括观察法、询问法、实验法等,涉及的信息技术包括访谈、问卷设计、抽样技术等。

(1) 观察法。

观察法是指调研人员在现场对现象进行观察和记录的一种市场调研方法。调研人员既可以通过感官直接观察现场情况,也可以通过仪器设备间接观察现场情况,即通过照相机、录音机、摄像机等仪器设备观察和记录现场情况，以获取完整和真实的信息。

观察法的优点：可以直接获得资料，观察的资料比较真实、生动、客观，能观察到正在发生的现象，具有及时性，观察收集的资料准确性较高。

观察法的缺点：受时空的限制，受观察对象的许可限制，受观察者本身的能力限制，只能观察表象，不适用于大范围调查。

（2）询问法。

询问法是指调研人员通过各种方式向被调研对象发问或征求意见，以此获得市场信息的一种调研方法。询问法包括问卷调研法、座谈访问法等。

问卷调研法是指用书面的提问方法直接了解被调研对象的反应和看法，并以此获得资料的一种调研方法。问卷调研法有电话访问、邮寄调研、入户访问、街头拦访等调研形式。问卷调研法使用的调研问卷是经过设计的结构式问卷，设计的问题大多数都是选择题或封闭式的问答题。调研问卷是否科学合理会直接影响市场营销调研的效果。

调研问卷没有内容设计上的特别限定，但一般要遵循以下三条原则。

① 调研问卷前面一定要有前导说明。前导说明主要包括介绍调研人员所代表的机构、调研的性质和目的，请求被调研对象合作并向被调研对象做出承诺，如保密、不公布个人选择情况等。从某种意义上说，前导说明决定了被调研对象的合作态度，所以必须慎重对待。

② 要注意调研问卷言词的恳切，避免出现可能令人难堪的问题。

③ 要确保调研问卷中所提的问题明确易懂，不能选用带导向性的词语。通常为了便于汇总统计，尽量采用封闭性问题，限定被调研对象在给定的答案中选择，如单项选择问题设计（在所提的问题下面列出两项备选答案：是、否，对、错，知道、不知道，等等），多项选择问题设计（在所提的问题下面列出多项备选答案：好、一般、不好、差、很差，等等），请被调研对象从中选择一项或多项符合自己情况的答案。问卷调研法一般采用随机抽样的方法。

座谈访问法是由调研者直接与被调研对象接触，通过面对面的交谈来收集相关资料的一种实地调研法。座谈访问法的具体形式有个别交谈、小组交谈、事先约定时间和地点、随机采访、一次完成、多次完成，等等。运用座谈访问法时，可以根据具体调研项目的需要，选择合适的形式。

询问法的优点：易于操作；形式灵活，调研者可以根据特定的访问环境、被调研对象随机应变地提出不同问题，或者变化提问的方法和顺序；获得的数据为一手数据；获得的信息较为真实，调研结果的可信度较高；其中座谈访问法的回答率比较高，对不清楚的问题内容，可以立即做出必要的说明和解释，使被调研对象可以充分发表自己的意见，调研还能根据需要进行深入访谈，从而获得进一步有用的信息；可以通过选取有代表性的样本推断总体的情况。

询问法的缺点：调研成本比较高；调研时间比较长；调研的范围有限；受调研者和被调研对象的主观影响，可能影响某些类型数据的有效性和可靠性。

因此，采用询问法时需注意：要设计必要的、被调研对象有能力回答的问题，访问时间不能过长，询问语气、用词、态度、气氛要适宜。常用的询问方法有正向引导法、顺序发问法、逐句访问法等。

（3）实验法。

实验法是指通过设计一定环境条件下的模拟实验或者实际的、小规模的市场营销活动，

以调研、分析汽车市场营销因素（如价格、促销等）的变化及因此而引起的市场营销信息（如销售量等）变化的调研方法。可以首先在小范围内实验，然后确定是否大规模推广。实验内容包括产品的质量、品种、商标、外观、价格、促销方式及销售渠道等。通常可以从影响因素中选出一个或几个因素作为实验因素，在其他因素不变的条件下，了解某个特定的实验因素变化对实验对象的影响。实验法常用于新产品的试销、展销会、订货会等场合。

实验法的优点：使用的方法科学，实验结果具有客观性价值。

实验法的缺点：实验的时间过长，成本高；同时由于现实市场营销中的很多因素在实验中很难确切地控制，因此这些因素也会影响实验结果的准确性。

3.4.3　汽车市场调研问卷的设计方法

汽车市场调研方法中运用较多的是问卷调研法。问卷调研法是应用较为广泛的调研方法，即由调研机构根据调研目的设计各类调研问卷，采取抽样的方式（随机抽样或整群抽样）确定调研样本，通过调研者访问样本，收集调研资料，然后统计分析得出调研结果，以完成预定的调研项目的一种方法。在这些工作中，调研问卷的设计也是市场调研中的一项关键工作。因为问卷调研法的原理是概率与统计原理，所以这种调研方法具有较强的科学性，同时在实践中也便于操作。然而，采用问卷调研法开展市场调研，对调研结果的影响，除样本选择、调研者素质、统计方法和工具等因素外，调研问卷的设计也是调研成败的一个前提性条件。调研问卷设计水平的高低，关系到调研目的是否能顺利达到。一份设计得当的调研问卷往往需要由具备市场营销学、社会学或心理学等相关学科知识的专业人员，在其丰富的理论知识和实践经验的基础上，认真仔细地设计预调研问卷的内容，在经过小范围预调研后，对调研问卷进行修正，然后开展正式的调研工作。调研问卷设计的过程可以用一棵树的结构来理解，设计的过程是将调研内容逐步细化的过程。设计者首先根据调研目的和调研内容确定好树干，然后根据调研需要决定是否在每根树干上设计枝干。每片树叶就是每个问题，至于树叶是长在树干上还是枝干上，则由设计者根据调研需要而定。因此，在整个调研问卷设计前，应该有总体上的设计构想。一份调研问卷首先映入眼帘的是主题，互联网对汽车消费者购买行为的影响。所以，主题应当是非常明确的。一般而言，调研问卷的设计是结合调研主题和具体的调研目标，有针对性地设计而成的。然而，在调研问卷的格式上，仍有一些具有共性的基本要求。

1. 调研问卷的基本结构

调研问卷的基本结构一般包括开头部分和主体部分。

（1）开头部分。

开头部分主要包括问候语、填写说明、问卷编号等内容。这部分内容可根据调研目的的不同由设计者灵活设计，因此不同的调研问卷的开头部分会有一定的差别。

问候语也称问卷说明，意在向被调研对象说明调研的意图，强调调研的重要性，引起被调研对象的兴趣和重视，消除被调研对象的顾虑，激发被调研对象的参与意识，使之产生共鸣，以争取他们的积极合作。一般问候语的内容包括称呼、问候、调研者介绍、调研目的、被调研对象作答的意义和重要性、说明作答调研问卷需花费的时长、感谢语等。

有的调研问卷中问候语还包括填写说明。一般在自填式调研问卷中要有详细的填写说明，让被调研对象知道如何填写问卷，如何将调研问卷返回到调研者手中。问候语一方面要反映以上内容，另一方面要言简意赅。

问卷编号主要用于识别调研问卷，以便校对检查、更正错误，同时便于调研问卷的数据统计。

（2）主体部分。

主体部分是问卷的核心部分，主要以提问的形式呈现给被调研对象，提问的具体内容视调查目的和任务而定。主体部分包括所要调研的全部问题。回收的调研问卷主要由问题和答案组成。主体部分的设计应简明扼要，内容不宜烦琐，避免引起被调研对象作答困难。

① 主题部分。主体问卷的主题部分是需要调研的问题，是调研问卷中最主要的部分，其中设计的题目是和调研内容直接相关的。一个综合性的调研问卷主题部分通常按部分设置，如果调研内容较多，可以将差异较大的调研问卷分块设置，从而保证每个主题的问题相对独立，整个问卷的条理更加清晰，整体感更加突出。主题部分的问题应根据需要确定，尽量精简，避免无关紧要的问题出现。在问题设计中可设计甄别部分。甄别部分也称问卷的过滤部分，甄别部分的问题可以对被调研对象进行过滤，筛掉非目标对象，然后有针对性地对特定的被调研对象进行调研。甄别部分可以确定合格的被调研对象，使调研更具代表性。

主题部分的问题要具有逻辑性和系统性，既可以避免遗漏询问信息，也可以使问题集中、有章可循。相反，如果问题是发散的、随意性的，调研问卷就会给被调研对象逻辑混乱的感觉，被调研对象可能会放弃作答。另外，主题部分的题目设计和措辞必须有针对性，充分考虑被调研对象的文化水平和年龄层次等。只有在细节上综合考虑，调研才可能达到预期的效果。

② 背景资料。背景资料通常放在调研问卷的最后，主要是有关被调研对象的一些背景资料和调查者的情况。调研单位要对被调研对象的背景资料保密。背景资料一般包括年龄、性别、民族、职业、收入、受教育程度、婚姻状况、家庭人口等。这些资料可以作为消费者画像。

在调研问卷的最后，有时也会附上调研者的情况，如姓名、访问日期等，以便核实调研者的情况。

2. 提问方式

调研问卷的提问方式可以分为以下两种。

（1）封闭式提问。

封闭式提问是在每个问题后给出若干个选择答案，被调研对象只能在这些备选答案中选择。封闭式提问可以有多种表现形式。

① 单项选择法。单项选择法是指回答项目设置为两个，如是或否，有或没有，被调研对象只能选择其中一个选项。单项选择法又称二项选择法、两项选择法、是否法或真伪法。单项选择法适用于互相排斥的两项选择式问题和较为简单的事实性问题。

例如，请问您是否购买过新能源汽车？

A. 是　　　　B. 否

单项选择法的优点：态度与意见不明确时，可以求得明确的判断，并可在短时间内得到回答；可以使中立意见者偏向一方；便于统计处理和分析。

单项选择法的缺点：被调研对象没有进一步阐明理由的机会，不能表示意见程度的差别，因而调研程度不够深入。

② 多项选择法。多项选择法是指给出多个选项，让被调研对象从事先拟定的若干个答案中选择两个及以上被认为最符合的答案。多项选择法使用时有以下几个注意事项：选项事先要编号，选项包括所有不重复的可能情况，选项不宜过多。多项选择法可以广泛应用于多个主题，问题和选项设计既可以用文字，也可以用图案符号表示，或者两者都有。例如，用回想的方式测试品牌名称、企业名称、广告等的印象强度。

③ 顺位法。顺位法是指列出若干选项，由被调研对象按重要性决定选项的先后顺序。重要性指标包括重要程度或者喜好程度等。顺位法主要有两种排序方式：一种是对全部答案排序，另一种是只对其中的某些答案排序。由被调研对象根据自己的认识进行具体排序。顺位法的问题和选项设计既可以用文字，也可以用图案符号表示，或者两者都有。

例如，请根据您接触的频率，按由高至低对下列五类汽车广告媒体排序。

① 电视　　② 报纸　　③ 网络　　④ 路牌　　⑤ 杂志　　⑥ 广播

顺位法的询问方式可以多样化，如将下列各项按重要性顺序注上号码（顺序填充法），或者将下列各项分为极其重要、稍微重要、不太重要、一点也不重要四种（等级分配法），等等。

顺位法的优点：便于被调研对象对其意见、动机、感觉等做衡量和比较性的表达，也便于对调查结果加以统计。

顺位法的缺点：所询问的排列顺序可能对被调研对象产生某种暗示影响。

应用顺位法时需注意调研的项目不宜过多，过多则容易分散，很难顺位。

④ 偏差比较询问法。偏差比较询问法用于了解产品或品牌的差别程度及消费者态度。

例如，请问您认为 A 功能与 B 功能哪一个更重要？

偏差比较询问法也可进行连续性问题设计，如在前一问题基础上继续提问。

例如，请问您认为 B 功能与 C 功能哪一个更重要？

偏差比较询问法还可以进行跳转式连续性问题设计。

例如，问题 1：请问您的汽车是什么品牌？被调研对象若选择 A 品牌，则继续回答问题 2；被调研对象若选择 B 品牌，则跳过问题 2 和问题 3。

问题 2：目前最受欢迎的汽车是 B 品牌，请问今后您若再次购买汽车，是否仍打算购买 A 品牌？被调研对象若回答是，则继续回答问题 3。若被调研对象选择 B 品牌，则跳过问题 3。

问题 3：B 品牌汽车降价了，请问您有打算购买 B 品牌汽车吗？

（2）开放式提问。

开放式提问是指允许被调研对象用自己的话来回答问题。开放式提问常见的表现形式为自由回答法。

自由回答法是指调研问卷中只提出问题，不提供答案，允许被调研对象自由回答。问题一般要求使用书面语言，但在某些特殊的调研场合也可使用口头语言。自由回答法也称陈述法。

自由回答法的优点：对被调研对象不限制回答范围，从而可以获得被调研对象建设性的意见，收集较多的信息。

自由回答法的缺点：因为被调研对象回答问题的方式和表述各不相同，很难采用一个统一的标准来统计和分析数据，所以自由回答法给信息统计和分析造成了一定的难度。因此，自由回答法在调研问卷中不宜过多使用。

3. 设计原则

调研问卷设计的主要原则有以下四条。

（1）相关性原则。

相关性原则是指调研问卷的调研主题必须与问题设置紧密相关。所以，调研问卷设计之初就要明确调研主题，根据调研主题找出与调研主题相关的要素。调研问卷的题目设计虽然可以按部分设置，但每部分的问题都要密切相关、目的明确、重点突出。

（2）逻辑性原则。

逻辑性原则是指调研问卷的设计要结构合理，逻辑性强。这种逻辑性包括问题之间要有逻辑性，独立的问题本身逻辑上是正确的，调研问卷的设计是一个整体，问题的排列要有一定的逻辑顺序，符合被调研对象的逻辑思维（一般是先易后难、先简后繁、先具体后抽象），从而获得比较完整的信息。

（3）规范性原则。

规范性原则是指问题设置要符合规范。这种规范性包括问题表述的准确性、清晰性，问题明确且便于回答，问题的设置要具有普遍性和非诱导性。非诱导性指的是问题要设置在中性位置、不具有提示性或主观臆断，以获得被调研对象的真实回答。

（4）便捷性原则。

便捷性原则是指便于调研问卷发放和回收，以及数据整理与统计分析。调研问卷的设计除考虑紧密结合调研主题与方便信息收集外，还要考虑调研问卷的回收及数据整理与分析工作，以使调研工作达到预期的效果。

4. 注意事项

（1）调研问卷中问题的表达要通俗易懂、清晰明确，使被调研对象一目了然，并愿意如实回答。调研问卷中问句的表述要有亲切感，符合被调研对象的认知能力，并考虑其感受。调研问卷中既不浪费一个问句，也不遗漏一个问句。问句的表述还应尽量避免使用专业术语，如果确实需要使用专业术语，应对专业术语加以说明。调研问卷应尽量避免敏感性问题，具有合理性和可答性。此外，调研问卷中的问句应保持客观性，避免主观性和暗示性，避免有引导性的含义，以免答案失真。

（2）调研问卷设计要简短，控制问卷的长度，以免引起填写人的厌烦。回答调研问卷的时间控制在20min左右，否则会使被调研对象因时间过长而敷衍答卷，影响调研的效果。调研问卷的排版格式要恰当，各问题之间的间隔要适当，以便被调研对象看调研问卷时有舒适感。如果是纸质调研问卷，那么印刷要精细、清晰，页数超过一页时要装订好，避免缺页。调研问卷中问题的安排应先易后难，核心问题应放在前半部分，问题的设计多采用便于资料的校验、整理和统计的提问方式。

调研问卷设计和调研问卷示例如下。

例1：调研问卷设计[①]
一、调研目的及调研问卷设计

本次对汽车消费者进行调研的目的如下。

(1) 分析影响汽车消费者进行消费的因素。

(2) 了解汽车消费者对汽车产品的消费意向。

(3) 通过汽车消费者在消费过程中的消费行为及感知，明确互联网对汽车营销的影响。

(4) 明确汽车消费者期望通过互联网得到的服务和体验。

本调研问卷主要是在整理文献资料及总结前人研究结果的基础上，结合对相关专家、汽车从业人员进行走访调研，从而得到对汽车营销模式具有影响的相关指标。为得到尽可能详尽的数据，本调研问卷共分为五个部分（49个题目）。第一部分为被调研对象（即汽车消费者）的基本资料，这部分问题设计的主要目的在于区分汽车消费者的个人特征；第二部分为汽车消费者对互联网的使用状况，这部分问题设计的主要目的在于得到互联网对不同类别汽车消费者造成的不同影响；第三部分为汽车消费者对汽车产品的消费意向，包括是否有车、近期是否有购车打算及影响汽车消费意向和行为的因素等；第四部分为互联网对汽车消费者消费行为的影响，这部分问题设计的主要目的在于分析汽车消费者在消费方面对互联网的影响；第五部分为汽车消费者对汽车企业开发和应用互联网功能的期望。

调研问卷设计的问题应简洁、准确、易懂。标题应对调研主题进行高度概括且简明扼要。引言部分可以以信函的形式对此次调研目的、保密说明、表示感谢及填写进行说明，以便消除被调研对象的顾虑，使其配合并按要求填写。

二、调研对象及调研方式

本次调研主要以上海及其周边地区的汽车消费者（包括有车者和潜在购车者）为主。本次调研问卷主要通过实地调研和网上调研结合的方式进行。实地调研地点主要以上海交运奥迪4S店为主，同时在上海汽车修理有限公司及上海交运广丰致远4S店等地进行了部分调研。本次调研采用直接向汽车消费者发放调研问卷的形式进行。此外，本次调研也通过互联网发放了部分调研问卷，收集了部分汽车消费者的意见，得到了相关数据。

三、调研问卷回收情况

本次调研共发放调研问卷600份，回收了583份，其中有效问卷569份，有效问卷回收率达97.6%，可初步认定本次调研有效。

通常应用SPSS统计软件对有效问卷进行信度和效度分析。

例2：调研问卷示例[②]

汽车售后服务模式客户满意度调研问卷

尊敬的先生/女士：

您好！我们是××××××××××××，正在进行有关汽车售后服务模式客户满

[①] 张须姣，2015. 互联网背景下的汽车营销模式研究 [D]. 上海：上海工程技术大学.
[②] 何菊莉，2019. 汽车售后服务模式对客户满意度的影响研究 [D]. 上海：上海工程技术大学.

意度的调研。感谢您在百忙之中填写我们的调研问卷。本问卷实行匿名制，所有数据只用于统计分析，我们将对您的回答进行严格保密，请您放心填写。感谢您的帮助与支持！

第一部分

A1. 您的家庭是否拥有汽车？（若选是，请继续填写问题 A5~A7）
□是　　□否

A2. 您购买汽车时会考虑哪些因素？（可多选，最多可选三项）
□售后服务　　□品牌知名度　　□安全及舒适性　　□油耗及动力性
□价格　　□车内空间及外观内饰

A3. 您购买汽车时注重售后服务吗？
□注重　　□一般　　□无所谓

A4. 在汽车维修保养或美容装饰时，您会考虑以下哪种汽车售后服务？
□汽车4S店　　□汽车维修连锁店　　□独立汽修店
□预约上门服务　　□其他

A5. 您的汽车的已使用年限？
□1~3年　　□4~6年　　□7~9年　　□10年及以上

A6. 您的汽车已进行维修保养的次数？
□1次　　□2次　　□3次　　□4次及以上

A7. 您的汽车的价位？
□10万元以下　　□10万~20万元　　□20万~30万元
□30万~50万元　　□50万~80万元　　□80万元以上

第二部分

B1. 以下是您在接受汽车售后服务过程中，您所能体验到的各类服务模式的服务项目，请您对这些项目的满意程度打分。（说明：采用5级打分，1~5依次从非常不满意向非常满意过渡，1为非常不满意，2为不太满意，3为一般，4为满意，5为非常满意。请您根据实际情况，在对应项下打"√"）

服务模式	项　目	非常不满意	不太满意	一般	满意	非常满意
汽车4S店	B11. 门店地理位置的便捷性	1	2	3	4	5
	B12. 门店环境设施的舒适性	1	2	3	4	5
	B13. 售后服务顾问的服务态度	1	2	3	4	5
	B14. 维修保养价格的合理性	1	2	3	4	5
	B15. 售后服务的维修质量	1	2	3	4	5
	B16. 承诺时间内的交车服务（送车时和取车时的等待时间）	1	2	3	4	5
	B17. 售后服务意见的投诉渠道	1	2	3	4	5
	B18. 投诉处理的及时性	1	2	3	4	5

续表

服务模式	项 目	非常不满意	不太满意	一般	满意	非常满意
汽车维修连锁店	B19. 门店的数量及分布	1	2	3	4	5
	B110. 工作人员的服务态度	1	2	3	4	5
	B111. 服务维修保养的质量	1	2	3	4	5
	B112. 服务价格的合理性	1	2	3	4	5
	B113. 投诉处理方式和及时性	1	2	3	4	5
独立汽修店	B114. 店面环境设施的清洁度	1	2	3	4	5
	B115. 服务工作人员的素质	1	2	3	4	5
	B116. 维修保养的收费标准	1	2	3	4	5
	B117. 维修技术的质量	1	2	3	4	5
	B118. 投诉处理方面	1	2	3	4	5
预约上门服务	B119. 网络环境平台	1	2	3	4	5
	B120. 预约服务的客服态度	1	2	3	4	5
	B121. 维修价格的透明性	1	2	3	4	5
	B122. 上门服务的服务效率	1	2	3	4	5
	B123. 投诉反馈的及时性	1	2	3	4	5
其他	B124. 其他	1	2	3	4	5

注：如果您在实际经历中未曾遇到投诉情况，请您给予满意评价。

B2. 您认为下列各项因素在汽车售后服务中的重要程度如何？（打"√"）

项 目	非常不重要	不重要	一般	重要	非常重要
B21. 预约服务	1	2	3	4	5
B22. 环境设施	1	2	3	4	5
B23. 服务态度	1	2	3	4	5
B24. 维修质量	1	2	3	4	5
B25. 服务价格	1	2	3	4	5
B26. 交车服务	1	2	3	4	5

第三部分

C1. 您对汽车4S店的售后服务印象如何？
□很好　　□一般　　□不好

C2. 您愿意去汽车4S店的原因是什么？（可多选，最多可选三项）

☐品牌方面安全可靠 ☐售后服务质量可靠和技术雄厚
☐方便快捷 ☐服务项目全 ☐环境好
☐原厂配件及整车厂认可 ☐价格优惠 ☐服务人员态度好

C3. 您不愿意去汽车4S店的原因是什么？（可多选，最多可选三项）
☐品牌知名度不够高 ☐售后服务效率不高 ☐技术不够专业
☐服务人员态度差 ☐配件和维修服务费用高 ☐地理位置的局限

C4. 当您的汽车过了保修期后，您还会继续选择在汽车4S店进行维修保养吗？
☐会 ☐不一定 ☐不会

C5. 您对汽车维修连锁店的印象如何？（可多选，最多可选三项）
☐服务性价比较高 ☐价格低廉、服务便捷 ☐具备统一形象和价格体系
☐等待时间较短 ☐随意定价 ☐市场发展不成熟 ☐市场不良竞争

C6. 您对路边的独立汽修店的印象如何？（可多选，最多可选三项）
☐收费相对较低 ☐服务速度快、店面位置方便
☐店面形象差、设备落后 ☐工作人员素质差 ☐配件来源多
☐技术水平落后、维修质量难以保证 ☐服务速度慢、客户等待时间长

C7. 对比其他售后服务模式，您认为预约上门服务如何？（多选，最多可选三项）
☐方便快捷、服务信息全面 ☐价格标准透明合理 ☐服务效率低
☐网络存在虚假信息 ☐技术不够专业 ☐接车服务花费时间长
☐安全性不能保证 ☐线上服务内容过于单一

C8. 您认为目前我国汽车企业售后服务过程中存在哪些问题？（可多选，最多可选三项）
☐服务理念较落后、接待客户态度差 ☐售后车间资源设备缺乏、技术落后
☐从业人员专业水平较低 ☐收费不合理 ☐服务效率低、客户等待时间过长

C9. 您认为改进哪些方面可以提高客户对汽车售后服务的满意程度？（可多选，最多可选三项）
☐提升接待人员的服务意识 ☐制定合理的收费标准
☐加强环境设施、提供客户休息区 ☐提高专业维修技术水平
☐优化服务流程、缩短客户等待时间 ☐服务内容全面
☐保障车主的个人隐私 ☐加强品牌形象、改进企业自身的售后服务模式

第四部分

D1. 您的性别？
☐男 ☐女

D2. 您的年龄？
☐22岁以下 ☐22～30岁 ☐31～40岁
☐41～50岁 ☐51岁及以上

D3. 您的学历？
☐高中及以下 ☐大专 ☐本科 ☐硕士及以上

汽车市场分析 第3章

> D4. 您的职业?
> □企业单位职员　□事业单位职员　□个体经营者　□学生
> □离退休人员　□自由职业者　□其他
> D5. 您的家庭年收入?
> □10万元以下　□10万~20万元　□20万~30万元
> □30万~50万元　□50万~80万元　□80万元以上
> 问卷到此结束,再次感谢您的参与!

如果问卷开头中有专业术语,则需要加以说明。示例如下。

移动互联网对汽车营销推广的影响调研问卷[①]

尊敬的先生/女士:

您好!我们是××××××××××。正在进行汽车营销推广相关的调研。感谢您能抽出时间填写这份问卷,请您在合适的答案前打"√"。对于您的个人资料,我们将严格保密。谢谢您的合作。

移动互联网是移动通信和互联网融合的产物,继承了移动通信随时、随地、随身和互联网分享、开放、互动的优势,是整合二者优势的升级版本,即运营商提供无线接入,互联网企业提供各种成熟的应用,如微信、QQ、微博及各种短视频App。

3.4.4　汽车市场调研分类

1. 市场调研类型

一般而言,调研样本越大,结果可能越精确,但所需的人力、物力、财力也越多。因此,汽车企业要根据调研目的、企业具体情况、调研实施的可能性等综合因素确定调研样本。根据调研样本的确定,可以将市场调研分为普查、典型调查和抽样调查三种。

(1) 普查。

普查是为了某种特定的目的而专门组织的一次性的全面调研,是对被调研对象进行全覆盖的调研,是对统计总体的全部单位进行调研以收集资料。普查是统计调研的组织形式之一,一般是调研一定时点上的经济现象的总量,也可以调研某些时期的经济现象的总量,乃至调研一些并非总量的指标。

普查具有以下六个特点。

① 普查通常是一次性的或周期性的。由于普查涉及面广、调研单位多,需要耗费大量的人力、物力和财力,通常需要间隔较长的时间。

② 普查具有统一规定的标准时点。标准时点是指被调研对象登记时所依据的统一时点。调研资料必须反映被调研对象在这一时点上的情况,以避免调研时因情况变动而产生重复登记或遗漏现象。

③ 普查具有统一规定的普查期限。在普查范围内,各调研单位或调研点尽可能同时

[①] 彭丽,2019. 移动互联网对汽车营销推广的影响研究[D]. 上海:上海工程技术大学.

进行登记,并在最短的期限内完成,以便在方法和步调上保持一致,保证资料的准确性和时效性。

④ 普查具有统一规定的项目和指标。普查时必须按统一规定的项目和指标进行登记,不准任意改变或增减,以免影响汇总和综合,降低资料质量。同一种普查,每次调研的项目和指标应力求一致,以便进行历次调研资料的对比分析和观察经济现象发展变化的情况。

⑤ 普查的数据一般比较准确,规范化程度也较高。

⑥ 普查涉及面广、指标多、工作量大、时间性强。

普查应遵循的原则主要有以下四条。

① 普查必须统一规定调研资料所属的标准时点。

② 普查必须统一规定调研期限和登记时间。

③ 普查必须统一规定调研项目和计量单位。

④ 普查尽可能按一定周期进行。

普查的优点如下。

① 由于普查是调研某一人群的所有成员,因此在确定被调研对象上比较简单。

② 普查所获得的资料全面,可以知道全部被调研对象的相关情况,准确性高。

③ 普查所获得的数据可以为抽样调查或其他调查提供基本依据。

普查的缺点如下。

① 普查的工作量大、花费大、组织工作复杂。

② 普查的调研内容有限。

③ 普查易产生重复和遗漏现象。

④ 由于普查的工作量大,因此可能导致调研的精确度下降,调研质量不易控制。

总之,普查所获取信息的准确性和全面性比较高,但耗费的人力、物力、财力相对也比较高。汽车企业采用普查的方式一般是用于对范围不大的目标公众情况进行调研。

(2) 典型调查。

典型调查是围绕调研问题选择具有代表性的被调研对象而开展的调研工作。

具有代表性的被调研对象的选择不是按随机原则选取的,而是建立在调研者对被调研对象总体的分析和判断的基础上,选择有代表性的典型作为被调研对象。典型调查从所获得的典型资料推论总体,有时可以达到事半功倍的效果。

典型调查有以下三个特点。

① 典型调查主要是定性调研。典型调查主要依靠调研者深入基层对被调研对象进行调研。它是一种定性研究,难以进行定量研究。

② 典型调查是主观性调研。典型调查是根据调研者的主观判断,选择少数具有代表性的被调研对象进行调研。因此,调研者对被调研对象的了解情况、思想水平和判断能力对选择代表性的被调研对象起着决定作用。

③ 典型调查的方式是面对面的直接调研。典型调查的方式主要是调研者深入基层与被调研对象直接接触与剖析。

典型调查的优点如下。

① 典型调查使用的工具不多,调研方式灵活方便,可以节省时间、人力和财力。

② 典型调查的被调研对象少，调研时间短，反映情况快。

③ 典型调查的调研内容系统周密，对现象的内部机制和变化过程往往了解得比较清楚，能够透过事物的现象发现事物的本质和发展规律。

④ 典型调查可以取得一手资料，并且资料比较全面、系统。

典型调查具有上述优点的同时也有不够准确的缺点。

总之，典型调查覆盖面小，相对比较节省人力、物力、财力、时间，反馈调研结果也比较及时。典型调查一般以定性分析为主，根据调研需要，选择小样本收集定性资料，经过分析研究，推断出指导性一般的结论，但注意不能犯以偏概全的错误。

(3) 抽样调查。

抽样调查是一种非全面调查，它是从全部被调研对象中抽选一部分作为样本，然后按统计推断原理，用样本提供的信息对总体做出估计和推断。抽样调查虽然是非全面调查，但它的目的在于取得反映总体情况的资料，因而抽样调查也可起到全面调查的作用。

抽样调查经济性好、时效性强、适用面广、准确性高。

下面将详细介绍抽样调查。

2. 抽样调查

汽车市场调研涉及被调研对象的选择问题，抽样调查在市场调研中广泛使用。

(1) 相关概念。

抽样调查涉及的相关概念如下。

① 总体。总体是指被调研对象的全体。它是根据调研目的而规定的被调研对象的全体所组成的集合。组成总体的每个被调研对象称为总体单位。

② 样本。样本是总体的一部分，是由从总体中按一定程序抽选出来的那部分总体单位所组成的集合，即被抽取出来作为被调研对象的成员。抽样调查就是在总体中选择具有代表性的样本加以调研，然后以样本的特征值推断总体的特征值。

③ 样本容量。样本中个体的数量称为样本容量。

④ 抽样。抽样是指从总体中抽出一部分样本。样本应具有代表性，能反映总体的特征。

⑤ 抽样框。抽样框又称抽样范围，是指用以代表总体，并从中抽选样本的一个框架，是一次性直接抽样时，总体中所有抽样单位的名单。

抽样框在抽样调查中处于基础地位，是抽样调查必不可少的部分，其对于推断总体具有相当大的影响。样本或某些阶段的样本应从抽样框中选取。对于抽样调查来说，样本的代表性、从样本推断总体的真实性取决于抽样框的质量。

⑥ 抽样比。抽样比是指在抽选样本时，抽取的样本单位数与总体单位数之比。

⑦ 抽样误差。在抽样调查中，通常以样本的特征值推断总体的特征值，当二者不一致时，就会产生误差。因为由样本推断的特征值是随抽样的不同而变化，即使观察完全正确，它和总体指标之间也往往存在差异，这种差异是由抽样引起的，所以称为抽样误差。

⑧ 特征。总体和样本的某个属性称为特征，如性别、年龄、职业等。对总体中某一变量的综合描述称为总体特征值（总体值）。样本中某一变量的综合描述称为统计特征值（统计值）。

⑨ 置信水平。置信水平也称可靠度或置信度、置信系数,即在推断总体参数时,对样本的某个总体参数的区间进行推断。置信水平是这个参数的真实值有一定概率落在测量结果周围的程度,结果是被测量参数测量值的可信程度范围。置信水平是指总体参数值落在样本统计值某一区间内的概率。置信区间是指在某一置信水平下,样本统计值与总体参数值间的误差范围。置信区间越大,置信水平越高。

由于样本的随机性,其结论总是不确定的。因此,需要采用这样一种概率的陈述方法,即数理统计中的区间估计法。

(2) 抽样调查的一般步骤。

抽样调查的一般步骤如下。

① 确定调研目标;

② 界定调研总体;

③ 选择调研方法;

④ 制定抽样框;

⑤ 确定抽样方法;

⑥ 确定样本量;

⑦ 实施抽样调查。

(3) 随机抽样法。

随机抽样法是按随机原则从总体单位中抽取样本的抽样方法。一般有下列九种具体的方法。

① 简单随机抽样法。简单随机抽样法是从总体中选择抽样单位,从总体中抽取的每个可能样本均有同等被抽中的概率。这种抽样方法操作简单,误差分析较容易,但需要样本容量较多,适用于个体之间差异较小的情况。

② 单纯随机抽样法。单纯随机抽样法是指总体中的每个成员被抽中的概率相等的一种随机抽样法。在预先知道调研总体数的前提下,把调研总体按1,2,3……编号,然后从中随机抽出所需的调研样本。随机抽样可采取抽签、随机数表等方式。

③ 系统随机抽样法。系统随机抽样法又称顺序抽样法,是从随机点开始,在总体中按一定的间隔抽取样本。一定的间隔的确定可采取"每隔第几"的方式。系统随机抽样法的优点是样本分布比较好,有理论依据,总体特征值容易推断。

④ 分层随机抽样法。分层随机抽样法是根据某些特定的特征,先将总体单位按其属性特征分成同质、不相互重叠的若干层,再从各层内随机抽取样本的一种随机抽样法。层与层之间差异尽可能大,各层内尽量同质。分层随机抽样法适用于总体复杂、个体之间差异较大、总体数量较多的情况。

分层抽样的重点在于层的划分。常见分层方法有按性别或职业分层、按零售店规模分层、按消费者的消费习惯分层、按年龄分层等。

⑤ 分群随机抽样法。分群随机抽样法是先将总体单元分群(可以按自然分群或按需要分群。例如,在进行交通调研中,可以按地理特征进行分群;在进行居民出行调研中,可以采用这种方法,以住宅区的不同将住户分群),然后随机选择群体作为样本。

分群随机抽样法是将总体各单位按一定标准分群,然后随机选择群体作为样本,调研样本群中的所有单元。分群随机抽样法适用于个体界限不清的总体。分群随机抽样法的优点是组织简单，样本比较集中，可以减少调研费用；其缺点是样本代表性差。

分层随机抽样法与分群随机抽样法的区别：分层随机抽样法要求层与层之间差异尽可能大，各层内尽量同质，而分群随机抽样法要求群与群之间的差异尽可能小，群内个体差异尽可能大；分层随机抽样法的样本是从每层内随机抽取样本，而分群随机抽样法是整群抽取。

⑥ 多阶段随机抽样法。多阶段随机抽样法是采取两个或多个连续阶段抽取样本的一种不等概率的随机抽样法。

⑦ 双重随机抽样法。双重随机抽样法又称二重随机抽样法或复式随机抽样法，是指在抽样时分两次抽样的一种随机抽样法。具体抽样步骤为：先抽取一个初步样本，并搜取一些简单项目以获得有关总体的信息，然后在此基础上进行深入抽样。在实际运用中，双重随机抽样法可以推广为多重随机抽样法。

⑧ 任意随机抽样法。任意随机抽样法是随意抽取单位进行调研，不保证每个单位相等的入选机会，如柜台访客调研、街头路边拦人调研。这种抽样方法是最简单的抽样方法之一，调研者无须考虑标准，随机抽取样本。例如，在街头、市场、展览会等场合向遇到的行人、观众进行调研。

⑨ 等距随机抽样法。等距随机抽样法又称系统随机抽样法或机械随机抽样法。具体抽样步骤为：先将总体中各单位根据某一特征（或编号）按一定顺序排列，并根据样本容量要求确定抽样间隔，然后随机确定起点，每隔一定的间隔抽取一个单位样本。

等距随机抽样法的优点主要是简便易行，可提高抽样效率。等距随机抽样法适用于对零售店数据的常规调研。等距随机抽样法介于随机抽样法和非随机抽样法之间。

（4）非随机抽样法。

非随机抽样法不遵循随机抽样原则，而是调查者根据自己的主观判断选择抽样的方法。非随机抽样法主要适用于总体太庞大且复杂而无法估计抽样误差的调研。

① 重点抽样法。重点抽样法只对总体中为数不多但影响颇大的重点单位进行调研。通常标志值在总体中所占比例颇大。

② 典型抽样法。典型抽样法是挑选若干具有代表性的单位进行调研。

③ 配额抽样法。配额抽样法是对总体做若干分类，在样本容量既定的情况下，按一定的标准和比例分配样本数额，然后由调查者按配额从总体各类别中抽样。配额抽样法一般适用于小型市场调研。

④ 判断抽样法。判断抽样法又称立意抽样法，是根据专家的判断来选取样本，如有关产品项目的选择及样本地区的决定等。判断抽样法的优点是效率高，缺点是主观判断偏差极易导致抽样误差。判断抽样法一般适用于总体的构成单位极不相同且样本数很少的情况。

3.5 汽车市场趋势分析方法

汽车市场趋势分析是指对汽车市场的需求和销售趋势做出估计和预测。

汽车市场趋势分析的一般程序为：①确定分析目标；②广泛收集资料；③整理与分析

资料；④选择预测方法；⑤建立模型；⑥进行计算；⑦分析计算结果；⑧撰写报告；⑨对预测结果进行追踪调研。

汽车市场趋势分析方法可分为定性分析方法和定量分析方法两大类。

3.5.1 定性分析方法

定性分析方法是指通过专家和参与者的专业能力和主观经验对市场和产品的发展趋势做出估计和预测。

定性分析方法为主观判断的方法，主要包括专家意见法和头脑风暴法。

麦肯锡中国
汽车市场趋势

1. 专家意见法

专家意见法包括销售人员意见综合法、经理意见评审法、德尔菲法。

（1）销售人员意见综合法是通过销售人员个体或集体对销售趋势做出估计和预测。

（2）经理意见评审法是企业各部门主管相互交换意见，共同分析发展趋势，预测产品销量。

销售人员意见综合法和经理意见评审法都属于经验判断法，即由项目主持人召集某些熟悉业务且具有经验和综合分析能力的销售人员、主管人员、职能人员对特定问题进行讨论、分析、判断的方法。虽然这种方法是主观判断的结果，但由于这些人员都掌握一定的市场信息，具有相当的市场经验，因此这种方法仍然适用于对过去一段时期的需求情况较正常和未来营销环境又不会出现重大变化的产品预测。另外，在采用经验判断法时，可以根据各人在企业中所处的地位与作用的不同来确定权重系数，将各人提出的预测值按权重系数进行加权平均。例如，对于销售人员、主管人员、职能人员，根据他们在企业中的地位与作用，可以确定权重系数分别为 0.5、0.3、0.2，然后将各人所提出的预测值按权重系数进行加权平均。

（3）德尔菲法也称专家调查法，是指向特定专家组进行咨询，获得和统计专家的意见后，匿名反馈给各专家，再次征求意见，然后进行同样的"集中—反馈"流程操作，经过多次反复，意见逐步趋向集中，直到获得一致的意见为止。德尔菲法简单、科学性强，适用于缺乏资料、无法应用数学模型的条件。

德尔菲法具有以下三个特点。

① 匿名性。由于专家们分别填写自己的意见，互不相知，因此既能避免被权威左右，又不会损害非权威者的利益，可以畅所欲言。

② 反馈性。由于多次征询与反馈，原来比较分散的预测意见逐渐达到相对一致，结果比较可靠。

③ 信息反馈时间较长。预测意见的分类、整理、归纳需花费较多的时间和人力。

在使用过程中，销售人员意见综合法、经理意见评审法、德尔菲法这三种方法存在一个共性的问题，即人员选择和设立意见权重的局限性。

2. 头脑风暴法

头脑风暴法是指邀请相关人员，以会议形式进行讨论，畅所欲言，对问题的现状及发

展趋势充分发表意见。头脑风暴法的实施效果和人员选取与现场组织相关。

定性分析方法属于个体或集体经验判断法,优点是由专家做出的判断和估计具有更高的准确性,缺点是受专家能力、参加人数和讨论时间的限制。

3.5.2 定量分析方法

定量分析方法包括购买意愿分析法、产品实验法、时间序列分析法、因果分析法。

1. 购买意愿分析法

购买意愿分析法是指通过问卷调研等形式对消费者的购买意愿进行调研,以此来估计和预测销售量。

2. 产品实验法

产品实验法即市场实验法或试销法,是指先在较小范围的市场推出产品,观察消费者的反应,以此来估计和预测销售量。

3. 时间序列分析法

时间序列也称时间数列,是指将某种能反映市场现象的统计指标的数值按时间先后排列成数列。时间序列分析法是找出影响变化趋势的因素,通过编制和分析时间序列,发现变化的发展过程、方向和趋势,并预测下一时段内可能达到的水平。其特点主要是排除外界因素影响,只以时间的推移来研究和预测市场趋势。

常用的时间序列分析法有移动平均法和指数平滑法。

(1) 移动平均法。

移动平均法在汽车营销中的运用主要是指用近期的实际汽车销售数据来预测未来一期或几期内产品的汽车销售量的一种常用方法。根据预测时使用的各元素的权重不同,移动平均法包括一次移动平均法和加权移动平均法。

① 一次移动平均法。一次移动平均法的计算公式为

$$X_{t+1} = \frac{1}{n}(X_t + X_{t-1} + \cdots + X_{t-n+1}) = \frac{1}{n}\sum_{k=1}^{n} X_{t-k+1} \qquad (3-9)$$

式中,X_{t+1} 为第 $t+1$ 期的移动平均预测值;n 为跨越期;X_t 为第 t 期的实际值。

② 加权移动平均法。加权移动平均法是在计算移动平均值时,对各序列值 X_t 给予一个权重因子,用加权平均法计算各组数据的移动平均值。

加权移动平均法的计算公式为

$$X_{t+1} = \frac{1}{n}(a_1 X_t + a_2 X_{t-1} + \cdots + a_n X_{t-n+1}) \qquad (3-10)$$

式中,X_{t+1} 为第 $t+1$ 期的移动平均预测值;n 为跨越期;$a_1, a_2, \cdots, a_n$ 为权重因子,并满足条件 $\sum_{i=1}^{n} a_i = 1$;X_t 为第 t 期的实际值。

(2) 指数平滑法。

指数平滑法也是一种时间序列分析法。指数平滑法通过建立时间序列模型,用历史观察值来分析和预测现象的未来值。指数平滑法与移动平均法十分相似,但给历史观察值配

置的权重不同。

指数平滑法的计算公式为

$$S_{t+1} = \alpha X_t + (1-\alpha) S_t \tag{3-11}$$

式中，平滑系数 α 介于 0~1 之间，其数值由分析者凭经验确定。α 值越大，过去的预测值和过去的数据（包括在 S_t 里）的权数越小；反之，权数越大。α 的选择对指数平滑法的预测结果影响较大。α 值越小，预测值曲线越平稳；反之，预测值曲线越波动。

指数平滑法中任一期的指数平滑值都是本期实际观察值与前一期指数平滑值的加权平均。

一次指数平滑法的计算公式为

$$F_i = \alpha X_{i-1} + (1-\alpha) F_{i-1} \quad (X_1 = F_1) \tag{3-12}$$

式中，F_i 为预测值；α 为平滑系数，$0 < \alpha < 1$；X_{i-1} 为第 $i-1$ 期观测值；F_{i-1} 为前一期预测值。

4. 因果分析法

因果分析法包括回归分析法和需求弹性法等。

(1) 回归分析法。

回归分析法是一种统计分析方法，用来确定两种或两种以上变量间相关联的定量关系。回归分析法研究的是变量之间的因果关系。回归分析法的应用原理是根据自变量和因变量的一组或多组观测数据进行分析，通过建立一个函数式，将变量之间的相关关系近似地表达出来。这个能够近似地表达自变量与因变量之间关系的函数式称为回归方程或者回归函数。按自变量的多少，回归分析法可分为一元线性回归分析法和多元回归分析法。只有一个自变量的称为一元线性回归分析法，有多个自变量的称为多元线性回归分析法。按因变量的多少，回归分析法可分为简单回归分析法和多重回归分析法。按自变量和因变量之间的关系类型，回归分析法可分为线性回归分析法和非线性回归分析法。

回归分析法研究的是变量之间的因果关系，是一种预测性的建模技术，通常用于预测分析。这里仅介绍一元线性回归分析法。

一元线性回归分析法的计算公式为

$$Y_i = A + B X_i \tag{3-13}$$

式中，Y_i 为预测值；X_i 为自变量；A、B 为回归系数。

应用一元线性回归分析法时，一般需满足以下三个条件。

① 预测对象影响因素之间必须存在因果关系，并能确定这种关系还在发生作用。

② 要有足够的统计数据。一般所取数据应在 20 个以上，因为数据过少会影响预测的准确性。

③ 根据呈现的规律能反映未来的变化趋势，并且分布呈线性。

在进行回归分析时，通常还要进行相关分析，即分析市场上各种经济现象之间相互联系的因素，预测它们的变化趋势。回归分析法是用时间序列进行预测，虽然可以找出两个变量之间的关系，但它们之间的联系程度如何，则需要用相关分析法进行分析。

市场上经济因素之间存在各种不同的相关关系，表示相关程度的数值 r 称为相关系数。相关关系可分为正相关和负相关。

正相关是指因素 A 增加，因素 B 也增加，如价格与供应量、收入与消费的相关等。当因素之间是明显正相关时，r 等于或趋近 1。

负相关是指因素 A 增加，因素 B 减少。当因素之间是明显负相关时，r 等于或趋近 -1；当因素之间几乎无关系时，r 等于或趋近 0。

r 的绝对值越接近 1，两个因素之间的相关程度越高。

（2）需求弹性法。

需求弹性法是指在一定时期内，商品需求量的相对变动对于该商品价格的相对变动的反应程度。

需求价格弹性（price elasticity of demand）表示在一定时期内，一种商品的需求量变动对于该商品的价格变动的反应程度。或者说，它表示在一定时期内，当一种商品的价格变化百分之一时所引起的该商品的需求量变化的百分比。

需求价格弹性通常用需求价格弹性系数表示，即需求价格弹性系数＝需求量变动的百分比/价格变动的百分比。设 Q 表示一种商品的需求量；P 表示该商品的价格；dQ 表示需求量变动值；dP 表示价格变动的数值；E_d 表示价格弹性系数，则

$$E_d = \frac{\Delta Q/Q}{\Delta P/P} \tag{3-14}$$

或者

$$E_d = -\frac{dQ}{dP}\frac{P}{Q} \approx \frac{\Delta Q/Q}{\Delta P/P} \tag{3-15}$$

根据需求价格弹性系数的大小，可以把商品需求划分为五类：完全无弹性需求，$E_d=0$；缺乏弹性需求，$0<E_d<1$；单位弹性需求，$E_d=1$；富有弹性需求，$E_d>1$；无限弹性需求，$E_d=\infty$。

影响需求价格弹性的因素有以下四种。

① 替代品的可获得性。有相似替代品的商品需求弹性往往很大，而当一种商品价格提高时，替代品越多，消费者越容易转向其他商品，所以弹性就越大；反之，则越小。

② 产品的性质。一般而言，生活必需品的需求弹性较小，非必需的奢侈品需求弹性大。

③ 市场范围。市场范围大，则需求弹性较小。市场范围小，则容易找到替代品，需求弹性大。

④ 消费者调整需求量的时间。一般而言，消费者调整需求的时间越短，需求的价格弹性越小；反之调整时间越长，需求的价格弹性越大。例如，汽油价格上升，短期内不会影响其需求量，但长期而言，消费者将会寻找替代品，从而对需求量产生重大影响。

需求收入弹性（income elasticity of demand）是需求的相对变动与收入的相对变动的比值，用来表示一种商品的需求对消费者收入变动的反映程度或敏感程度。

需求收入弹性的一般计算公式为需求收入弹性＝需求变动百分比/收入变动百分比，即

$$E_d = \frac{\Delta Q/Q}{\Delta R/R} \tag{3-16}$$

需求收入弹性的中点计算公式为

$$E_d = -\frac{\Delta Q(P_1+P_2)/2}{\Delta P(Q_1+Q_2)/2} \quad (3-17)$$

如果仅是一般地计算需求曲线上某一段的需求收入弹性,而不是具体地强调这种需求是作为涨价还是降价的结果,则为了避免不同的计算结果,一般采用需求收入弹性的中点计算公式。

需求交叉弹性(cross-price elasticity of demand)是指一种商品的需求对另一种商品价格变动的反应程度或敏感程度。对于两种商品 X、Y,商品 X 对商品 Y 的需求交叉弹性等于商品 X 需求的相对变动与商品 Y 价格的相对变动之比。

汽车市场趋势分析的内容十分广泛,分析方法也多种多样。在汽车市场趋势分析中,通常会将定性分析法与定量分析法结合,以更好地把握汽车市场的变化趋势。汽车企业在进行分析和预测时可以根据企业自身的需要,综合考虑各种方法的优劣势,选择科学合适的方法,尽量保证分析结果的准确性。

本 章 小 结

汽车企业投入的市场营销努力,在一定时间内会引起相应的市场反应。在汽车营销工程中,汽车市场反应模型可作为汽车市场营销决策的参考。

汽车市场营销信息系统一般由汽车企业内部信息系统、汽车营销调研信息系统和汽车营销分析系统三个子系统组成。汽车市场营销信息系统为汽车企业市场营销管理者提供了及时准确的汽车市场营销信息。

汽车市场调研是汽车市场调查与研究的统称,用以识别和界定汽车市场营销机会和威胁,为汽车企业开展及改进和评价汽车市场营销活动、监控汽车市场营销绩效提供有效的信息。

汽车市场调研一般有六个主要步骤,即确定汽车市场调研的必要性,明确开展汽车市场调研需要解决的问题,确定汽车市场调研目标,制订汽车市场调研计划,执行汽车市场调研计划,处理汽车市场调研信息。

汽车市场调研方法有文案调研法和实地调研法。其中,实地调研法包括观察法、询问法、实验法等。

汽车市场趋势分析是指对汽车市场的需求和销售趋势做出估计和预测。汽车市场趋势分析的一般程序为:①确定分析目标;②广泛收集资料;③整理与分析资料;④选择预测方法;⑤建立模型;⑥进行计算;⑦分析计算结果;⑧撰写报告;⑨对预测结果进行追踪调研。汽车市场趋势分析方法可分为定性分析方法和定量分析方法两大类。

一、名词解释

汽车市场反应模型、汽车市场营销信息系统、汽车市场调研、汽车市场趋势分析。

二、简答与论述

1. 请简述市场反应模型的类型。

2. 请简述汽车市场营销信息系统的组成。
3. 请论述汽车市场调研的步骤和方法。
4. 请论述汽车市场趋势分析方法。

 阅读材料

一汽-大众新 CC 汽车系列上市营销

2020 年 12 月 7 日，号称"最美大众车"的新 CC 家族在丽江上市。发布会采用线上直播和线下体验交融的音乐剧形式展开。上市的新 CC 为中期改款车型，历经十年沉淀，已经打下了"最美大众车"的品牌烙印，车型强调"驾驭目光"。同时，"不从流领潮流"的新 CC 猎装车入阵。它们将进入各自的细分市场，助推大众品牌实现产品的多样化布局，助力提升品牌形象。

新 CC 的焕新升级和新 CC 猎装车的重磅加入，不仅代表着一汽-大众在造型设计、内饰空间、智能科技上的品质水准，更是对中国消费者个性多元用车场景的深度洞察。新 CC 家族肩负着引领细分市场潮流的使命，同时也要做消费者个性化生活方式的同行者。

（资料来源：https：//www.sohu.com/a/443267261＿430289[2023-09-12]）

 拓展案例

汽车市场趋势分析方法的应用案例[①]

某汽车 4S 店需要某一车型 1—12 月的销量依次为 20 辆、21 辆、23 辆、24 辆、25 辆、27 辆、26 辆、25 辆、26 辆、28 辆、27 辆、29 辆。根据 1—12 月的汽车销量，分别用一次移动平均法、加权移动平均法、一次指数平滑法预测下一年 1 月的汽车销量。

案例 1 分析如下。

(1) 移动平均法。

一次移动平均法的计算公式为

$$X_{t+1} = \frac{1}{n}(X_t + X_{t-1} + \cdots + X_{t-n+1}) = \frac{1}{n}\sum_{k=1}^{n}X_{t-k+1}$$

加权移动平均法的计算公式为

$$X_{t+1} = \frac{1}{n}(a_1 X_t + a_2 X_{t-1} + \cdots + a_n X_{t-n+1})$$

(2) 指数平滑法。

一次指数平滑法的计算公式为

---

① 王彦梅，2019. 基于移动平均法的汽车 4S 店新车销售需求预测分析[J]. 中国商论 (18)：58-59.

$$F_i = \alpha X_{i-1} + (1-\alpha) F_{i-1} \quad (X_1 = F_1)$$

(3) 计算求解。

根据公式，代入数据求解，得出结果。汽车销量需求预测见表3-1。

表3-1 汽车销量需求预测

月份	实际销售量/辆	预测值/辆		
		一次移动平均法 移动跨期（$T=3$）	加权移动平均法 移动跨期（$T=3$）	一次指数平滑法 $\alpha=0.7$
1	20	—	—	20
2	21	—	—	20
3	23	—	—	21
4	24	21	22	22
5	25	23	23	23
6	27	24	24	24
7	26	25	26	26
8	25	26	26	26
9	26	26	26	25
10	28	25	26	26
11	27	26	27	27
12	29	27	27	27

(4) 偏差计算。

三种方法的预测值与实际值的偏差见表3-2。

表3-2 三种方法的预测值与实际值的偏差

月份	实际销售量/辆	一次移动平均法		加权移动平均法		一次指数平滑法	
		预测值	偏差	预测值	偏差	预测值	偏差
1	20	—	—	—	—	20	0
2	21	—	—	—	—	20	1
3	23	—	—	—	—	21	2
4	24	21	3	22	2	22	2
5	25	23	2	23	2	23	2
6	27	24	3	24	3	24	3
7	26	25	1	26	0	26	0
8	25	26	−1	26	−1	26	−1
9	26	26	0	26	0	25	1

续表

月份	实际销售量/辆	一次移动平均法		加权移动平均法		一次指数平滑法	
		预测值	偏差	预测值	偏差	预测值	偏差
10	28	25	3	26	2	26	2
11	27	26	1	27	0	27	0
12	29	27	2	27	2	27	2

(5) 预测误差分析。

分析预测结果的精度用均方误差分析，其计算公式为

$$MSE = \frac{\sum (A_t - F_t)^2}{n}$$

式中，A_t 为真实值；F_t 为预测值；n 为期数。

根据预测值与实际值的偏差，利用均方误差计算公式计算均方误差值，见表 3-3。

表 3-3 均方误差值

分析方法	一次移动平均法	加权移动平均法	一次指数平滑法
均方误差	4.22	2.89	2.67

(6) 结论。

根据计算结果分析，一次指数平滑法均方误差最小，说明预测值与实际值的偏差最小。在实际工作中可以采用此方法对汽车销量进行预测。3~6个月后，根据每个月的实际销量与预测值偏差比较，如果预测值与实际销量接近，偏差不大，则可以继续使用指数平滑法进行预测；如果预测值与实际销量偏差较大，则可重新选择预测方法。

第 4 章　汽车市场消费者分析

1. 掌握汽车市场购买者类型；
2. 掌握汽车市场个人消费者行为分析模型；
3. 掌握汽车市场组织购买者行为分析模型。

购买行为（buying behavior）
消费者分析（consumer analysis）

影响新能源汽车购买意愿的因素分析[①]

随着新能源汽车行业规模的不断扩大，新能源汽车的发展还需要加大市场的推动，并且了解消费者的购买意愿及其影响因素。

（1）心理因素。

心理因素通常包括购买动机、产品认知及态度等。购买动机是由特定的刺激引起的消费者为了获得需要的满足而采取购买行为的心理过程。购买动机是消费者采取购买行为的出发点。

（2）情境因素。

新能源汽车消费者的购买行为也会受到一系列的情境因素的影响，如政府的补贴政策、相关法规的宣传引导、配套基础设施建设的完善程度及消费者看重的新能源汽车的相关属性。新能源汽车本身的技术、产品的质量、功能及价格等相关属性是消费者非常关心的。对一般消费者而言，汽车属于大件耐用消费品，汽车的质量非常影响长期使用的感受，也会影响使用成本和二手交易。汽车价格不仅包括购买价格，还包括使用价格。所以，消费者对汽车的购买意愿在很大程度上是由产品质量和价格决定的。

（3）消费者个人因素。

消费者个人因素包括消费者的经济条件、生活状态及人口统计特征等。消费者最终是否采取购买行为的关键点在于自身的经济状况，它不仅影响消费者是否采取购买行为，同

---

① 陈茹，2018. 基于消费者行为的我国家用电动汽车营销策略研究 [D]．柳州：广西科技大学：13-14.

时也能影响消费者购买的种类、档次及数量等。消费者生活状态会受到诸多因素的影响，它是指消费者在具体的日常生活中形成的观念和感觉，可以来自人、事、物、观点等。人口统计特征一方面包括消费者的基本生理特征，另一方面包括家庭人口、职业、学历等社会属性特征。特定的家庭人口统计特征构成了一种确定的家庭生活方式，不同的生活方式就会产生不同的消费者行为。

4.1 汽车市场购买者类型

汽车市场上存在不同类型的购买者，不同的购买者组成了不同的汽车市场。对汽车市场购买者进行分类分析可以更好地进行市场细分、开发和管理。一般而言，汽车作为一种专业属性比较强的商品，大多数普通消费者很难做出理性的购买决策行为。而对于汽车企业来说，这既是机遇也是挑战。机遇在于汽车企业有更多的机会可以引导消费者的消费行为，挑战在于消费者由于不了解会选择不相信，进而让汽车企业的销售工作难以开展或者难以达到预期目标。而对于专业的组织购买者，其购买行为和购买模式与普通消费者大不相同。因此，分析不同类型汽车消费者的购买行为和购买模式可以为企业更好地开展汽车市场营销活动提供决策支持。

根据汽车的性质分类，汽车市场可分为乘用车市场、商用车市场；根据汽车购买者的专业性和规模分类，汽车市场可分为个人消费者市场、组织购买者市场。其中，乘用车是指在汽车设计和技术特性上主要用于载运乘客及其随身行李或临时物品的汽车，包括9座及以下的汽车。商用车是指在汽车设计和技术特性上主要用于运送人员和货物的汽车，包括所有的载货汽车和9座以上的客车。个人消费者市场是指由个人或家庭作为汽车购买者而组成的市场。其购车目的是个人或家庭生活消费或经营使用。个人消费者市场在汽车市场总量中占比很大，因此，研究个人消费者的购车需求、购买行为、购买模式等已成为汽车市场营销的重点。组织购买者市场是指由各类企事业单位、政府机关及各种社团、协会等组织作为汽车购买者而组成的市场。其购车目的是组织消费使用或经营使用。

一般而言，汽车市场分类如图4.1所示。

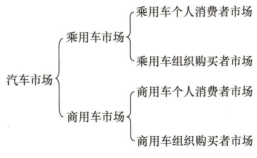

图 4.1 汽车市场分类

4.2 汽车市场个人消费者行为分析

消费者行为理论认为，企业在其市场营销活动中必须认真研究目标市场中消费者的购买行为规律及其特征。因为消费者的购买行为不仅受经济因素的影响，还受其他多种因素的影响，所以会产生很大的差异。即使具有同样类型需求的消费者，其购买行为也会有所不同。只有认真研究和分析汽车市场个人消费者的购买行为特征，才能有效地开展汽车企业的市场营销活动。

汽车个人消费者市场的主要特点为市场容量大、产品属于高档耐用选购品、需求多样化、非专业购买。汽车消费购买决策是一个动态过程，会随着消费者的个人特征和外在环境而变化，通常需要市场营销人员根据不同的情境采取不同的对策。因此，市场营销人员需要清楚影响汽车市场个人消费者行为的因素。

4.2.1 影响汽车市场个人消费者行为的因素

汽车市场个人消费者人数众多，对汽车的购买需求量大，大多数是非专业购买，个体购买规模小，但总体占据了很大的市场份额。

影响汽车市场个人消费者行为的因素主要有内在因素和外在因素两大类，如图4.2所示。**内在因素是指消费者的心理因素和个人特征因素。心理因素包括消费者认知、动机、学习、态度和信念等。个人特征因素包括年龄、职业与经济状况、生活方式与个性等。外在因素是指社会因素、文化因素和政策因素。**

2023麦肯锡中国汽车消费者洞察报告

德勤2023年全球汽车消费者调查报告

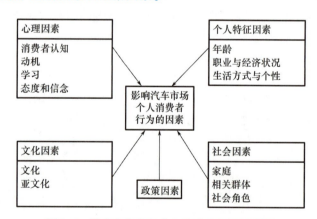

图4.2 影响汽车市场个人消费者行为的因素

1. 内在因素

（1）心理因素。

心理是人的大脑对于外界刺激的反应方式与反应过程，行为则是心理的外显。个人消费者行为在很大程度上是建立在对外界刺激的心理反应基础之上的。但是，心理反应因人而异，这使对个人消费者行为的分析变得十分复杂。

行为心理因素指的是行为形成的心理因素。行为心理因素包含的内容非常丰富，影响个人消费者行为的心理因素主要包括消费者认知、动机、学习、信念和态度等。

① 消费者认知。认知是指人们获得信息或应用信息的过程,包括感觉、知觉、记忆、思维、想象和语言等。消费者认知是指消费者对商业环境的感觉、知觉、记忆、思维、想象和语言等,具有个体差异性。下面仅介绍感觉和知觉。

感觉(sensation)是人脑对直接作用于感觉器官的客观事物的个别属性的反映。消费者对各种市场营销活动的认识是从感觉开始的。感觉是最初级的认知活动。同时,感觉是知觉、记忆、思维、想象和语言等复杂的认知活动的基础,也是人的全部心理现象的基础,是最简单、最基本的心理活动。

根据刺激的来源不同,感觉可以分为内部感觉和外部感觉。内部感觉是指由有机体内部刺激引起的、反映内脏器官、身体平衡及自身状态的感觉。内部感觉主要有运动觉、平衡觉、机体觉(也称内脏感觉)。外部感觉是指由外部刺激引起的、反映外部事物个别属性的感觉。外部感觉主要有视觉、听觉、嗅觉、味觉、触觉。

感觉的影响因素包括三种:第一种是刺激的属性。例如,对视觉来说,刺激的属性主要有光源的特性以及具有反射作用的物体表面的特性等;对听觉来说,刺激的属性主要有声波的波长、强度,即音调和音高等。第二种是刺激的背景,如明暗对比等。第三种是个体的感受差异,如个体的状态等。

知觉是人类对事物的各种属性、各个部分及它们之间关系的综合的、整体的、直接的反映,是组织并解释外界客体和事件的一系列加工过程,是客观事物直接作用于感官并在人脑中产生的对事物整体的认识。

知觉的影响因素包括四种:第一种是感觉系统。知觉的产生以头脑中的感觉信息为前提,是各种感觉的结合,它来自感觉,但又不同于感觉。第二种是生理因素,如个体的身高、体重、体型、肤色、生理健康状态等。第三种是心理因素,如需要、动机、情绪等。第四种是知识与经验。一个人过去的知识和经验对这个人的知觉是有很大的影响的,复杂的知觉是要靠学习与经验获得的。

感觉与知觉的关系:感觉是人脑对直接作用于感觉器官的客观事物个别属性的反映,知觉是人脑对直接作用于感觉器官的客观事物整体属性的反映。感觉是知觉的重要组成部分,是知觉的前提和基础;知觉则是感觉的深入和发展,两者紧密联系。环境刺激作用于感觉,进而影响知觉的形成,感觉与知觉的关系如图 4.3 所示。

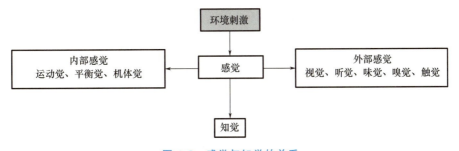

图 4.3　感觉与知觉的关系

感觉与知觉的相同点:感觉与知觉都是人脑对客观事物的主观反映,都是人脑对当前直接作用于感觉器官的客观事物的反映,都是人脑对作用于感觉器官的刺激信息的处理过程。

感觉与知觉的区别：感觉是单一分析器活动的结果，感觉的产生主要来自感觉器官的生理机制和刺激信息的物理特性，不需要或很少需要人的知识经验，相同的刺激信息会引起相似的感觉；知觉则是多种分析器协同活动对复杂刺激物或刺激物之间的关系进行分析综合的结果，知觉的产生来自感觉对客观事物各种属性的整合和解释，需要人的知识、经验等主观因素的参与，不同的人对同一刺激信息可能会产生不同的知觉。

感觉和知觉是人认识客观事物的初级阶段，认知开始于感觉与知觉，通过感觉与知觉获得的信息经验，可以形成记忆，进而产生思维、语言和想象等复杂的认知活动。认知是复杂的心理活动，受多种因素影响，需要客观因素（客观事物等）和主观因素（人的知识、经验等）的参与而形成。因此，对于同一个刺激物，人们会产生不同的认知。例如，看到 smart 汽车，有的人认为这种车很精致、小巧、有个性、驾驶灵活；有的人则认为容量太小、不够大气、没有轿车风范。再如，消费者对新能源汽车产品知识的了解程度会直接影响其对电动汽车的态度，在了解了新能源汽车产品技术知识后，消费者对新能源汽车的态度也会更积极，更倾向于做出购买行为。

消费者认知的影响因素包括社会的物质环境与消费情境，消费者个人的生理状况、知识和消费经验，消费者的购买欲望、目标和态度。

② 动机。动机是激发和维持个体的行动，并使行动导向某一目标的心理倾向或内部驱动力。动机是一种无法直观感受的内在力量，是购买行为的原动力。

动机具有三种功能：第一种是激发功能。动机可以激发个体产生某种行为。第二种是指向功能。动机可以使个体的行为指向一定目标。第三种是维持和调节功能。动机可以使个体的行为维持一定的时间，并调节行为的强度和方向。

需要是产生动机的基本原因，动机有其固有的表现形态。

动机的两种可能性结果是隐蔽的态度和公开的行动，如图 4.4 所示。后者表现为公开的行为反映。

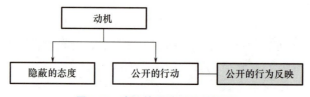

图 4.4　动机的两种可能性结果

购买动机是指驱使消费者实施购买行为的需要和欲望。消费者的购买动机产生于人的需要和欲望，并可以进一步引发消费者的购买行为。因此，购买动机是购买行为产生的前提，是影响汽车个人消费者行为的重要心理因素，是推动消费者进行购买活动的内部动力。例如，新能源汽车与传统汽车相比，其传递的环保节能理念可以成为消费者的购买动机。

购买动机是在需要的基础上产生的。当人的某种需要没有得到满足时，它会推动人去寻找满足需要的对象，从而产生购买动机。马斯洛的需求层次理论（图 4.5）较好地解释了购买动机的结构分层。需求层次理论包括人类需求的五级模型，按从低到高的层次结构，需求分为五种：生理需求、安全需求、社交需求、尊重需求、自我实现需求。马斯洛认为多种需求与动机共同作用,只有较低层次的需求得到了满足,较高层次的需求才会出现并要求得到满足。越是低层次的需求,人们对需求的满足方式与满足物越明确;高层次的需求则相反,越是高层次的需求,越难以得到完全满足。

图 4.5　马斯洛的需求层次理论

购买动机可以包括以下五种。

a. 生理型动机。生理型动机又称原始动机,它直接产生于生理需求,如饥思食、冷思衣、困思眠等。

b. 情绪型动机。情绪型动机是由人的喜、怒、哀、欲、爱、恶、惧等情绪引起的动机。

情绪型动机常常是被外界刺激信息影响,事先没有计划或考虑,所购商品也并不是生活必需或急需的。在情绪因素中,攀比心理在购买动机中很常见。消费者买车的主要目的就是和他人进行比较。情绪型动机推动下的购买行为具有冲动性和即景性的特点。

c. 情感型动机。情感型动机是道德感、群体感、美感等人类高级情感引起的动机。

情感型动机表现在购买动机上常有三种特征:求新,即注重新颖,追求时尚;求美,即注重造型,讲究格调,追求商品的艺术欣赏价值;求奇,即追求出奇制胜,与众不同。

d. 理智型动机。理智型动机是建立在人们对商品的客观认识之上,经过客观比较分析而产生的动机。

理智型动机表现在购买行为上常有三种特征:求实,即注重质量,讲究效用;求廉,即注重商品的价格;求安,即希望商品使用顺利,有可靠的服务保障。

理智型动机对欲购商品有计划性,经过深思熟虑,购买前做过一些调查研究。例如,经过对质量、价格、售后服务等的比较分析,有的消费者决定在众多品牌汽车中购买某个品牌的汽车。理智型动机推动下的购买行为具有客观性、计划性和控制性的特点。

e. 惠顾型动机。惠顾型动机是指消费者基于情感与理智的经验,对特定的商店、品牌或商品,产生特殊的信任和偏好,从而重复地、习惯地前往购买的动机。例如,有的消费者购车后会习惯性地选择买车的 4S 店进行售后服务等。惠顾型动机推动下的购买行为具有经验性和重复性的特点。

如果汽车消费者的需求能够获得满足,那么其会对此车型和厂家产生肯定的评价,反之亦然。但是,不同消费者的需求不同,购车动机也存在一定差异。

③ 学习。学习分为狭义与广义两种。狭义的学习是指通过阅读、听讲、研究、观察、

探索、创新、实验、实践等手段获得知识并提高认知或技能的过程。广义的学习是指人在社会生活中通过获得经验而产生的相对持久的行为方式。

社会学习是指个体为满足社会性需要而掌握社会知识、经验或规范、社会行为技能等的过程。根据社会学习理论，个人的认知、行为与环境三者及其交互作用都对人的行为产生影响。社会学习理论强调观察学习在人的行为获得中的作用、重视榜样的作用、强调自我调节的作用。社会学习理论认为人的多数行为是通过观察别人的行为和行为的结果而学得的。依靠观察学习可以迅速掌握大量的行为模式，但榜样对获得什么样的行为及行为表现如何的作用很大，榜样与观察者的人际关系也将影响观察者的行为表现。社会学习理论还认为人的行为不仅受外界行为结果的影响，而且更重要的是受自我引发的行为结果影响，即自我调节的影响。自我调节主要是通过设立目标、自我评价，从而引发动机来调节行为的。

阿尔伯特·班杜拉（Albert Bandura）强调在社会学习过程中行为、认知和环境三者的交互作用。班杜拉认为人的行为，特别是人的复杂行为主要是后天习得的。因此，消费者的大多数行为都是习得的。通过学习，消费者获得了汽车产品知识和购买经验，并用于未来的汽车购买行为。

个体的学习行为有三种机制，即联结机制、强化机制和观察学习机制。

联结机制认为，学习就是刺激—反应联结的形成。它强调各种联结的作用：情境与行为的联结，一些行为与另一些行为的联结，一些知觉的联结，甚至一些情绪的联结。

强化机制认为，人们学习表现某个行为是因为随后会有一个结果。如果结果是令人愉快的，或者可以满足某种需要的东西，那么这是正强化；否则就是负强化。例如，消费者驾驶过某品牌的某型号的汽车后，如果觉得很满意，他对该品牌该车型的好感就会由此而得到正强化。强化也可以分为直接强化、替代强化与自我强化三种。直接强化是指人们受到自己行为的直接后果的影响。例如，如果消费者购买某品牌汽车后在使用上很不满意，就会产生以后再也不想买这个品牌汽车的想法，甚至还会产生要求退换的心理。替代强化是指人们还会观察他人做出行为后得到了什么后果，这种后果也会影响人们是否做出相同的行为。例如，消费者通过观察发现朋友使用某品牌汽车后不满意，消费者对该品牌汽车的购买欲望就会减弱。自我强化是指人们在某行为之后对自己的认知与评价会影响人们进一步的行为表现。例如，消费者使用某品牌汽车后感觉不满意，就会产生抱怨并劝说朋友不要购买同品牌的汽车。

一般而言，消费者的学习方式大致有以下两种类型。

a. 行为学习。行为学习的方式是模仿。模仿的对象是众多的，如晚辈模仿长辈，观众模仿影视人物，同伴之间相互模仿等。因此，汽车厂商可以通过明星代言来影响消费者的购买动机。

b. 符号学习。符号学习是消费者通过外界的宣传，理解各种符号（如语言、文字、造型、色彩、音乐等）的含义。因此，汽车厂商可以通过广告、商标、品牌等与消费者进行沟通。

④ 态度和信念。消费者的态度是消费者个体对特定对象所持有的稳定的心理倾向。这种心理倾向蕴含着消费者个体的主观评价及由此产生的行为倾向。态度的特定对象包括特定的人、观念或事物等。

消费者的态度是消费者对有关事物的概括性评估，是以持续的赞成或不赞成的方法表现出来的对客观事物的倾向。迈尔斯认为，态度是对某物或者某人的一种喜欢或者不喜欢的评价性反应。态度的结构涉及三个维度：情感、行为倾向和认知。因此，态度带有浓厚的感情色彩，它往往是思考和判断的结果。

态度具有以下三个特点。

a. 具体性。具体性是指态度对象是具体的，态度具有方向和程度，态度是具体针对某一件事或某一观念而言的。

态度具有正负两种方向。正向态度即消费者对某一客体感到喜欢，表示赞成；负向态度即消费者对某一客体感到不喜欢，表示不赞成。态度的程度是指消费者对某一客体表示赞成或不赞成的程度。

b. 结构性。结构性是指态度具有一定的结构。态度是由情感、行为倾向和认知三个维度组成的，这三个维度相互影响，协调一致，才能形成稳定的态度。消费者的态度是一个系统，其核心是个人的价值观。各种具体的态度都受价值观的影响，分布在价值观这一中心周围。各种具体的态度相对独立，但又具有一定程度的一致性。

c. 社会性。消费者的态度是消费者在社会生活中经过一定的经验积累后形成的，是经验的升华，是学习的结果，因而具有社会性，受到社会环境和人际关系的影响。消费者自身的经历和体验都会建立和改变消费者及其亲朋好友的态度，亲朋好友的意见也是消费者一种间接的经验，同样会对消费者的态度产生正面或负面的影响。

信念是指消费者对自己的意识、观念及其行为倾向具有强烈的坚定不移的确信与信任。信念是在态度得到不断强化的基础上所产生的对客观事物的稳定认识和倾向性评价。在信念指导下的行为往往不再进行认真的思考，而成为一种惯性。相对态度而言，信念更为稳定和持久。因此，汽车企业开展市场营销活动的主要目标应当是使消费者建立对本企业汽车产品的正向态度和积极的信念，汽车企业可以通过适应策略和改变策略来实现这些目标。

适应策略是指通过适应消费者的需要来建立消费者的态度和信念。这种策略具体有以下四种做法。

一是通过不断提高汽车产品质量，改进汽车产品款式，完善汽车产品售后服务，策划大量的广告，以不断增强现有消费者的正向态度。

二是为现有消费者提供新的汽车产品品类，以满足消费者对汽车产品升级换代的需要，并保持现有消费者对汽车品牌和企业的忠诚度。

三是强调现有汽车产品的特点和优势，以吸引新的汽车消费者。

四是及时了解汽车市场新动向，以向新的汽车消费者提供新的汽车产品、汽车品牌和车型。

改变策略是指改变消费者的态度和信念。这种策略的实施比适应策略困难得多。改变策略的主要措施有：突出强调汽车企业各种汽车产品的优点，采取一些必要的保障措施或促销措施，如实行"三包"、降低价格等，以增强消费者的正向态度和积极的信念。

（2）个人特征因素。

个人特征因素包括年龄、职业与经济状况、生活方式与个性等。

① 年龄。不同年龄阶段的消费者的生活方式、需求和购买能力是有差异的。一般情

况下，在汽车性能和外观方面，消费者购买偏好会因为其年龄阶段的不同存在一定的差异。对于年轻人而言，由于其经济能力有限，紧凑型且具有动感时尚外观的车型是其钟爱的汽车类型；但对于已经成家立业收入稳定的中年人而言，他们则更多会选择商务车和豪华轿车。而且，年轻消费者往往想彰显自己的个性，他们的购买动机就是突显产品的艺术性，主要体现在注重车辆的外形、流线及是否足够华美上。因此，他们选择的汽车产品既要造型出众，又要品质卓越。追求新颖的年轻消费者能快速接受新鲜事物，追求时尚，希望引领潮流，他们的主要消费目标是刚刚上市的新车型。

家庭生命周期理论较好地解释了年龄对消费者购买行为的影响。在市场营销学中，家庭生命周期用于分析和揭示消费者在家庭的不同阶段消费的不同形式、内容和特征等。不同的年龄阶段对应不同的家庭生命周期。家庭生命周期描述了以家长为代表的家庭生命的全过程，分为单身阶段、新婚阶段、满巢阶段、空巢阶段、退休阶段和鳏寡阶段。也可以进一步细分，按西方学者对传统家庭的划分，家庭生命周期可分为九个时期，即单身期、新婚期、满巢Ⅰ期、满巢Ⅱ期、满巢Ⅲ期、空巢Ⅰ期、空巢Ⅱ期、鳏寡就业期和鳏寡退休期，见表4-1。

表4-1 家庭生命周期

序号	时期	购买行为描述
1	单身期	已参加工作，独立生活，处于恋爱择偶时期； 购买行为主要围绕自身的生活和社交需要
2	新婚期	已经结婚，但尚未有孩子； 家庭将继续添置一些应购未购的生活用品，需要购买汽车、家具、冰箱等家庭用的耐用消费品，如果经济条件允许，娱乐方面的花费可能增多
3	满巢Ⅰ期	有6岁以下孩子的家庭； 家庭需要购买大量食品、洗衣机、玩具及支付教育和娱乐费用
4	满巢Ⅱ期	有6~18岁孩子的家庭； 家庭需购买大量食品、用品及支付教育和娱乐费用
5	满巢Ⅲ期	年纪较大的夫妇，有能自理的子女； 家庭经济情况尚好，不易受广告影响，在家庭用品和教育方面支出较多，更新耐用消费品； 家庭的消费中心变为全体家庭成员
6	空巢Ⅰ期	孩子已成家，并独立生活，老年夫妇仍有工作能力； 家庭消费方面增加旅游、保健、家庭改善产品
7	空巢Ⅱ期	老年夫妇已退休； 家庭需要购买有利于健康的产品和医疗服务
8	鳏寡就业期	夫妻一方先去世，家庭重新回到单身期，老年人尚有工作能力； 家庭需要购买有利于健康的产品和医疗服务
9	鳏寡退休期	老年人独居，并且已退休； 家庭需要购买有利于健康的产品和医疗服务

家庭生命周期的研究主要涉及对一个地区或市场的家庭结构与性质的分析，对于汽车市场总体性质的研究具有十分重要的意义。

② 职业与经济状况。职业与教育实际上是社会阶层因素在个人身上的集中反映。从事一定的职业及受过不同程度教育的人会产生明显的消费行为差异，这主要是由于一种角色观念的作用。汽车产品表现出来的产品特性很容易吸引与其相契合的具有某一职业特征的群体。当消费者处于不同职业不同阶层时，其消费观念也会存在明显差异。紧凑车型的主要消费人群是工薪阶层，中级车型的主要消费人群是中产阶级，高端豪华车型的主要消费人群是高收入家庭。而一些有社会地位的成功人士，在进行车型选择时，其主要的购车动机是想要展现地位，他们选择的汽车产品多为高端豪华车型。

经济状况也会影响人们的需求和消费模式，是影响消费者购买行为的重要因素。消费者的收入是消费者购买能力的源泉，包括工资、奖金、津贴等一切货币收入。消费者收入水平的高低制约了消费者支出的多少和支出模式，从而影响汽车市场整体规模的大小和不同汽车产品或服务市场的需求状况。

消费者收入的相关概念包括消费者个人可支配收入、消费者个人可任意支配收入、消费者货币收入和消费者实际收入。

消费者个人可支配收入是指在消费者个人总收入中扣除税费后，真正可用于消费的那部分收入。消费者个人可支配收入是影响消费者购买力水平和支出模式的决定性因素。

当期消费者个人可支配收入可表示为

当期消费者个人可支配收入＝当期消费者个人全部收入－税费

消费者个人可任意支配收入是指在消费者个人可支配收入中减去消费者用于购买食品、支付房租及其他必需品的固定支出所剩下的那部分收入，一般还要扣除稳定的储蓄。非必需品的消费会受到消费者个人可任意支配收入的限制。

当期消费者个人可任意支配收入可表达为

当期消费者个人可任意支配收入＝当期消费者个人全部收入－税费－固定支出－固定储蓄支出＋前期可任意支配收入余额

消费者货币收入是指名义收入，并不代表消费者实际的购买力。

消费者实际收入是指考虑物价因素后，消费者实际可购买到的实际商品的价值。因此，消费者实际收入能反映实际的购买力及其变化。另外，消费者的储蓄额占总收入的比例和可获得的消费信贷也影响消费者的实际购买力。一般而言，消费者的储蓄额占总收入的比例越大，表示消费者当期购买力越低，远期购买力越高。消费信贷使消费者能够凭信用先取得商品使用权，在按期归还贷款后，消费者最终可以取得商品所有权。消费信贷有短期赊销、分期付款和信用卡信贷等多种形式。消费信贷使消费者可以提前消费，从而刺激和扩大当期购买力。

一般而言，收入高的群体选择高端豪华车型的可能性更大，并且通常会选择去专卖店购买和保养汽车。然而，在现实生活中，同一收入水平的人，他们的消费行为也存在很大差异。

消费者的支出模式是指消费者各种消费支出的比例关系，可以理解为消费结构。消费者个人收入与支出模式是个体消费者或家庭消费结构的重要影响因素。消费者个人支出模式将直接影响社会消费支出模式。德国经济学家和统计学家恩斯特·恩格尔（Ernst

Engle)在对不同国家不同收入的家庭的调查中发现了家庭收入变化与各种支出之间比例关系的规律性,并提出了著名的恩格尔定律。目前该定律已成为分析消费结构的重要工具。恩格尔定律指出:在家庭人口构成相同的情况下,食品支出占比与收入或总消费支出成反向相关关系,即收入或总消费支出越高,食品支出占比越低。食品支出占个人消费支出总额的比例称为恩格尔系数。恩格尔系数是衡量一个国家、一个地区、一个家庭的生活水平高低的标准。恩格尔系数越小,表示生活水平越高;恩格尔系数越大,表示生活水平越低。因此,汽车企业从恩格尔系数可以了解目标市场的消费者消费水平和变化趋势。

消费者所处的家庭生命周期阶段的不同也会影响消费者支出模式,形成不同的消费结构。例如,当家庭处于新婚期时,家用电器、家具等耐用品的需求很旺盛;当家庭中有了孩子,消费支出的重心便转移到孩子的需求上,家庭收入的很大比例都用于孩子的食品、服装、教育、旅游、文化、娱乐等方面;当家庭中孩子长大成人、独立生活后,家庭夫妇的支出多用于医疗、保健、旅游或储蓄。因此,汽车企业应当认真分析消费者所处的家庭生命周期阶段,提供适合消费者家庭生命周期阶段的汽车产品。

消费者家庭所在地点的不同也会影响消费者支出模式,相应的开支项目和大小也不一样。例如,居住在城市中心的消费者家庭,在交通、住房和食品等方面,和居住在郊区的消费者家庭,支出比例不尽相同。因此,汽车企业应当根据消费者家庭所在地点开展有针对性的汽车产品市场营销活动。

总之,不同的职业与经济状况会影响消费者的购买能力和消费偏好,而消费者的可支配收入直接影响购买决策。经济状况固然对于消费者的购买行为有着重要的影响,但一些非经济因素对消费者的购买行为同样发挥着重要的影响,而且其影响方式更为复杂,值得汽车企业认真对待并加以研究。因此,除分析消费者的平均收入外,汽车市场营销者还应了解不同社会阶层、不同地区、不同职业群体的收入及增长率、支出模式的差别,深入分析各个汽车细分市场的购买力情况。

③ 生活方式与个性。生活方式是指一个人在生活中所表现出来的活动、兴趣和看法的整个模式。生活方式会直接影响消费者的消费行为。

个性是指一个人特有的心理特征,是人们的行为方式稳定持久地发挥作用的个人素质特征。它会导致一个人对其所处的环境做出相对一致和持续不断的反应。消费者个性在不同场合会通过消费者的行为表现出来,因此消费者会因其个性的不同而直接影响购买行为。其他个性特征包括受教育程度、生活地域等,也会影响消费者的购买行为、消费习惯和支出模式。

消费者个性是消费者行为研究的重要内容。个性是差异性和相似性的统一,每个消费者的个性都是独特的。但是,某一个消费者在具有独特的个性的同时,也和其他消费者在某些方面有一些相似。因此,汽车企业在开展汽车市场营销活动时,可以通过细分市场的群体来开展,而不必面对大量的单个个体。个性也是稳定性和发展性的统一。消费者个性是在先天的遗传和后天长期的社会生活过程中受多种因素影响而逐渐形成的,具有稳定性的特征。但是,个性不是一成不变的,它随着人的生理变化和外部条件的变化而变化。

消费者个性一般可以从能力、气质、性格三方面进行分析。

消费者在选购汽车时需要具备信息查找、记忆、分析、比较、检验、试乘试驾、决策等各种能力。不同消费者的能力不同，这种能力方面的不同使有些消费者在选购汽车时比较自信，能比较迅速地对汽车做出评价，并做出相应的决策。有些消费者则在做购买决策时犹豫不决，往往需要有参谋人员参与决策。

心理学认为，人的气质有多血质、胆汁质、黏液质和忧郁质四种。一般而言，多血质的消费者活泼好动、反应灵敏，容易注意某一事物并产生兴趣，但也容易消失，在选购汽车时，一般喜欢追求时尚，喜欢新产品，受广告宣传影响较大。胆汁质的消费者一般比较直率、热情、精力充沛，在选购汽车时，一般愿意花时间查找信息、选择、比较和分析拟购汽车。黏液质的消费者一般比较冷静、善于思考、自制力强，在选购汽车时，讲究实用，受广告宣传影响不大。忧郁质的消费者一般比较多虑谨慎，对新产品不敏感，在选购汽车时，受广告宣传影响不大，购买决策时间比较长。

性格与气质既有区别又有共同之处。两者相比，性格带有更多的社会因素，更能反映消费者的心理特征，气质则带有更多的生理色彩。

消费者的性格大致可分为以下五种。

a. 外向型性格。外向型性格的消费者愿意通过交谈表达自己的需求。

b. 内向型性格。内向型性格的消费者言语少，感情和思想不外露。

c. 理智型性格。理智型性格的消费者喜欢思考，做决策时非常理性。

d. 意志型性格。意志型性格的消费者比较主观，购买目的明确，做决策时比较果断，有时也会比较武断。

e. 情绪型性格。情绪型性格的消费者容易冲动，购买商品时往往带有浓厚的感情色彩，有时购买后又会后悔。

无论是何种个性的消费者，一般而言，大多数消费者都是在综合考虑了自身的需求和自身的实际情况后才选购汽车产品的，他们主要追求的是经济实惠，汽车在他们看来仅是一种代步工具，所以他们会在购买前对各种车型及每款车的价格进行权衡。这类消费者对于价格变动十分敏感，对于汽车的质量、功能和实用性的关注度较高。他们希望购买经久耐用、功能齐全、操作便捷的汽车，对于汽车的外观和流线不会过多注重。这种消费者虽然资金充足，但消费能力有限。有些消费者对于某一品牌的汽车比较偏爱，他们会较多关注该品牌的汽车，购买概率也很大。然而，他们关注的品牌不同，关注的内容也有所差异。例如，有的关注品质良好、低油耗；有的关注动力强、经久耐用；有的关注款式新颖、大气上档次；等等。

总之，消费者个性对于消费者的生活方式会有很大影响，而消费者的生活方式可以表现出消费者个性。所以，汽车企业可以通过对消费者生活方式的调研来了解目标市场消费者的主要个性，并开展相应的汽车市场营销活动。

2. 外在因素

外在因素包括社会因素、文化因素和政策因素。

（1）社会因素。

影响购买行为的社会因素更为复杂，通常包括家庭、相关群体、社会角色等因素。

① 家庭。家庭是消费的基本单元，是社会最基本的细胞，也是最典型的消费单位。

家庭对购买行为的影响主要取决于家庭的规模和家庭生命周期等方面。不同规模的家庭有不同的购买行为。例如，三代或四代同堂的大家庭的消费总量比较大，家庭设备与耐用消费品的数量却不会很多，对汽车的需求更倾向于七座的 SUV；两口之家或三口之家的人口虽然不多，但对生活质量的要求更高，选购的汽车多是家用经济型轿车；而单身人士对汽车的要求有其独特之处，类似 smart 的车型或者跑车比较受他们的欢迎。一段时期内某一特定市场上不同规模家庭的比例直接影响汽车产品需求的类型与结构。比如，当家庭规模出现小型化的发展趋势时，小型、精致的家用汽车需求就会出现，家用经济型轿车销售量会明显上升。家庭规模的变化会对整个汽车市场带来很大的影响。而家庭生命周期的差异也会使消费者的购买行为有很大的不同。

② 相关群体。相关群体是指对个人消费者的消费偏好、消费态度和消费行为有重大影响的群体。

按对消费者的影响强度，相关群体可分为主要群体、次要群体和模仿群体。主要群体是指由那些与消费者经常接触且关系密切的人组成的群体，如家庭成员、朋友、邻居、同学和同事等，其对消费者影响最大。如果消费者购车前常常观察主要群体的车型，与之交流心得，则会决定自己的欲购车型。次要群体是指消费者能够与之接触但接触相对较少的群体，其影响程度比主要群体要小些。模仿群体（也称明星群体）是指消费者尊崇的人组成的群体，如偶像、明星、各界名人等，其对消费者的影响有时会较大。

按成员归属性，相关群体可以分为成员资格型相关群体、接触型相关群体、向往型相关群体。消费者从事的职业不同、具有的信仰和兴趣爱好不同，因此他们分属于不同的社会团体，属于某一个或多个社会团体中的成员。由于社会团体需要协同行为，作为团体成员的行为就必须同团体的行为与目标一致，因此在此基础上就形成了成员资格型相关群体。例如，车友会的成员佩戴共同的标志、经常聚会、购买某一种品牌的汽车，这些行为都是成员自发自愿的行为。然而，虽然每个消费者能够参加的团体数目是有限的，但其可以接触很多不同的团体。例如，每个消费者都有家庭成员、朋友、邻居、同学和同事等，而这些人分属于各种社会团体，消费者可以通过他们对各种团体有所接触。这些所接触的人和他们的团体就形成了消费者的接触型相关群体。接触型相关群体对消费者行为同样会产生一定的影响。如果消费者的朋友是从事汽车方面的工作的，那么此消费者就有更多机会了解国内汽车市场的发展情况，参观各种汽车展览，熟悉很多汽车知识和品牌。除参与和接触外，人们还可以通过各种大众媒介了解各种社会团体。向往型相关群体是指那些与消费者没有任何联系，但对消费者又有很大吸引力的群体。因为消费者通常会向往某一种职业或者羡慕某一种生活方式，当这种向往不能成为现实时，消费者往往会通过模仿来满足这种心理需求。例如，女性消费者会模仿歌手或者影视剧演员，男性消费者会模仿著名的运动员或者赛车手，有时他们也会模仿某些对其有影响的人物的发型、服饰或者生活方式。向往型相关群体对消费者的行为影响是间接的，但由于这种影响与消费者的内在渴望一致，效果往往是很明显的。因此，汽车企业可以通过找到消费者的向往群体来引导消费者的购买行为。

③ 社会角色。消费者在经济条件、教育程度、职业类型及社交范围等方面的差异导致他们形成不同的社会群体，并因其社会地位的不同而形成不同的社会角色。社会角色对消费者行为产生影响的心理基础在于人们有等级观和身份观，等级观和身份观又会转化为

更具有行为指导意义的价值观、消费观和审美观，从而直接影响消费者的购买行为。

社会角色的行为特征受到经济、职业、职务、教育等多种因素的影响，处于同一社会角色的消费者的行为比处于不同社会角色的消费者的行为有更强的相似性，当消费者的社会角色发生变化时，行为特征也会随之发生明显变化。不同社会角色的消费者在经济收入、价值观和兴趣等方面也有所不同，他们的消费偏好和消费习惯也会不同，对汽车的品牌、车型等也有各自的偏好。

(2) 文化因素。

文化因素属于宏观环境的影响。文化及亚文化因素属于隐形的非强制性的影响。消费者在社会中成长，受到家庭及社会组织潜移默化的影响，习得一套基本的价值观、风俗习惯和审美观，并形成一定的偏好和行为模式。例如，由于文化和风俗习惯的差异，东西方的汽车消费文化也呈现出明显的差异。

① 文化。文化作为一种社会氛围和意识形态，对消费者的思想和行为有重要影响，自然也影响消费者对商品的选择与购买。文化对于消费者行为的影响有以下三种特征。

a. 文化的地域性。由于文化本身也是一定的生产方式和生活方式的产物，因此生活在不同地域的消费者的文化特征会有较大的差异。然而，随着科技的发展，不同地域间消费者交流频率提高，交流范围扩大，因此，不同地域间的文化也会相互影响和相互交融，文化的地域性边界日益模糊。但是，在一些相对封闭、地区文化传承较好的地理区域，文化仍然具有鲜明的地域性。

b. 文化的遗传性。由于文化因素对消费者的思想和行为发生深层次的影响，因此文化具有遗传性，即一定的文化特征可以在一定的地域范围内得到长期延续。汽车企业对某一汽车细分市场的文化背景进行分析时，既要重视对当地市场传统文化特征的分析和研究，也要注意多元文化的影响。文化的遗传性会引发两种不同的社会效应：一是怀旧复古效应，汽车企业可以利用消费者对传统文化的依恋制造更多的市场机会；二是大多数年轻人所追求的求新求异效应，汽车企业可以利用这一效应开发新产品，制造新的市场机会。

c. 文化的间接影响性。文化对消费者的影响在大多数情况下是潜移默化的，即文化的间接影响性。文化往往先影响消费者的生活和工作环境，进而影响消费者的购买行为。汽车企业采用通过影响消费者的生活环境来改变消费者的购买行为的做法往往十分见效。

② 亚文化。亚文化是指在主文化或综合文化的背景下，属于某一地域或某个集体所特有的观念和生活方式，也称次文化。一种亚文化不仅包含与主文化相通的价值与观念，也有属于自己独特的价值与观念。

亚文化通常是存在于一个较大社会群体中的一些较小社会群体所具有的局部的特色文化现象。这些特色主要表现为语言、信念、价值观、风俗习惯的不同。

亚文化有各种分类方法，一般可以将亚文化分为地域的亚文化、年龄的亚文化、生态学的亚文化等。其中，年龄的亚文化可分为青年文化、老年文化等；而生态学的亚文化则可分为城市文化、郊区文化和乡村文化等。由于亚文化直接作用或影响人们生存的社会心理环境，因此其影响力往往比主文化大，它能赋予消费者一种可以辨别的身份和属于某一群体或集体的特征。

对于亚文化现象的重视和研究能使汽车企业对目标市场有更为深刻的认识，对于汽车企业开展市场营销活动具有十分重要的意义。

(3) 政策因素。

政策因素是指汽车企业和消费者都必须要遵守执行的外部环境约束，对购买行为的影响具有直接性，是显性的影响因素。例如，党的二十大报告指出，"构建新一代信息技术、人工智能、生物技术、新能源、新材料、高端装备、绿色环保等一批新的增长引擎"。从政策因素层面，新能源汽车产业再次成为市场的热点。同时，由于国际环境的变化，油价开始出现大幅度波动，因此汽车消费者更加关注汽车的使用经济性。在油价上涨阶段，消费者能够明显感知到使用新能源汽车能够缓解能源的压力，同时认为新能源汽车对环境友好，更容易做出购买新能源汽车的决策。

随着整个新能源汽车产业技术的发展、政策的激励、市场的成熟、产量的放大，新能源汽车成本逐步降低。同时，新能源汽车没有传统发动机的保养需求，单位里程的用电成本也远低于同级别内燃机燃油的成本，越来越多的消费者开始选择新能源汽车。当新能源汽车市场趋于成熟，受到社会群体的广泛使用时，消费者为了融入群体或使自己与群体保持一致，也会选择购买新能源汽车。在政府扶持的宏观环境下，汽车企业不断加大新能源汽车研发和市场营销力度，新能源汽车越来越被消费者关注和接受。

对于新能源汽车而言，在质量方面，新能源汽车和传统内燃机汽车的差异很大，这是因为新能源汽车和传统内燃机汽车的设计与制造有非常大的区别。传统内燃机汽车的发动机和变速器等是非常核心的动力部件，也是质量关注的目标，而新能源汽车的动力系统是电池系统、驱动电机和电池管理系统等。其中的电池系统因技术成熟度和产品自身的特点成为新能源汽车质量的关键。对于高质量产品，消费者的购买意愿会提升。从新能源汽车本身技术来看，新能源汽车一次性充电后可行驶里程、充电的便捷性及安全性直接影响消费者的购买意愿。与此同时，新能源汽车的购买价格和使用价格也是消费者考虑的主要因素。

汽车市场个人消费者作为社会主体成员，其购买行为必然会受到诸多因素的影响。这些因素不仅会影响汽车个人消费者的购买行为，同时也影响人们做出购买行为的速度。因此汽车企业需要更清晰地掌握自身品牌所面对的潜在消费者群体个人因素条件，通过详尽的调研来分析影响汽车个人消费者购买行为的因素，进而有针对性地制定汽车企业品牌车型的市场营销活动，实现市场营销目标。

4.2.2 汽车市场个人消费者行为分析模型

在汽车市场营销领域，个人消费者面临在多个汽车品牌和车型中选择一个的问题，这是个人消费者购买行为的核心问题。因此，准确识别汽车个人消费者的购买角色和行为特征，研究影响汽车个人消费者进行不同选择的因素及影响程度，分析汽车个人消费者的购买决策过程和购买行为，建立目标客户群体集合，是汽车企业进行市场细分、开展市场营销活动、制定市场营销战略和策略的基础。

1. 个人消费者购买决策分析

(1) 个人消费者行为分析模型。

个人消费者的购买决策是一个复杂的过程，存在众多的影响因素。例如，如果个人消费者的亲友在其准备进行购买时提出反对意见或提出更有吸引力的建议，则其可能推迟购买或放弃购买。他人态度影响力的大小主要取决于两点：反对的强烈程度及其在个人消费者心目中的地位。反对得越强烈，或其在个人消费者心目中的地位越重要，其对个人消费者购买决策的影响力也就越大；反之，就越小。另外，一些意外事件也可能使个人消费者在准备进行购买时改变或放弃购买。例如，个人消费者突然失去工作或稳定的收入来源等都是一些有可能改变个人消费者购买决策的突发影响因素。

消费者做出最终购买决策的核心影响因素是消费者对购买风险的预期。如果消费者对购买风险的预期很大，则其认为购买后会带来有利的影响，实施购买的可能性就比较大。如果消费者对购买风险的预期很小，则其认为购买后会带来不利的影响，甚至难以挽回，改变或推迟购买的可能性就比较大。所以，汽车企业必须尽力降低消费者对购买风险的预期，以增加消费者做出最终购买决策的可能性。

个人消费者行为分析模型是研究个人消费者行为的影响因素及个人消费者购买决策的一种模式。个人消费者行为分析模型是对个人消费者行为涉及的全部或局部变量之间因果关系的理论描述，包括刺激-反应（SOR）分析模型、维布雷宁分析模型、霍华德-谢思分析模型等，而刺激-反应（SOR）分析模型是其中最基本的模型。

刺激-反应分析模型一般表示为 S→O→R。其中，S＝讯息，O＝受众，R＝效果。

任何个人消费者的购买决策都是在一定的内在因素的促动和外在因素的刺激下做出的。汽车市场个人消费者反应是指个人消费者对来自汽车市场的各种刺激所形成的心理及行为表现。具有一定潜在需要的个人消费者受到汽车企业的市场营销活动刺激和各种外部环境因素的影响而产生购买意向。不同特征的个人消费者对于各种外部环境因素的影响又会由于其具有的特定的内在因素和决策方式而做出不同的反应，从而形成不同的购买意向和购买行为，这是个人消费者购买行为的一般规律。个人消费者的购买决策是一个动态发展的过程，主要涉及参与决策的角色、购买决策的类型和购买决策的过程。

在这种分析模型中，市场营销活动刺激和各种外部环境因素是可以看得到的，个人消费者最后的决策和选择也是可以看得到的，但是个人消费者如何根据外部环境因素进行判断和决策的过程却是看不见的。个人消费者行为分析就是要对个人消费者的购买决策过程及影响这一决策过程的各种因素的影响规律进行分析。所以，对个人消费者行为的研究主要包括两部分：一是对影响个人消费者行为的各种因素的研究，二是对个人消费者购买决策过程的研究。

（2）购买角色识别。

购买决策通常并不是由一个人单独做出的，而是有其他成员的参与，是一种群体决策的过程。因此，了解有哪些人会参与购买决策及识别他们各自在购买决策过程中所扮演的角色，对于汽车企业开展恰当的市场营销活动是很重要的。

影响购买决策的角色一般包括五类：购买发起者、影响购买者、购买决策者、购买者、最终使用者。

① 购买发起者。购买发起者是指首先提出或者有意向购买某种产品或服务的人，即购买行为的建议人。

② 影响购买者。影响购买者是指其看法或建议对最终购买决策具有一定影响的一个人或多个人。影响购买者对购买发起者的建议表示支持或者反对，他们不能对购买行为本身进行最终决策，但他们的意见会对购买决策者产生影响。

③ 购买决策者。购买决策者是指在整个购买行为中起主导性和决定性作用并做出是否购买及怎样购买并有权进行最终决策的人，是购买行为是否实施的最终决策者。

④ 购买者。购买者是指最终实施购买的人，购买者执行具体购买任务，因而购买者会对产品的价格、质量、购买地点进行比较、分析、选择，并同商家进行谈判，最终实施购买行为。

⑤ 最终使用者。最终使用者是指实际使用产品或服务的一个人或多个人。最终使用者的使用体验决定了对所购产品或服务的满意程度，而这会影响购买后的行为和再次购买的决策。

以一个家庭为例。假设这个家庭准备购买一辆家用轿车。购买发起者可能是家庭中的任意一位成员，影响购买者可能包括这个家庭的所有成员乃至亲朋好友，购买决策者可能是拟购车家庭中的丈夫，购买者也可能是丈夫，最终使用者可能是丈夫或者妻子，也可能是已经成年的孩子。

家庭购买决策的方式和汽车产品购买行为的研究同样重要。因为各个家庭在进行购买决策时，决策方式会有较大差异。一些家庭进行购买决策时集中度较高，购买大多数东西都要进行协商；另一些家庭则习惯于分散决策，大多数购买决策由当事人自己来做。对一些重要的购买决策，如选购汽车等大件耐用消费品时，有的家庭是由家庭首要成员决定的，有的则由全家进行协商后决定。另外，一些家庭购买决策主要由男主人做出，而另一些家庭主要由女主人做出。识别谁是决策者时，除各种家庭的不同习惯外，主要还看购买何种类型的商品。一般情况下，简单消费品的购买通常由家庭女主人做出最终决策，而汽车等耐用消费品的购买则通常由男主人做出最终决策。

购买发起者、影响购买者、购买决策者、购买者、最终使用者相辅相成，共同促成了购买行为，是汽车企业开展市场营销活动的主要对象。但是，五种角色的存在并不意味着每一种购买决策都必须要五人及以上才能做出。在实际购买行为中，一个人可能承担多种角色。例如，最终使用者可能是购买发起者和购买决策者，购买决策者可能是购买者。而且在非重要的购买决策活动中，决策参与的角色也会少一些。

实际上，对于许多日用产品来说，识别购买者是比较容易的。例如，购买彩妆的通常是女性。但是，汽车这样的家庭耐用商品，参与购买的角色通常是比较多的，即使是现场的销售人员，也需要经过仔细观察才能确定谁是购买决策者。传统的观念认为，在汽车购买决策中居于主导地位的可能是男性。因此，汽车企业的目标群体大多定位为男性，汽车广告的表现主题也往往是成功男士、年轻男性精英。然而，随着女性车主的增多，越来越多的汽车企业开始针对女性车主设计产品和销售，开始出现了一些以女性精英、家庭主妇为营销主题的广告。

汽车企业认识到购买决策不是单一决策行为，而是具有群体参与性，这对于汽车企业制定市场营销策略和开展市场营销活动有十分重要的意义。汽车企业可以根据不同的角色类型在购买决策过程中的作用找到准确的市场营销对象，并有针对性地开展市场营销活动，增强市场营销活动的效果。

（3）购买决策的类型。

对于不同类型的商品和不同类型的消费者，购买决策行为是有很大差异的。例如，购买一包纸巾和购买一辆汽车，购买决策行为就会存在很大的不同。购买一包纸巾，消费者随时可以购买；购买一辆汽车，消费者可能要广泛搜集信息，反复比较选择，并经过试乘试驾，斟酌比较后才购买。

根据消费者对产品的熟悉程度和购买风险的大小，购买决策可以分成以下四种类型。

① 简单性购买决策。简单性购买决策是指对于某些价格比较低廉的、购买频率比较高的产品，当出现消费者不太熟悉的新产品时，消费者通常不会花很多时间和精力进行比较、分析、研究、决策，而常常会抱着买来试一试的心态，所以购买决策的过程相对比较简单。

② 习惯性购买决策。习惯性购买决策是指对于某些消费者比较熟悉、产品的稳定性比较好、价格比较低廉、购买频率比较高的产品，消费者会不必犹豫，购买自己习惯用的品种、品牌和型号。如果没有新的强有力的外部吸引力，消费者一般不会轻易改变其固有的购买行为。

③ 选择性购买决策。选择性购买决策是指对于某些价格比较昂贵的、有较大的购买决策风险的、但消费者比较熟悉并且知道应当怎样进行选择的产品，消费者在购买决策时无须再对产品的功能做进一步的了解，而只要对产品的价格、购买地点及各种款式、配置进行比较选择即可，因此购买决策的时间一般不会太长。

④ 复杂性购买决策。复杂性购买决策是指对于某些消费者认知度较低、价格昂贵、购买频率不高、购买决策风险比较大的大件耐用消费品，消费者的购买决策会比较谨慎，消费者需要搜集的信息比较多，会花很多时间和精力去熟悉产品，进行比较、选择，因此购买决策的时间一般也比较长。

汽车企业应当积极了解消费者购买决策的不同类型，这有助于汽车企业根据不同的产品和消费者类型去制订市场营销计划，分清哪些是应当重点推广和宣传的，哪些只需做一般的介绍，以使汽车企业的市场营销资源得到合理的分配和利用。

（4）消费者购买决策过程。

消费者购买决策过程一般可分为六个阶段：产生需求、收集信息、选择购买方案、做出购买决策、购后感受、购后行为反映，如图4.6所示。

图 4.6　消费者购买决策过程

① 产生需求。当消费者发现某种需要尚未得到满足，这就产生了需求。这个阶段会形成一些需要解决的问题，解决这些问题是为了满足消费者的某种需要。这些问题包括要满足什么需要、希望用什么样的方式来满足、要满足到什么程度。

产生需求是购买决策的初始阶段，因为消费者只有认识到有待满足的需要到底是什么，才会产生购买动机，才有可能发生购买行为。

按解决的问题的紧迫性和可预见性，可以将其划分为以下三种类型。

a. 日常性问题。日常性问题是指例行的预料之中的但需要立即解决的问题。例如，为了满足消费者的日常需要，消费者需要解决的是如何对消费品进行选购的问题。在解决日常性问题时，消费者的购买决策一般都比较简单，而且容易形成品牌忠诚度和习惯性购买。但是，如果消费者对前一次购买的商品不满意，或发现了更好的替代品，消费者会改变选购的品牌或品种。

b. 紧急性问题。紧急性问题是指突发性的而且必须立即解决的问题，如正在行驶中的汽车轮胎爆破等。紧急性问题若不立即解决，正常生活秩序将被打乱，一般难以从容解决。这时消费者考虑的是如何尽快买到适用的商品，而对商品的品牌、销售地点、商品的价格都不会进行认真的选择和提出很高的要求。

c. 计划性问题。计划性问题是指计划中将要面对的但不必立即解决的问题。计划性问题大多数发生在对价值较高的耐用消费品的购买上，如对一辆品牌轿车的选购问题等。对于计划性问题，由于消费者从认识到实际解决问题的时间比较长，因此消费者一般都考虑得比较周密，收集信息和比较方案的过程比较完善，决策过程比较复杂。

② 收集信息。收集信息是指寻找和分析拟购的产品或者服务的资料。消费者产生了需求后，便会围绕拟购的产品或者服务开始进行有关信息的收集。消费者可获得的信息是很多的，一般消费者会对各种信息进行逐步筛选，直至从中找到最适宜的信息。

消费者所要收集的信息主要有以下三方面内容。

a. 拟购的产品或者服务的评估标准。例如，某消费者准备购买一辆家用型轿车，消费者先要确定准备购买的家用型轿车应具有哪些特征，这些特征便是评估的标准。消费者一般先根据自己的经验判断一辆理想的家用型轿车应具备哪些特征。由于通常消费者的经验是有限的，他们就会向朋友咨询或者查阅资料，或向销售人员询问。

b. 拟购的产品或者服务的现状，如目前有多少种品牌的家用型轿车在市场上出售。

c. 市场上已经存在的各种产品或者服务所具备的特征，如目前市场上各种家用型轿车的款式、功能、品牌、信誉、价格等。

消费者一般会通过以下四种途径获取其所需要的信息。

a. 个人来源。个人来源包括亲人、朋友、邻居、熟人等的推荐或介绍。

b. 商业来源。商业来源包括广告、推销员、经销商、包装、展览等的宣传介绍。

c. 公共来源。公共来源包括大众传播媒体、消费者评价机构等的信息资料。

d. 经验来源。经验来源包括消费者对产品或者服务的检查、比较和使用等所获得的体验。

消费者一般不可能收集到有关产品或者服务的全部信息，他们只能在知晓的一定范围内进行选择。通常会有一个逐步筛选的过程，即对于消费者所知晓的信息进行初步的比较筛选后，挑出一部分进行认真的选择，然后在挑出的这部分中间选出两三个进行抉择，直至做出最终购买决策。在这个逐步筛选的过程中，每进入一个新的阶段都需要进一步收集有关产品或者服务更为详细的信息资料。如果某一产品或者服务在这一选择过程中先被淘汰，除可能是这一产品或者服务不适应消费者的需要外，很大可能是由于消费者收集的信息资料不够充分。因此，汽车企业应当主动积极地向消费者提供产品或者服务的有关信息资料。

③ 选择购买方案。消费者在充分收集了各种有关信息后，就会进入选择购买方案阶段。该阶段消费者主要要对所收集到的各种信息资料进行整理，形成不同的购买方案，然后按一定的评估标准进行选择。

④ 做出购买决策。消费者选择购买方案后，就形成了初步的购买意向，进入做出购买决策阶段。但是，在形成购买意向和做出购买决策间仍有一些不确定的因素存在，这会使消费者临时改变购买决策。这些因素主要来自两个方面：一是他人的态度，二是意外事件。另外，在消费者做出购买决策后，还会在实施购买的问题上进行一些执行方面的决策。执行方面的决策主要包括以下五个方面。

a. 购买地点决策。消费者决定到哪里去购买，是去汽车4S店，还是汽车园区。
b. 购买数量决策。消费者要购买多少，在汽车选购上，通常是新购一辆或者两辆。
c. 购买时间决策。消费者什么时候去购买。
d. 购买品种决策。消费者购买哪种品牌、款式、颜色和车型。
e. 支付方式决策。消费者采用现金全额支付还是分期付款。

⑤ 购后感受。消费者购买了商品并不意味着购买行为过程的结束，因为消费者的购后感受会影响消费者的行为反映。消费者的购后感受主要表现为满意或者不满意，这一方面取决于购买的商品是否符合预期，另一方面取决于他人对其购买的商品的评价。如果消费者购买的商品符合或接近预期，消费者就会感到比较满意，否则就会感到不满意；如果消费者周围的人对消费者购买的商品大多持肯定意见，消费者就会感到比较满意，否则就会感到不满意。有时候，如果消费者周围的人对消费者购买的商品大多持否定意见，即使消费者对购买的商品本来是比较满意的，也可能转变为不满意。

⑥ 购后行为反映。购后感受会以一定的行为反映出来，如满意、不满意、投诉、抱怨、推荐、介绍。

购买后感到满意的消费者在行为反映方面会有两种情况：一种是向他人进行宣传和推荐，另一种是不进行宣传。

购买后感到不满意的消费者在行为反映方面会有采取行动和不采取行动两种情况。一般而言，若不满意的程度较低或商品的价值不大，消费者有可能不采取任何行动；若不满意的程度较高或商品的价值较大，消费者一般会采取相应的行动。不满意的消费者所采取的行动包括两种方式：一种是个人行为，另一种是诉诸公众的行为。个人行为包括要求退换商品、将不满意的情况告诉亲戚朋友或以后不再购买等。消费者的个人行为对汽车企业的影响程度相对较小。消费者诉诸公众的行为，如向消费者协会投诉，或者向新闻媒体披露，甚至告上法庭。这样诉诸公众的行为会对汽车企业造成较大的影响。汽车企业如果能妥善处理消费者不满意的情况，则能改变消费者的购后感受。例如，汽车企业妥善处理好退换商品的工作，耐心听取消费者意见并诚恳道歉，公开采取积极的改进措施，在必要的情况下主动对消费者进行赔偿，等等。

稳定的市场份额比高额的利润更为重要，消费者的购后感受及其购后行为反映会给汽车企业目前和以后的经营活动带来很大的影响。因此，汽车企业应当重视消费者对于购买的商品的满意度，认真对待消费者的购后感受和购后行为反映，并将这些包含在汽车企业市场营销活动中，以采取相应的汽车市场营销策略。

2. 消费者购车行为模式

分析消费者购车行为模式需要明确购买者、购买对象、购买目的、购买参与者、购买方式、购买时间、购买地点。购买者是指形成购买群体的是哪些人，购买对象是指消费者要购买什么商品,购买目的是指消费者为什么要购买这些商品,购买参与者是指有哪些人参与了购买决策过程,购买方式是指消费者是以什么方式购买的,购买时间是指消费者在什么时候购买,购买地点是指消费者在哪里购买。

对消费者购车行为模式的分析是建立在对消费者购买决策过程的分析基础之上的。

购买流程基本上可分为三个阶段:购买前、购买中、购买后。5W+1H 的分析,可以帮助汽车企业了解消费者购车行为模式,并制定和实施相应的市场营销策略。**5W+1H 是对谁是消费者(who)、消费者需要什么(what)、消费者购买的时间(when)、消费者购买的地点(where)、消费者如何购买(how)、消费者购买的原因(why)进行描述分析,并按此描述进行操作,以实现目标。**

(1)谁是消费者(who)。谁是消费者的问题是开展市场营销活动的前提,汽车企业必须清楚汽车消费市场由谁构成。

(2)消费者需要什么(what)。消费者需要什么的问题是开展市场营销活动的基础,汽车企业必须了解消费者的需求,提供最有吸引力的产品。

(3)消费者购买的时间(when)。消费者购买的时间的问题是影响汽车销量的重要因素,汽车企业要掌握消费者产生购车需要的时间、准备购车的时间、使用汽车的时间等。

(4)消费者购买的地点(where)。消费者购买的地点的问题也是影响汽车销量的重要因素,汽车企业要通过线上线下相结合的模式吸引消费者在网上或者线下门店购买。

(5)消费者如何购买(how)。消费者如何购买的问题是影响汽车销量的综合性因素,汽车企业需要了解消费者如何搜索信息、对广告的反应、对产品和品牌的偏好、购买决策过程、付款方式、对售后服务的期待、对产品或者服务的反馈等。

(6)消费者购买的原因(why)。消费者购买的原因的问题是开展市场营销活动的推动力,汽车企业要了解消费者购车或者不购车,选择或者不选择某一品牌的真正原因。

因此,汽车企业应围绕这些问题开展广泛深入的市场调研来获得答案,在此基础上发现消费者购车行为模式,并开展针对性的市场营销活动。

对消费者而言,汽车企业的市场营销活动是否能够产生作用、能够产生多大作用、对哪些人群有效,可以从刺激-反应模式加以认识。因为任何消费者的购买决策都是在一定的内在因素的推动和外在环境因素的影响下采取的。

消费者购车行为的两个阶段如图 4.7 所示。在第一阶段,在某些外部环境因素的影响下引发了消费者固有的需要响应,由此使其产生购买动机。当消费者产生购买动机后,就会主动去获取信息并进行对比评价,最终做出购买决策,选择购买或者不购买。在第二阶段,由于汽车属于耐用消费品,消费者购买了某品牌某车型的汽车后,汽车的使用、维护、保养等问题都会使消费者重新评价该汽车产品,消费者的正负评价又会对该汽车产品和品牌产生正面或负面的影响。

3. 消费者反应模型

个体层次上的消费者反应模型表示消费者购买的概率。最常用的表示个体选择行为的函数形式是多项式分对数模型,这种模型的简单形式为

$$P_{il} = \frac{e^{A_l}}{\sum_j e^{A_j}} \tag{4-1}$$

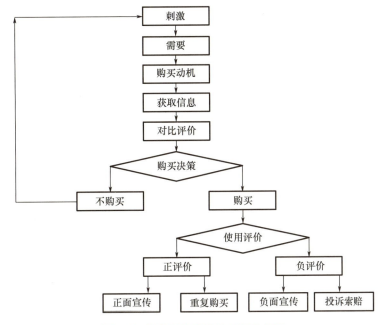

图 4.7 消费者购车行为的两个阶段

(资料来源：杨亚莉，2015. 汽车营销理论实务 [M]. 北京：清华大学出版社.)

其中，

$$A_i = \sum_k w_k b_{ijk} \quad (4-2)$$

式中，w_k 表示属性 k 在促使消费者形成产品偏好方面的权重；b_{ijk} 表示消费者 j 在属性 k 方面做出的评价，此处要考虑消费者 i 可能购买的所有品牌；在个体消费者层次上，分母代表消费者在实际购买前愿意考虑的所有品牌。

式(4-1)给出了消费者 i 选择品牌 l 的概率。同理可以得到消费者 i 选择其他品牌的概率方程。权重 w_k 可通过对消费者过去行为的分析表示出来。

分对数模型的大多数应用都假设品牌吸引力是该品牌各属性的函数，这个函数形式如式(4-2)所示。因此，某一品牌在某一属性方面的变化产生的边际效应就可以表示为

$$\frac{\mathrm{d}P_{il}}{\mathrm{d}b_{ilk}} = w_k P_{il}^* (1 - P_{il}^*) \quad (4-3)$$

式中，P_{il}^* 表示在当前可供选择的品牌集合内选择品牌 i 的预期概率。因此，某个变量变动的临界值是选择该品牌的预期概率的函数。当选择该品牌的概率为 0.5 时，该市场营销努力的边际效应达到最大；但当选择该品牌的概率接近于 0 或 1 时，其边际效应接近于 0。

分对数模型具有很好的行为特性，它假设消费者选择某一品牌犹豫不决时市场营销努力的增量效应会达到最大值。Assessor 模型、引力模型和促销费用分析模型都是分对数反应模型应用的例子。

根据消费者效用函数理论，只要能够量化消费者赋予各产品特征属性的权重（关注程度），并将这些权重估算出来，市场营销人员就可以了解消费者，并据此模拟消费者的行为。

4.3 汽车市场组织购买者行为分析

4.3.1 汽车市场组织购买者行为的概念

组织购买者市场是相对于个人消费市场而言的。组织购买者市场和个人消费者市场的主要区别在于购买者主要是企业或者社会团体，而不是个人或者家庭消费者，其目的是用于生产或者转卖以获取利润，以及其他非生活性消费，而不是满足个人或者家庭的生活需要。组织购买者是为组织再生产、转卖、出租或者其他非生活性消费目的而购买、使用产品或者接受服务的企业或者社会团体等社会组织成员。组织购买者主要包括各类工商企业、政府部门和非营利机构等。组织购买者市场由于其主体性质和购买目的与个人消费者市场有很大的不同，因此对其购买行为有必要进行特定的分析和研究。

汽车市场组织购买者行为是指各种正规组织为了满足购买特定汽车产品（或者服务）的需要，在可选择的品牌与供应商之间进行识别、评价和挑选的购买决策过程。

4.3.2 汽车市场组织购买者行为特征与影响因素

1. 汽车市场组织购买者的分类

（1）汽车生产型组织购买者。

汽车生产型组织购买者采购汽车产品或者服务的目的是加工生产出其他产品以供出售。汽车生产型组织购买者包括采购汽车零部件以制造出整车的汽车生产企业、对汽车中间性产品进行进一步加工的汽车零部件生产型企业、各种软件服务商等。

（2）汽车中间商组织购买者。

汽车中间商组织购买者是指所有以营利为目的而从事汽车产品转卖或者租赁业务的个体和组织。汽车中间商组织购买者主要包括代理商、批发商、零售商。

（3）汽车运输营运组织购买者。

汽车运输营运组织购买者是指从事汽车运输营运服务的各类个体或者组织。汽车运输营运组织购买者包括物流企业、旅游运输企业、城市公共汽车运输企业、城市出租汽车运输企业、具有自备运输能力的大型企业或者某些行业系统的专业运输部门、各种私人运输经营户等各种公路运输企业。

（4）企事业组织购买者。

企事业组织购买者包括各类企业和事业单位。企业是指从事产品或者服务的生产与经营的各种经济组织。企业的特点是自负盈亏。事业单位是指从事社会事业发展的非营利性组织。事业单位的特点是接受财政资助或者得到政策性补贴，也可以在规定范围内向服务对象收取一定费用，一般支出预算较低。企事业组织购买者采购汽车产品或者服务的目的是满足企事业组织开展经营活动的需要。

（5）公共需求购买者。

公共需求购买者包括各种履行国家职能的非营利性组织。由于公共需求购买者的购买决策要受到公众的监督，因此公共需求购买者的特点一般表现为：①要求供应商准备大量的书面材料；②采购行为多以竞价投标为主；③偏好国内供应商。

2. 汽车市场组织购买者的购买行为特征

汽车市场组织购买者与个人消费者相比，具有不同的购买行为特征。汽车市场组织购买者的购买行为特征主要表现为：①购买专业性强；②组织购买者数量比较少，购买规模比较大，组织购买者的类型相对集中；③组织购买者在地理分布上较为分散，往往集中在少数地区；④供求双方联系密切，购买决策过程复杂，影响购买决策的人员较多；⑤组织市场需求是短期缺乏弹性的、长期波动的引申需求；⑥组织市场购买方式比较直接。

虽然汽车市场组织购买者相对于个人消费者的数量要少得多，但组织购买者每次采购的规模和金额一般比较大。组织市场短期内需求受价格变动的影响不大，长期则根据组织市场需要有波动。汽车市场组织购买者大多对产品有专业要求，并且由专业的采购部门或者采购代理商进行采购，采购过程复杂。与个人消费者相比，影响组织购买者购买决策的人员更多，通常由专业的采购、若干技术专家和高层管理者共同参与。因此，汽车市场组织购买者通常十分了解拟购的产品，有较强的议价能力。相应地，供应商会经常与组织购买者沟通，详细了解他们对产品和服务在技术规格、产品功能、结构性能、交货日期或服务项目等方面的要求，以提供符合组织购买者需要的产品和服务。因此，供求双方常常需要保持较为密切的联系，并且这种相互间的供需合作不会轻易中断，因为汽车市场组织购买者不希望经常更换供应商，而且汽车厂商更需要稳定的销路。

3. 影响汽车市场组织购买者购买行为的主要因素

（1）组织内外部环境因素。

虽然汽车市场组织购买者的购买行为特征显示其购买行为是具有计划性和专业性的，但仍会受到组织内外部环境因素的影响。

组织内部环境因素是指组织自身的目标、制度、结构、流程等方面的机制状态。组织内部环境因素对汽车市场组织购买者购买行为的直接影响表现在组织购买者的经济收入和采购中心的工作情况。

组织外部环境因素是指社会经济状况、政治法律环境、社会文化、科技水平等因素。组织外部环境因素影响和制约着汽车市场组织购买者的购买行为。例如，如果经济繁荣，组织购买者可能也有较好的经营状况，则会增加购买需求，反之则会减少购买需求。在环境保护被大力重视、新能源汽车被大力扶持的环境背景下，组织购买者会考虑购买环保型汽车。

（2）采购中心自身因素。

采购中心的采购人员在做出购买决策时受到许多因素影响。

组织制度因素。每一个组织内的采购中心都有既定的采购目标、采购程序、采购政策、采购组织结构及系统。例如，有的组织规定必须采购本地区的原材料或者必须选择本国供应商，购买金额超过一定限度必须上级主管部门审批，等等。因此，汽车企业的市场营销人员必须尽量了解这些因素才能制订有针对性的销售计划。组织内部采购制度的变化也会给采购决策带来很大影响。大多数组织会倾向于用长期合同的方式来相对固定供应渠道，另一些组织则会采用临时招标的方式来选择供应商。一般而言，组织倾向于相对固定供应渠道、适量及时进货、零库存、选择质量上乘的优质供应商，有时候还会要求供应商与组织的距离较近。

经济因素与人际因素。在组织购买决策中，经济因素和人际因素对采购人员的影响是同样重要的。一般而言，如果所采购的商品效用和价格差异较大，经济因素（即商品的性能与价格）就会成为采购人员考虑的主要因素；如果所采购的商品效用和价格差异较小，人际因素对采购人员的影响就可能增大。

需要注意的是，组织内部采购中心的人际因素也会影响汽车市场组织购买者的购买行为。因为在购买决策过程中，每一个决策过程都是由采购中心的具体人员去完成的。执行组织采购任务的具体人员的个性与情感对于采购中心做出的采购决策有着重要的影响。而且在购买决策过程中，采购中心的每一个决策参与者的年龄、收入、职位、教育、个性及对购买风险的预期、采购动机和采购偏好等方面都不同，这些不同类型的决策参与者会对购买行为产生不同的反应。因此，采购中心内部决策意见是否容易取得一致，各种类型的决策参与者之间的关系是否融洽，他们是否会在某些采购决策中形成对抗或者妥协，等等，都会对汽车企业的市场营销活动产生很大影响。汽车供应商的市场营销人员应注意研究购买行为中的人际因素，并有的放矢地开展市场营销活动，这对销售业务的顺利开展是十分重要的。汽车供应商的市场营销人员可能需要长期的努力才能建立起与组织之间的交易关系。但是，交易关系一旦建立，就会比较稳定。因为组织购买者的信息收集和采购洽谈成本比较高，所以采购中心一般不愿轻易改变供应商。这样，汽车供应商长期维护组织购买者之间的稳定关系就变得十分重要。

总之，汽车供应商的市场营销人员必须了解自己的组织购买者，以使其市场营销策略适合特定的采购中心。

4.3.3　汽车市场组织购买者的购买模式

汽车市场组织购买者的购买模式一般为直接购买、直接重购、调整后重购。

1. 直接购买

组织购买者通常是直接购买，不经过中间商。直接购买通常是组织购买者对其所需的产品和服务进行首次或多次购买。首次购买是所有购买情形中较为复杂的一种，其决策内容主要包括产品选择、价格决策、交货条件与交货时间的制定、服务水平的确定、支付方式的选择、订购数量式的确立、供应商选择的评估与选择等。

直接购买通常涉及多方参与采购决策。如果首次购买的数量和金额较大，则风险也较大，制定采购决策所需要的信息更多，采购决策的参与者也会更多，形成最终决策所花费的时间也就更长。

2. 直接重购

组织购买者在直接购买后，通常会建立供应商名录，之后分为直接重购和调整后重购。直接重购是指采购中心根据采购计划的需要，按原有订货目录和供应商名录进行的直接重复购买。由于这种购买行为所涉及的供应商、购买对象、购买方式等都已经有原有的协议，采购人员通常依据过去的经验和对供应商的评估做出直接购买决策，不需要太多新的采购决策。直接重购属于一种简单的购买活动，其优点是节省组织购买者的时间、便于购买者做出购买决策。但是，组织购买者需要激励供应商保持产品和服务的质量，稳定双方的供求关系。

3. 调整后重购

调整后重购是指组织购买者调整了原有供应商名录或者调整了采购方案、产品规格、型号、价格等条件后的重复购买。调整后重购是组织购买者为了取得更好的采购效果而改变了对产品或者服务等的要求，并对采购方案进行了重新修订，对供应商进行了重新选择。这种购买模式比直接重购复杂，它要涉及更多新的购买决策，但有利于激励原有供应商保持或改进产品或者服务质量，并给新供应商提供市场机会，有利于降低组织购买者的采购成本。

4.3.4 汽车市场组织购买者的采购方式与程序

1. 采购方式

汽车市场组织购买者的采购方式通常包括公开招标、邀请招标、竞争性议价合约采购、定向采购、询价采购等。

（1）公开招标。

公开招标是指汽车市场组织购买者不限定投标企业，按一般的招标程序进行的采购方式。公开招标一般的招标程序通常是组织的采购中心通过一定的传播媒体发布广告或者发出信函，说明拟购的商品、规格、数量和有关要求，邀请供应商投标。招标单位在规定的日期开标，选择报价较低和其他方面均合乎要求的供应商作为中标单位。这种采购方式对所有的投标企业是一视同仁的，主要看其是否能更加符合招标项目的规定要求。但是，由于整个招标和评标过程会耗费大量的费用，因此公开招标一般要求汽车市场组织购买者采购项目的价值比较大。

中央国家机关2021—2022年汽车协议供货采购项目成交公告

（2）邀请招标。

邀请招标是指汽车市场组织购买者将投标企业限定在三家以上，主动邀请他们进行投标。邀请招标的原因一方面是所采购货物或工程具有一定的特殊性，只能向有限范围内的供应商进行采购；另一方面是进行公开招标的招标成本过高。所以，汽车市场组织购买者对于采购规模较小的采购项目一般会采用邀请招标的采购方式。

（3）竞争性议价合约采购。

竞争性议价合约采购是指汽车市场组织购买者的采购中心同时和若干供应商就某一采购项目的价格和有关交易条件展开采购谈判，并从中选择最优供应商，最后与符合要求的供应商签订合同并达成交易的采购方式。竞争性议价合约采购一般适用于在需求紧急、没有充足的时间进行常规性的招标采购，或者招标后没有合适的投标者、项目技术复杂、性质特殊无法明确招标规格等情况。汽车产品等大宗订单及有特殊需求的订单一般采取此种采购方式。

(4) 定向采购。

定向采购是指由于供应来源是唯一的,汽车市场组织购买者只能从这单一来源进行定向采购的采购方式。定向采购一般适用于有资源专利、合同追加或者后续维修扩充等情况。

(5) 询价采购。

询价采购是指汽车市场组织购买者向通常不少于三家的国内外供应商发出询价单,让其报价,然后进行比较选择来确定供应商的采购方式。询价采购一般适用于货物规格标准统一、现货货源充足且价格变化幅度较小的采购项目。对于某些急需采购的项目,或者招标谈判成本过高的项目也可采用询价采购的方式。

汽车市场组织购买者在实际采购项目中可以开展多样化的、灵活的采购方式,但采购方式一般要择优选取。

2. 采购程序

根据不同的采购方式,汽车市场组织购买者的采购程序有所不同。

(1) 公开招标的采购程序。

公开招标的采购程序通常如下:第一步,汽车市场组织购买者进行招标前的准备工作,包括上报采购计划、选定招标机构、制作招标文件等;第二步,发布招标公告;第三步,进行供应商资格预审;第四步,发布招标文件;第五步,在规定时间内接受投标;第六步,进行公开统一开标、评标、确定供应商;第七步,与确定的供应商签订采购合同。

(2) 邀请招标的采购程序。

邀请招标的基本程序和公开招标相似,不同之处在于邀请招标是采取发出招标邀请书的方式进行招标。

(3) 竞争性议价合约采购的采购程序。

竞争性议价合约采购的采购程序通常如下:第一步,汽车市场组织购买者询盘,即向各供应商提出关于采购项目的价格及其他交易条件的询问;第二步,发盘,也称报价,即由接到询盘的供应商发出价格或交易条件的信息;第三步,还盘,即采购方对供应商的报价提出一些修改意见,供应商修改后再向采购方还盘,此过程可反复进行,直至达成交易或拒绝交易;第四步,成交,即采购方和供应商对于价格和交易条件达成一致,双方成交。

(4) 定向采购的采购程序。

定向采购的采购程序相对简单,通常如下:第一步,汽车市场组织购买者提出采购要求;第二步,进行交易谈判;第三步,签订交易合同;第四步,履行交易合同。

(5) 询价采购的采购程序。

询价采购的采购程序通常如下:第一步,汽车市场组织购买者选择三家以上的供应商;第二步,发出询价单,询问价格和其他交易条件;第三步,采购方对供应商报出的条件进行评价、比较,然后选择、确定供应商;第四步,双方签订合同;第五步,实施采购过程。

综上所述,汽车市场组织购买者采用的各种采购方式的基本程序是比较类似的,大致有五个基本步骤:①汽车市场组织购买者确定采购项目;②发出采购信息;③接收供应信息;④评价、选择供应者;⑤签订履行采购合同。不同的只是汽车市场组织购买者发出信息和接收信息的方式及对象。

4.3.5 汽车市场组织购买者的购买决策分析

1. 购买角色识别

汽车市场组织购买者通常会存在专门负责采购的决策单位,这个采购决策单位就是所谓的采购中心。采购中心包括所有参与购买决策过程的个人和集体,他们具有某种共同目标,并一起承担由决策所引发的各种风险。

随着市场竞争的加剧,汽车市场组织购买者对成本的控制越来越重视,采购中心在组织中的地位不断提升。其具体机制表现为:①设立独立的采购中心来专门负责各种物资、物品或货物的采购,实现专业化采购;②提高采购中心级别;③增加采购中心专业人员比例;④集中化、专业化采购,使采购权力集中;⑤加强采购绩效评估;等等。这些机制有利于提高采购的专业化水平,有利于对采购环节进行集中监督,有利于形成规模采购,增加对供应商的议价能力,节约采购成本。此外,组织内部各部门的人员及其之间的关系也影响着汽车市场组织购买者的购买行为。汽车市场组织购买者的购买决策过程中有本部门和跨部门的多人参与,每个参与者的购买行为都受到个体年龄、收入、受教育水平、职业、性格、经历、风险偏好等因素的影响。本部门和跨部门之间的人员关系错综复杂,每个参与者在购买决策过程中的角色及其影响力各不相同,但都在不同程度上影响着汽车市场组织购买者的购买决策。汽车市场组织购买者采购中心的设置通常与组织自身的规模紧密相关。大型汽车市场组织购买者有职能较为完善的专门采购中心,小型汽车市场组织购买者的采购工作往往只有少数几个人负责。在采购决策权限的授予上,不同类型的采购中心也不尽相同。有些采购中心把选择供应商和选择产品的权限全部授予采购人员,有些只允许采购人员选择供应商,还有的采购人员仅是供应商与采购中心之间的媒介,只拥有发放订单的权力。此外,汽车市场组织购买者在采购过程中需要决策的内容也会影响其购买行为。

汽车市场组织购买者的采购中心包括采购中的全体成员,相应地,他们在购买决策过程中可能会形成四种不同的购买角色,因而,采购时也需要进行购买角色识别。不论是专业的采购人员,还是参与购买决策过程的其他相关人员,不同的决策参与者对购买决策的作用各不相同,他们共同作用形成最后的购买决策。

不同的决策参与者的角色分别如下。

(1)购买决策发起者。购买决策发起者一般是指最终的使用者,即具体使用所采购产品或者服务的人员。购买决策发起者在采购的最初阶段从使用角度对产品的功能、品种、规格等方面提出购买建议。

(2)影响购买者。影响购买者是指组织内外部的所有对组织购买决策具有直接和间接影响的人员。他们会协助确定产品规格等指标,并提供方案的评估信息。影响购买者包括采购人员、技术人员、管理人员等。通常采购人员负责选择供应商、制订采购方案、协商条款内容等,他们是直接实施购买行为的相关人员。技术人员通常负责协助解决部分决策问题,提出不同方案的评估信息。作为影响购买者,技术人员尤为重要。在重大且复杂的购买决策中,管理人员有时候也会成为影响购买者。这些影响购买者均有权阻止供应商的推销人员同本组织内部的最终使用者和采购决策者等发生直接联系。

（3）购买决策者。购买决策者是指汽车市场购买者组织内部有权决定产品需求、采购数量、采购金额和供应商的人员，或者有权批准购买决策发起者采购方案的人员。在日常例行采购中，购买决策者一般为采购人员，而在首次或复杂的采购中，购买决策者通常为高层管理人员、组织的领导者或者领导小组，这种情况一般为多层决策。

（4）购买者。购买者是指实施购买的人员。购买者的主要任务是选择供应商和采购交易谈判，一般为具体的采购人员。但是，在较复杂或者价值较高的项目的采购中，购买者也包括高层管理人员。

因此，汽车产品销售人员需要清楚汽车市场组织购买者中采购中心的各种角色及他们对采购决策的影响程度，然后才能更有针对性地采取市场营销策略。

2. 购买决策过程

购买决策过程一般都要经历认识、感兴趣、评估、采购、使用等阶段。在不同阶段，信息源对于购买决策的影响各不相同。**汽车市场组织购买者的购买决策过程比较复杂，通常包括九个阶段（图 4.8）：认识需要、提出需要、确定需要、说明需要、物色供应商、征求供应申请书、选择供应商、签订合同、绩效评价。**在简单的购买决策过程中，可能会跳过其中的某些阶段；但对于多数的决策过程而言，一般都要经过这九个阶段。

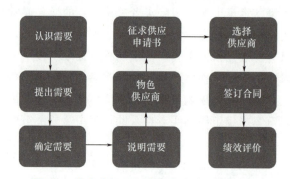

图 4.8　汽车市场组织购买者的购买决策过程

（1）认识需要。汽车市场组织内部人员在工作过程中发现自己、部门或者组织的某些需要，并将需要进行整理，以供其他人员认识到这些需要。需要一般由两种刺激引起：一是组织内部刺激，如组织正在为新产品的开发寻找新的供应商；二是外部刺激，如组织的采购人员发现了新的质量更好、价格更低的产品。因此，汽车市场组织购买者的供应商应积极主动地开展市场营销活动，以发掘汽车市场组织购买者的潜在需求。

（2）提出需要。汽车市场组织购买者在认识需要后会提出这些需要，以形成采购建议。

（3）确定需要。采购中心或组织领导者在收到采购建议后，会组建采购小组，进一步确定需要，包括所需购买的产品或者服务的特征和数量等。因此，汽车市场组织购买者的供应商可以通过向购买者描述产品特征的方式向他们提供某种帮助，协助他们确定需要。

（4）说明需要。采购小组在确定需要后，会组建专家小组，对需要进行说明，包括价值分析、规格指标、技术说明等,并形成拟购产品说明书。例如,当确定购车需要时,专家小组会说明所需购买车辆的类型、价格范围、性能等。因此,汽车市场组织购买者的供应商应尽早参与这一过程,以获得中选的机会。

(5) 物色供应商。在说明需要后,采购人员在供应商名录或者市场上寻找供应商。如果是首次采购或者所需采购物品复杂程度高、价值高,那么这个过程耗时会长一些。因此,汽车市场组织购买者的供应商应在此阶段积极展示,以争取进入采购中心制定的合格供应商的名录中。

(6) 征求供应申请书。在初步物色供应商后,采购人员会邀请其认为合格的供应商提交供应申请书。在价值较低的采购项目中,有时候供应商只需要寄送一份价目表或者派一名销售代表提交供应申请书。但是,当所需产品复杂而昂贵时,采购者就会要求供应商提交内容详尽的供应申请书,然后选出最佳的供应商。因此,汽车市场组织购买者的供应商的市场营销人员必须善于调研和写作,并且精于供应申请书的内容展示。

(7) 选择供应商。征求供应申请书后,采购人员或者采购小组再进行一轮筛选比较,从中选定合适的供应商,并要求其提交正式的供应协议书。通常,采购小组的成员会对供应协议书进行讨论,在数量、质量、价格、商誉、技术、服务、交货能力等方面做出综合评价,并根据讨论结果最终决定供应商的人选。

(8) 签订合同。选择供应商后,采购人员会根据拟购产品或者服务的技术说明书、采购数量、交货时间、退货条件等内容与供应商签订合同。如果采购方有意与供应方建立长期供货关系,还可以增加签订长期供货合同的步骤。

(9) 绩效评价。采购中心完成采购行为后,也会进行绩效评价,即根据组织内部最终的使用情况对采购行为做出评价,以加强对供应商的管理。通过绩效评价,采购中心将决定延续、修正或者停止向该供应商采购。因此,汽车市场组织购买者的供应商应密切关注采购者使用的评价变量,以确保为采购者提供符合其预期的产品或者服务。

总之,汽车市场组织购买者的购买行为与个人消费者的购买行为很不相同,具有很强的专业性,市场营销人员需要充分了解顾客的需求、购买决策的特点和过程等,同组织购买者中的各类参与者进行多层次的接触,然后采取有针对性的市场营销策略,并不断进行调整。

本 章 小 结

影响汽车市场个人消费者行为的因素主要有内在因素和外在因素两大类。其中,内在因素是指消费者的心理因素和个人特征因素,外在因素是指社会因素、文化因素和政策因素。

个人消费者行为分析模型是研究个人消费者行为的影响因素及个人消费者购买决策的一种模式。个人消费者行为分析模型是对个人消费者行为涉及的全部或局部变量之间因果关系的理论描述,包括刺激-反应(SOR)分析模型、维布雷宁分析模型、霍华德-谢思分析模型等,而刺激-反应(SOR)分析模型是其中最基本的模型。

影响购买决策的角色一般包括五类:购买发起者、影响购买者、购买决策者、购买

者、最终使用者。

根据消费者对汽车产品的熟悉程度和购买风险的大小,汽车购买决策可以分成简单性购买决策、习惯性购买决策、选择性购买决策、复杂性购买决策。消费者购买决策过程一般可分为六个阶段:产生需求、收集信息、选择购买方案、做出购买决策、购后感受、购后行为反映。

汽车市场组织购买者行为是指各种正规组织为了满足购买特定汽车产品或者服务的需要,在可选择的品牌与供应商之间进行识别、评价和挑选的购买决策过程。汽车市场组织购买者一般可以分为汽车生产型组织购买者、汽车中间商组织购买者、汽车运输营运组织购买者、企事业组织购买者、公共需求购买者。汽车市场组织购买者的购买模式一般为直接购买、直接重购、调整后重购。汽车市场组织购买者的采购方式通常包括公开招标、邀请招标、竞争性议价合约采购、定向采购、询价采购等。汽车市场组织购买者的购买决策过程通常包括九个阶段:认识需要、提出需要、确定需要、说明需要、物色供应商、征求供应申请书、选择供应商、签订合同、绩效评价。

1. 请简述影响汽车市场个人消费者行为的因素。
2. 请阐述汽车市场个人消费者行为分析模型。
3. 请简述汽车市场个人消费者行为分析模型的最基本的表现形式。
4. 请简述汽车市场组织购买者的类型。
5. 请简述汽车市场组织购买者的购买模式。
6. 请简述汽车市场组织购买者的采购方式。
7. 请简述汽车市场组织购买者的购买决策过程。

汽车消费者购买行为新趋势[①]

汽车消费者在选购汽车时,除了产品配置,购车体验也是消费者购车的重要决定因素。2021 年 6 月 30 日,南都记者从 J. D. Power 获悉,在 2021 年中国汽车销售服务满意度排名中,上海通用别克、广汽本田、一汽红旗及林肯分别排名各细分榜单第一名。其中,主流车品牌销售服务满意度自 2000 年来首次赶超豪华车。自主品牌方面,一汽红旗、奇瑞、长安分列前三。消费者光顾经销店的次数则从 2020 年的 2.46 次减少至 2021 年的 2.33 次。而女性消费者对销售服务的满意度低于男性消费者对销售服务的满意度,女性消费者更希望得到友善、主动、专注且耐心的服务。在产品方面,广汽埃安、长城欧拉、五菱宏光等也推出了主要针对女性消费者的车型。

---

① 南方都市报. 汽车消费变了?豪华车销售满意度被超越,消费者不爱逛 4S 店 [EB/OL]. (2021-07-01) [2023-05-16]. https://www.163.com/dy/article/GDPK122H05129QAF.html.

 拓展案例

问卷的信度检验与效度检验[①]

一、信度检验

信度检验可以使用 Cronbach's α 系数来检验问卷的内部一致性。Cronbach's α 系数是由方差、协方差矩阵和相关系数来计算的,以评估题项的可靠性和问卷的一致性。较高的 Cronbach's α 系数表示更好的信度,Cronbach's α 系数的计算公式为

$$\alpha = \frac{n}{n-1}\left(1 - \frac{\sum S_i^2}{S_H^2}\right) \quad (4-4)$$

式中,α 为信度系数;n 为题项总数;S_i^2 为第 i 题得分的方差;S_H^2 为全部题项得分的方差。

Cronbach's α 系数的说明见表 4-2。

表 4-2 Cronbach's α 系数的说明

Cronbach's α 系数	说明
α<0.6	信度较差
0.6≤α<0.7	可以接受
0.7≤α<0.8	一般可信
0.8≤α<0.9	较为可信
0.9≤α	非常可信

通过 SPSS 软件计算各变量的 Cronbach's α 系数,若其大于或等于 0.7,则说明问卷的内在一致性较好,所得数据可以进行后续研究。

二、效度检验

1. 内容效度检验

问卷所用的问项均是根据前人调研测试过的,参照了经典理论与国内外学者的研究结果,并对相关问项结合实际研究进行了分析,在部分人群中进行小范围调研后再次修改所得,因此认为本问卷具有合理的内容效度。

2. 结构效度检验

结构效度检验常用的方法是因子分析法。一般认为,数据是否适合投入因子分析有两个判断标准:KMO(Kaiser-Meyer-Olkin)检验和 Bartlett 球形检验。具体来说,较高的 KMO 值意味着在变量中有更多的公共因子,较适合因子分析。KMO 值的说明见表 4-3。

[①] 陈茹,2018. 基于消费者行为的我国家用电动汽车营销策略研究 [D]. 柳州:广西科技大学.
吴秋华,2011. 基于顾客满意度的运动型多功能乘用车市场细分研究 [D]. 西安:长安大学.

表 4-3 KMO 值的说明

KMO 值	说明
KMO＜0.5	极不适合
0.5≤KMO＜0.6	不适合
0.6≤KMO＜0.7	不太适合
0.7≤KMO＜0.8	适合
0.8≤KMO＜0.9	很适合
0.9≤KMO	非常适合

对于 Bartlett 球形检验，若近似 χ^2 值较充分且 sig 值小于参考值 0.05，则认为数据具有相关性，适合进行因子分析。

效度检验的软件操作如下。

(1) 运行 SPSS 软件，单击"打开现有的数据源"，浏览并调出所需文件。

(2) 在"数据编辑器"的"数据视图"窗口，选择菜单栏中的"分析"—"降维"—"因子分析"，选择分析的变量，在"因子分析"对话框单击"描述"，在弹出的对话框中选择"KMO 和 Bartlett 的球形度检验"，并单击"继续"，然后单击"确定"，即可输出分析结果。

(3) 继续使用 SPSS 软件进行变量间相关性的分析。具体操作为：①运行 SPSS 软件，单击"打开现有的数据源"，浏览文件并调出所需文件；②在"数据编辑器"的"数据视图"窗口，选择菜单栏中的"分析"—"相关"—"双变量"，选择需要分析的变量，"相关系数"选择"Pearson"，"显著性检验"选择"双侧检验"，单击"确定"，即可得出相关性分析结果。

第 5 章　汽车市场营销战略

1. 理解汽车市场营销战略分析的概念；
2. 理解汽车市场 STP 营销战略；
3. 学会运用 STP 营销战略解决汽车市场的营销问题。

营销战略（marketing strategy）
市场定位（market positioning）
市场细分（market segmentation）
目标市场选择（target market selection）

汽车产品 STP 营销战略[①]

STP 营销战略是指通过市场细分来选择目标市场并进行市场定位。

一、市场细分

世界著名咨询公司麦肯锡总结梳理了八种市场细分的类型，见表 5-1。

表 5-1　八种市场细分的类型

序号	市场细分的类型	简要列举	序号	市场细分的类型	简要列举
1	地理位置	一级城市、二级城市、农村	5	价值观、生活方式	宏观的价值取向和态度
2	人口特征	年龄、性别、收入、教育程度	6	需求、动机、购买因素	价格、品牌、服务、质量、功能
3	使用行为	使用量、费用支出、购买渠道、购买决策过程	7	态度	针对产品类别和沟通渠道的态度
4	利润潜力	收入、获取成本、服务成本	8	产品、服务的使用场合	时间、地点、使用方式

[①] 胡耘，2014. M 企业 SUV 换代产品竞争策略研究：基于消费者市场细分的视角 [D]. 上海：上海外国语大学．

在实际运用中，上述八种市场细分的类型常交叉使用。

二、选择目标市场

目标市场是指汽车企业选择要进入的市场。当产品市场是同质市场时，无须市场细分，可将整个市场作为目标市场；当产品市场为异质市场时，需要先将整体市场细分，再选择其中的一个或数个细分市场作为目标市场。用来进行目标市场选择方案评价的三个指标为：市场规模及增长潜力、市场吸引力、汽车企业自身的目标和资源。

三、市场定位

市场上的汽车产品种类繁多，各具特色，而广大消费者又有各自的价值取向和认同标准，汽车企业想要在目标市场取得竞争优势，就必须在充分了解顾客和竞争对手的基础上，确定本企业产品的市场地位，进行品牌建设，这个过程就是市场定位。市场定位的五大因素包括价格、功能、质量、渠道和促销。

市场定位的具体步骤为：整体市场的分析、竞争对手的分析、公司内部分析及基于以上三方面分析所得出的产品的市场定位分析。市场定位可以理解为寻找差异的过程，这个差异包括产品差异、服务差异、价格差异、促销差异和形象差异等。

5.1 汽车市场营销战略分析

5.1.1 汽车市场营销战略的概念

"战略"一词最早是军事方面的概念，后来被广泛应用于商业领域。战略是一种为实现全局目标而考虑全局的规划，确定企业长远发展目标并指出实现长远发展目标的策略和途径。战略是一种思想、一种思维方法、一种分析工具和一种较长远和整体的规划。战略也是一种企业用以在市场上取胜的规划，所以企业在制定战略时必须充分发挥本企业的优势，尽量避开其劣势。战略确定的目标必须与企业的宗旨和使命契合。菲利普·科特勒将市场营销战略定义为业务单位在目标市场上用以达成它的各种营销目标的广泛原则。因此，**汽车市场营销战略是指汽车企业的营销组织为达到组织的营销目标而对目标市场制定的规划和原则**。汽车市场营销战略的内容主要由三部分构成：汽车企业目标市场战略、汽车企业市场营销组合战略和汽车企业市场营销费用预算。汽车市场营销战略是指汽车企业为实现其营销目标，对一定时期内目标市场的规划和原则。汽车市场营销战略的主旨是提高汽车企业营销资源的利用效率。汽车市场营销战略属于汽车企业的基本经营战略，对汽车企业总体战略的实施和达成起关键作用。

汽车市场营销战略的特征表现如下。

（1）全局性。全局性是指汽车市场营销战略应着眼全局，整体部署，同时指出汽车市场营销战略在汽车企业经营中的重要性与广泛性。

（2）长远性。长远性是指汽车市场营销战略应具有前瞻性，同时指出实现汽车市场营销战略目标所需要的时间是长期的。

（3）纲领性。纲领性是指汽车市场营销战略应具有方向性、指导性，指出汽车市场营销战略在汽车企业经营中应具有的地位。

（4）竞争性。竞争性是指汽车市场营销战略应引领汽车企业具备市场竞争的实力。

（5）应变性。应变性是指汽车市场营销战略应具备适应环境变化的能力。

（6）稳定性。稳定性是指汽车市场营销战略应保持一定时期内的相对稳定，不能经常更改。

汽车市场营销战略作为一种重要战略，是提高汽车企业营销资源的利用效率并使其最大化的重要方式。由于市场营销在汽车企业经营中的突出战略地位，营销战略连同产品战略组合被称为汽车企业的基本经营战略。汽车市场营销战略对于保证汽车企业的基本经营战略乃至总体战略的实施起着关键作用，尤其是对处于竞争激烈的汽车企业制定汽车营销战略更显得非常迫切和必要。党的二十大报告指出，"开辟发展新领域新赛道，不断塑造发展新动能新优势"。这对于汽车企业而言是重要的方向性引领。汽车企业要贯彻实施党的二十大报告中指出的创新驱动发展战略，积极开辟发展新领域新赛道，形成新形势下企业的优势。例如，在燃油车面对竞争非常激烈的市场环境和环保要求下，传统的汽车企业纷纷开始转型，广汽集团就在2017年7月28日成立了广汽埃安新能源汽车股份有限公司（以下简称广汽埃安公司）。广汽智联新能源汽车产业园是广汽集团进一步提升核心竞争力，抢占新能源汽车发展制高点的战略举措。广汽埃安公司广泛应用物联网、大数据、智能机器人等技术，将智能制造与广汽生产方式深度融合，让用户深度参与、个性化定制生产，使其成为集数字化、智能化和能源综合利用的生态公司，让汽车制造与自然环境融为一体、和谐共处。

5.1.2 汽车市场营销战略分析过程

1. 理论框架

汽车市场营销战略的基本要素包括汽车企业使命、汽车企业哲学、汽车企业营销资源配置、汽车企业营销竞争优势。汽车企业使命是指汽车企业战略管理者确定的企业经营总目标和方向，具备纲领性和指导性的作用。汽车企业哲学是指汽车企业经营活动所形成的价值观、态度和行为准则。汽车企业营销资源配置是指汽车企业拥有的营销资源水平和组合模式。汽车企业营销竞争优势是指汽车企业拥有的独特竞争优势，可以通过汽车企业各项营销活动产生的价值与成本两个指标来衡量。

企业在制定战略时应考虑营销要素框架，如图5.1所示，它是用于描述以营销为导向的战略和评价方法。

汽车市场营销战略需要先对环境做出分析，进而细分汽车市场、选择目标市场、进行市场定位，并考虑在竞争环境里如何合理协同产品、价格、分销和促销等营销战略，以达成组织内部资源与外部资源的最佳配置。

2. 战略步骤

为了使汽车市场营销战略得到有效实施，需要对汽车市场营销战略进行管理。汽车市场营销战略管理是指汽车企业发现、分析和选择市场机会，并规划、执行、控制和反馈汽车企业营销活动的全过程。战略的制定和实施程序大致包括：①市场机会分析和识别；

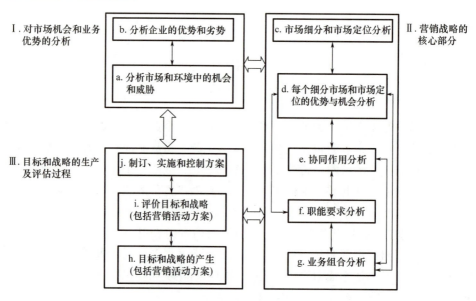

图 5.1 营销要素框架

（资料来源：费鸿萍，2012. 营销工程与应用：基于中国市场与企业运作的视角 [M].
上海：华东理工大学出版社.）

②市场细分；③选定目标市场；④市场定位；⑤制定市场营销策略；⑥策略管理。通常也可以把市场细分、选定目标市场、市场定位三项组合起来，称其为 STP（segmenting targeting positioning）营销战略。**汽车市场营销战略管理过程包含四个相互紧密联系的步骤：汽车市场机会分析和识别、STP 营销、制定汽车市场营销战略、汽车市场营销战略管理。**

（1）汽车市场机会分析和识别。

因为汽车市场已经是竞争激烈的买方市场，所以汽车企业必须对汽车市场机会进行分析和评估。汽车企业可以通过本企业的营销部门或者外部的专业机构对汽车市场营销环境进行分析（汽车市场所处的宏观环境和微观环境），并对汽车市场结构、行业结构、消费者行为、竞争者行为等进行调研和分析，还需要对汽车企业自身能力、优势、劣势及在汽车市场上所处的竞争地位等进行全面、客观的评价，并评估市场机会与汽车企业的宗旨与目标是否有悖，进而识别、分析、评价和选择汽车市场机会。

（2）STP 营销。

汽车企业对汽车市场机会进行分析和识别后，就可以开展 STP 营销，即进行市场细分，选择目标市场，进行市场定位。选择目标市场是汽车市场营销策略的重要内容。

（3）制定汽车市场营销战略。

汽车企业选定了目标市场，就要考虑如何制定汽车市场营销战略，以进入该市场，并满足其市场需求。在汽车企业营销战略管理中，制定汽车市场营销策略是关键环节之一。汽车市场营销策略组合的设计是汽车企业制定营销策略的常用方式，即汽车企业为了满足目标市场的需要，对产品、价格、渠道、促销等各种营销要素进行优化组合。例如，经典的 4Ps 营销组合就是建立在这四种营销要素优化组合的基础上，进而形成了产品策略、价格策略、渠道策略和促销策略。尽管随着市场营销学研究的不断深入，各种营销要素和市场营销组合的内容在不断丰富和发展，但 4Ps 营销组合仍然是基础性的组合框架，并且营销组合是一个系统工程，由多层分系统构成，而且是动态的。

（4）汽车市场营销战略管理。

汽车市场营销战略管理是指汽车企业对营销战略执行层面开展的市场营销活动进行的管理过程，主要包括三方面的内容：汽车市场营销计划制订与实施、汽车市场营销组织与执行、汽车市场营销活动开展与控制。汽车市场营销计划制订与实施是指制订具体的汽车市场营销计划，并通过汽车市场营销计划的实施来实现战略计划目标。汽车市场营销组织与执行是指汽车市场营销组织建设与方案执行。汽车市场营销活动开展与控制是指具体开展营销活动并通过构建控制系统以实现汽车市场营销目标。汽车市场营销策略管理这三方面的内容是一个有机体。汽车市场营销计划是汽车市场营销组织活动的指导，汽车市场营销组织负责实施汽车营销计划，汽车市场营销计划实施需要汽车市场营销控制系统保证计划目标得以实现。

战略属于较高范围，是全局性的、方向性的指导，而策略则是实施战略中的每一个具体的措施。在实践中，需要避免将两者混淆而导致战略性失误。

5.2 汽车市场 STP 营销战略

STP 营销战略是营销学中营销战略的三要素。在现代市场营销理论中，市场细分、目标市场、市场定位是构成公司营销战略的核心三要素，被称为 STP 营销战略。

汽车市场 STP 营销战略包括三部分：汽车市场细分、汽车目标市场选择和汽车市场定位。

汽车市场 STP 营销战略的步骤及内容如下。

（1）汽车市场细分。汽车企业通过市场调研，将特定的影响因素（如地理位置、人口分布、消费者行为心理特征、消费者个人特征、汽车级别等）作为细分变量，将汽车市场整体分为若干个细分汽车市场，并明确细分汽车市场的特征。

2023汽车行业营销新增量探索

（2）汽车目标市场选择。汽车企业根据企业自身特征、市场竞争情况、市场规模和市场潜力等方面的分析，对各个细分市场进行评估，选择部分细分市场作为目标市场，并明确目标市场的特征。

（3）汽车市场定位。汽车企业选择与目标市场相应的产品设计与营销组合策略，从汽车产品、汽车服务、企业形象等方面进行差异化定位。

5.2.1 汽车市场细分

汽车市场细分是指通过汽车市场调研，发现汽车消费者的需要和欲望、购买行为和购买习惯等方面的差异，并根据这些差异把某一汽车产品的市场整体划分为若干消费者群体的市场分类过程，以选择和确定市场营销活动。 因此，细分市场是进行市场细分的结果。每个细分市场包含一群对汽车产品或者服务有相似偏好，并且对汽车企业的市场营销活动做出相似反应的顾客或者潜在顾客。

一般而言，汽车企业应先对拟进入的市场进行细分，分析每个细分市场的特点、需求和

汽车营销工程

竞争情况，并结合本企业优势，选择有吸引力的目标市场。汽车市场细分能发现新的市场机会，更好地满足市场需求，也能更充分地发挥企业优势，有助于企业选定合适的目标市场。

汽车市场细分的一般过程与步骤如下。

（1）明确汽车市场细分的目标。

（2）确定汽车市场细分的变量。

（3）采用恰当的数据收集和分析方法。

（4）对汽车细分市场进行恰当的描述性分析。

汽车市场细分要按一定的标准进行，细分后的市场还要按一定的原则来检验是否有效。细分变量的选取没有统一的标准，比较常用的是把细分变量划分为人口统计变量、经济、地理、文化、心理和行为变量。所选的市场细分变量应能使顾客群呈现出组内同质性和组间异质性的特点。

汽车市场细分的方法很多，使用比较多的是聚类分析法。聚类分析法是一种用于分类的多元统计方法。聚类分析法是根据数据对象的某些特征进行分组，使组内特征差异最小，组间特征差异最大。

汽车市场细分方法的选择和使用效果与所要解决的市场营销问题、产品特性、消费者心理、行业生命周期等一系列因素有关，因此汽车市场营销者要根据所要解决的具体问题采用相对应的汽车市场细分决策工具。下面举例说明。

例1：汽车公司的城市级别细分[①]

GV汽车公司将原有的城市级别进一步细化，分为Tier1、Tier2、Tier3、Tier4和Tier5五个级别。根据年度市场销量、城市区域、千人保有量、常住人口数及人均GDP，GV汽车公司的城市级别细分见表5-2。

表5-2 GV汽车公司的城市级别细分

城市级别	城市数量	年度市场销量/辆	城市区域	千人保有量	常住人口数/万人	人均GDP/元
Tier1	9	>200000	沿海和内陆特大型城市	10～170	800～2800	27000～140000
Tier2	44	50000～200000	沿海大中型和省会城市	20～110	160～1100	18000～130000
Tier3	74	20000～50000	中型城市和西部省会城市	8～80	140～10000	9000～90000
Tier4	93	10000～20000	中小城市	5～60	50～800	9000～70000
Tier5	123	<10000	小城市	3～50	5～600	4000～60000
全国	343			35	133972	29794

GV汽车公司将全国划分为10大区域，其区域细分见表5-3。

---

① 徐峰，2012. GV汽车公司基于城市级别细分的渠道策略研究［D］.上海：上海交通大学.

表 5-3 GV 汽车公司的区域细分

区域	Tier1	Tier2	Tier3	Tier4	Tier5	总计
北方	2	4	3	18	11	38
华北		8	15	8	3	34
华东	2	6	3	1		12
华南	2	5	8	14	3	32
华中		2	11	14	8	35
江苏	1	5	7			13
山东		7	9	1		17
西北		1	6	8	44	59
西南	2	3	7	13	36	61
中南		3	5	16	18	42
总计	9	44	74	93	123	343

5.2.2　汽车目标市场选择

汽车目标市场选择是指在汽车市场细分后，汽车企业根据企业自身情况，采用适合汽车行业与企业的标准，进行各细分市场的吸引力评估，从细分市场中选择相应的目标市场进入。汽车目标市场选择和汽车市场营销组合是汽车市场营销战略中的两个相互联系的核心部分。

细分市场的吸引力评估是对各细分市场进行分析和评价。一般来说，它可以分为三类，共九个指标，见表 5-4。

表 5-4　细分市场的吸引力评估指标

类别	指标
规模和增长	规模
	增长
结构性特点	竞争
	细分市场饱和度
	保护性
	环境风险
产品与市场的匹配	匹配程序
	与其他细分市场的关系
	利润水平

汽车企业在选择目标市场进入时，中小型汽车企业可以通过选取单一细分市场并提供单一产品的集中市场策略，也可以选择向各细分市场提供单一产品的产品集中策略，还可以选择针对某一细分市场提供各种产品的市场专业化策略；实力雄厚的大型汽车企业则可以选择向各细分市场提供多元化产品的全面市场策略。目标市场选择矩阵是一项较好的工

具,如图 5.2 所示。图中,横坐标表示细分市场的吸引力,分为低、中、高三个程度区域;纵坐标表示企业的优势和能力,分为弱、中、强三个程度区域。

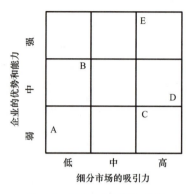

图 5.2 目标市场选择矩阵

汽车企业选择目标市场时,可根据主题相关的理论选取相应的指标。下面举例说明。

例 2:比亚迪国际目标市场选择[①]

比亚迪国际目标市场选择根据吸引力模型和投资诱发要素组合理论、市场承受理论结合系统性原则,将市场吸引力通过环境吸引力、政策吸引力、市场承受力作为第一层次展开。在第一层次的基础上,由市场吸引力的概念可知企业会根据市场本身的吸引力对目标市场进行选择。从企业角度选择市场的逻辑来看,按市场禀赋条件—市场成本与企业发展空间—市场承受能力的顺序进行第二层要素的选择。第三层次是对第二层次的指标结合可行性原则进行展开的。比亚迪层次分析指标体系见表 5-5。

表 5-5 比亚迪层次分析指标体系

第一层次	第二层次	第三层次	第三层次解释
环境吸引力	经济发展水平	GDP	GDP(现价美元)
		工业产值	工业增加值(占 GDP 的百分比)
		公共财政支出	支出(占 GDP 的百分比)
	消费市场水平	人均 GDP	人均 GDP(现价美元)
		通货膨胀率	按消费者价格指数衡量的通货膨胀(年通货膨胀率)
		人均国民总收入	按购买力平价衡量的人均国民总收入(现价国际元)
	要素资源水平	就业情况	15 岁(含)以上总就业人口比率(模拟劳工组织估计,百分比)
		国家耗电量	耗电量(人均千瓦时)

---

① 郭俊成,2021. 比亚迪企业国际目标市场选择与国际化路径研究[D]. 南昌:江西财经大学.

续表

第一层次	第二层次	第三层次	第三层次解释
政策吸引力	税收政策	国家税收	税收（占GDP的百分比）
	产业转移能力	工业品税率	工业产品加权平均适用税率（%）
		外国直接投资	外国直接投资净流入（占GDP的百分比）
	补贴政策	国家境内投资	证券投资，净投资（国际收支平衡，现价美元）
		补贴政策	补贴和其他拨款占支出的比例
市场承载力	基础设施	固定资产投资	固定资本形成总额（现价美元）
		物流绩效指数	贸易和运输相关基础设施的质量（1～5，1=很低，5=很高）
	社会文化与创新能力	专利申请量	专利申请量
		教育支出	居民教育公共开支总额（占GDP的百分比）
		研发支出	研发支出（占GDP的百分比）

5.2.3 汽车市场定位

汽车市场定位是营销战略中非常重要的一个环节。因为在信息量庞大的时代，消费者已经对产品和品牌形成了选择性记忆机制，即人们把产品信息分类储存，同时每个类别又只记忆几个品牌。营销战略家杰克·特劳特提出，消费者为了方便购买会先形成一个优先选择的品牌序列，即产品阶梯。当产生相关需求时，消费者会依序选购。一般情况下，消费者总是优先选购阶梯上层的品牌。在这种形式的购买决策模式下，市场定位显得尤为重要。

汽车市场定位是指汽车企业从顾客的偏好和需求出发，考虑汽车市场竞争，注重差异化核心竞争力，提供能被顾客感知的产品或者服务，以在顾客的购买选择中有一定的地位。汽车市场定位的方法包括强化已有的汽车市场定位、寻找现有汽车市场上的空白位置、比附定位、重新定位。

为了满足汽车市场定位的要求，汽车营销工程通过将汽车市场调研中的感知和偏好数据进行统计学应用，描绘出知觉图和偏好图，以便分析汽车企业的现有市场定位与顾客感知和偏好之间的差距及汽车市场竞争情况，汽车企业可以据此改进现有的市场定位或者重新定位。

1. 知觉图

知觉图是一种用于描绘消费者对某个产品市场上各类产品蕴含价值感知的空间图，偏好图则是融合了消费者属性偏好的空间图。二者所采用的调研数据只能来自单个细分市场。

用于进行知觉图绘图的技术较多，较为常用的有两种：多维尺度分析法和因子分析法。

（1）多维尺度分析法。

多维尺度分析法是一种既可以对观测值进行分类，又可以发现分类背后的潜在影响因子的分析方法。在汽车市场定位中，多维尺度分析法通过对汽车产品之间的几何距离来描述汽车产品之间的相似度。

应力系数常用来检验多维尺度分析法知觉图拟合性，是常用的检验统计量。应力系数的计算公式为

$$s = \sqrt{\frac{(d_{ij} - \hat{d}_{ij})^2}{(d_{ij} - \bar{d}_{ij})^2}} \tag{5-1}$$

式中，d_{ij} 为两个客体间的原始距离；$\hat{d}_{ij}$ 为在该空间表征下两个客体间的预测距离；$\bar{d}_{ij}$ 为所有客体间的原始距离的平均值。

运用多维尺度分析法时，对模型拟合的评价指标称为应力值。一般认为应力值越接近0，模型拟合越好。

$$应力值 = \sqrt{\frac{\sum_{i<j}(\hat{d}_{ij} - d_{ij})^2}{\sum_{i<j} d_{ij}^2}} \tag{5-2}$$

式中，$\hat{d}_{ij}$ 与 d_{ij} 尽可能相等，同时与 d_{ij} 保持单调关系。应力值越小，知觉图越有说服力。

应力系数在 SPSS 软件中会自动默认输出，可以根据应力系数的判断准则进行拟合优度判断。应力系数判断准则见表5-6。

表5-6 应力系数判断准则

应力系数	拟合优度
0.200	不好
0.100	尚可
0.050	好
0.025	非常好
0.000	完全拟合

陡坡检验是指应用主成分分析中的陡坡检验图，将不同维度表征的应力系数绘制成陡坡检验图，即以维度为横轴，应力系数为纵轴的线性图。通过陡坡检验图，可以看出随着维度的增加，应力系数相应变化，进而选择更合适的表征维度的数量。

应用多维尺度分析法的一般步骤为：①选择所要定位的产品；②展开调研，收集数据；③分析数据，选择适当的维度，绘制知觉图；④图形解读。在所绘制的知觉图上，产品是以点的形式出现，点与点之间的距离代表产品之间的差异程度，与产品间的相似程度成反比。

(2) 因子分析法。

因子分析法是一种从变量群中提取共性因子的分析方法。因子分析法主要用于寻找变量间的相关关系和降维后的因子数量间的基本模式，以表达总体属性。

原始属性可以表示为共同因子、特殊化因子、误差项的线性组合，即

$$X_{ijk}=Z_{k1}f_{ij1}+Z_{k2}f_{ij2}+\cdots+Z_{kr}f_{ijr}+d_k y_{ijk}+\varepsilon_{ijk} \quad (5-3)$$

式中，X_{ijk} 为顾客 i 在产品 j 的属性 k 上的打分；r 为共同因子的个数；Z_{kr} 为共同因子 r 对属性 k 的影响，即为载荷；f_{ijr} 为顾客 i 在产品 j 的共同因子 r 上的打分；d_k 为特殊化因子 y_{ijk} 的权重；y_{ijk} 为特殊化因子；ε_{ijk} 为误差项。

每个共同因子也可以表示为原始属性的线性组合，即

$$f_{ijr}=a_{r1}X_{ij1}+a_{r2}X_{ij2}+\cdots+a_{rk}X_{ijk} \quad (5-4)$$

式中，a_{rk} 为原始属性在共同因子 r 上的权重；X_{ijk} 为顾客 i 在产品 j 的属性 k 上的打分。

寻找因子的过程即为寻找能够概括原始打分矩阵信息的因子，矩阵信息的解释度借助方差解释度来测量。因此，共同因子的遴选是以共同因子方差解释度为衡量标准的。选择涵盖信息量最大、方差解释度最大的因子作为第一个因子，第二个因子必须与第一个因子正交且信息量达到最大，以排除与第一个共同因子相关的可能性，避免第一个因子和第二个因子携带重复信息。依次类推，寻找第三个因子和第四个因子。最后以压缩后的共同因子（$r<k$）为坐标轴绘制知觉图，同时结合最终输出的载荷矩阵计算得分矩阵的坐标，从而定位产品。

应用因子分析法的一般步骤为：①确定被定位产品和定位原始属性；②开展调研，收集数据；③绘制知觉图；④解读知觉图。

能给顾客带来价值的定位属性维度见表 5-7。

表 5-7 能给顾客带来价值的定位属性维度

定位属性	产品基本功能之外的补充特点（如汽车的立体声音响）
性能	产品最主要的特点能够达到的水平
耐用性	衡量产品预期使用寿命
可靠性	衡量产品在某一时间内发生故障或报废的可能性
服务能力	衡量维修故障或报废产品的难度
风格	顾客对产品外观和触觉的感觉
产品形象	一些能传达产品情感方面的属性，这些属性能影响顾客的情感和理智，一般包括与产品或者公司相关的声望，产品使用者的生活方式等
递送	产品或者服务递送给顾客过程中的各个方面，包括递送过程的速度、准确度和精心程度

续表

定位属性	产品基本功能之外的补充特点（如汽车的立体声音响）
安装	在预定的位置上对产品实际使用前必须完成的各种活动
培训和咨询	公司培训顾客使用和维护产品并尽可能在使用中发挥产品的最大价值
维修和维护	公司所提供的防止产品故障并当产品达不到预期性能时进行维修服务的便利性和质量
其他服务	包括保修、贷款及能增加顾客购买产品或使用产品的价值的其他服务
服务形象	会影响整体服务认知的属性，包括服务人员的称职、友好和礼貌及顾客能否得到个性化的关照
可感知质量	产品能满足顾客对产品或者服务应有的质量期望，它与上面提到的特性、性能、可靠性、耐用性等其他属性密切相关

（资料来源：KOLTER, P, 1991. Marketing mangement: analysis, planning, implementation, and control [M] . 7th ed. Englewood Cliffs: Prentice Hall. ）

2. 偏好图

知觉图主要用于描述顾客感知的产品特征，而偏好图主要用于描述顾客对产品的偏好，分析顾客满意的原因。知觉图和偏好图可以联合使用，形成简单共同空间图，通过顾客理想点或者偏好向量绘图，表达其知觉和偏好信息。

顾客理想点是指顾客对产品在知觉图上所处位置的期望。在知觉图上，理想点代表顾客的期望产品。理想点位置的计算方法为

$$\hat{S}_{ij} = b + a d_{ij}^2 \tag{5-5}$$

式中，$\hat{S}_{ij}$ 为顾客 i 对产品 j 的评分估计值；a、b 为最优系数；d_{ij} 为知觉图上顾客 i 的理想点到产品 j 之间的几何距离。

通过现有的顾客评分数据拟合计算最优系数 a 和 b，使 $\hat{S}_{ij}$ 与 S_{ij} 的离差平方和最小，顾客 i 对产品 j 的评分估计值 $\hat{S}_{ij}$ 最大程度地接近样本的偏好数据 S_{ij}。

偏好向量绘图将顾客偏好等同于一个属性，即为偏好度属性，调研时请被调研对象在偏好度属性上为所有的被定位产品打分。共同空间图上的偏好信息以偏好向量的方式展示，顾客对现有竞争产品的偏好度估测可通过比较各竞争产品在偏好向量上的投影的长度得出。投影越长，顾客对其偏好度越高。偏好向量绘图的计算方法为

$$\hat{S}_{ij} = a_i \sum_{k=1}^{r} x_{ik} y_{jk} + b_i \tag{5-6}$$

式中，a_i 为偏好向量的斜率；r 为知觉图维度；x_{ik} 为偏好向量在因子 k 上的坐标；y_{jk} 为知觉图上产品 j 在因子 k 上的坐标；b_i 为偏好向量的截距。

利用样本的偏好数据 S_{ij} 拟合出 a_i、x_{ik}、b_i，使 $\hat{S}_{ij}$ 与 S_{ij} 的离差平方和最小，并以此为依据确定偏好向量绘图的方向。

5.3 汽车市场营销竞争战略

5.3.1 汽车市场类型

根据市场上竞争和垄断的关系，经济学中将市场划分为四种类型：完全竞争市场、垄断竞争市场、寡头垄断市场及完全垄断市场。

1. 完全竞争市场

完全竞争市场是指市场上只有竞争因素。这种市场具有以下特点。

(1) 市场上厂商非常多。
(2) 市场上产品之间没有差异，为完全同质的商品。
(3) 进退壁垒非常低。
(4) 价格由市场竞争决定，每个厂商只能被动接受市场竞争导致的价格结果。

在实践中很难找到完全意义上的完全竞争市场，只有无限接近的完全竞争市场。

2. 垄断竞争市场

垄断竞争市场是指垄断和竞争因素并存，但竞争因素更多一些的市场。这种市场具有以下特点。

(1) 市场上厂商非常多。
(2) 市场上产品之间有一定的差异。
(3) 进退壁垒比较低。
(4) 采取非价格竞争手段，即利用价格以外的因素实现竞争。

3. 寡头垄断市场

寡头垄断市场是指垄断和竞争因素并存，但垄断因素更多一些的市场。汽车市场就属于寡头垄断市场。这种市场具有以下特点。

(1) 市场上厂商非常少。
(2) 市场上有的厂商提供的产品之间是有差异的，有的是无差异的。
(3) 进退壁垒比较高。
(4) 价格竞争是常用的竞争手段，即通过提价或者降价等方式争夺市场份额。

4. 完全垄断市场

完全垄断市场是指市场上由唯一的厂商垄断整个行业、没有其他厂商参与竞争的市场。这种市场具有以下特征。

(1) 市场上厂商只有一家。
(2) 市场上产品之间无差异，只有一家厂商提供该产品，在市场上没有与之竞争的产品。
(3) 进退壁垒非常高，基本上没有进入的可能。

（4）价格歧视是常用的竞争手段，即提供同样的产品或者服务，但对不同的消费者提供不同的价格。

5.3.2 汽车市场营销竞争战略选择

汽车市场属于寡头垄断市场，不可避免地会遭遇市场竞争战。汽车企业必须分析市场竞争、选择和制定市场营销竞争战略，以确定企业的竞争优势，争取更大的市场份额。

2023年新能源汽车行业洞察

著名战略学家迈克尔·波特提出了三种通用的竞争战略：总成本领先战略、差异化战略和集中化战略。在竞争日益激烈的当下，创新、人才、文化也成为企业市场营销的基本战略要素。因此，汽车企业可以根据市场环境和企业优劣势的分析，选择和制定适合本企业的市场营销竞争战略。

1. 总成本领先战略

总成本领先战略是指企业尽最大努力降低成本，通过低成本降低商品价格，以低成本作为主要的竞争手段，以获得竞争优势。 企业实施总成本领先战略需要占有较大的市场份额或者具备其他竞争优势，这些可以通过发挥规模经济和管理增效的作用来实现。一方面，企业可以扩大生产规模、增加产量，从而降低单位产品成本；另一方面，企业应严格控制成本（包括生产成本、采购成本、销售成本、运营成本等），确保自身具备低成本优势。

2. 差异化战略

差异化战略是指汽车企业提供的产品或者服务与市场上现有的产品或者服务相比具有被全行业认可的独特性。 汽车企业以其独特性为主要竞争手段，在汽车市场竞争中形成比较优势。汽车企业实现差异化战略可以有多种方式，如实施品牌战略，或者与竞争者相比，在技术、工艺、原材料、产品性能、客户服务、销售网络等方面有一项或者几项具有差异性或者独特性。

差异化战略的优点是可以减少企业与行业内竞争者的正面冲突，在行业内某一领域里取得比较竞争优势，并构建起对新进入者的壁垒。差异化战略的风险是在建立企业的差异化战略过程中会伴随着较高的成本代价，当顾客需要为差异化的产品支付的价格大大高于实施总成本领先战略的同行提供的同类产品时，差异化的产品对顾客的吸引将大大降低。即使全产业范围的顾客都了解企业产品的独特优势，也并不是所有顾客都愿意或者有能力支付高价格。另外，随着产业和行业的发展，企业在某些方面的差异化优势也可能被其他企业模仿或者超越，使企业不再具备差异化的优势。

3. 集中化战略

集中化战略是指汽车企业将资源集中使用在某些产品类型或者区域市场，为某一个或者少数几个特定的消费者群体提供产品或者服务，以在局部市场取得竞争优势。

集中化战略是指根据顾客需求的差异将整体市场进行细分。集中化表示企业并不面向整体市场的所有消费者推出产品或者服务，而是专门为一部分消费者群体（局部市场）提供产品或者服务。集中化战略比较适合中小型企业。但是，集中化战略也有一定的风险，例如，当所面对的局部市场的供求、价格、竞争等因素发生变化时，集中化战略产生的差异或者成本优势就会丧失，可能使实施集中化战略的企业市场竞争力下降。

总体而言，总成本领先战略与差异化战略都要在全产业范围内实现企业目标，而集中化战略是在局部市场内实现企业目标。

4. 创新战略

创新概念的起源为经济学家熊彼特在1912年出版的《经济发展概论》。熊彼特在其著作中提出，创新是指把一种生产要素和生产条件的"新结合"引入生产体系，它包括五种情况：引入一种新产品、引入一种新的生产方法、开辟一个新的市场、获得原材料或半成品的一种新的供应来源、新的组织形式。根据熊彼特对创新的定义，创新包含的范围很广，既包括技术层面的创新，也包括非技术层面的创新。

汽车企业在市场营销竞争中实施创新战略是指汽车企业在多变的市场环境因素下，积极主动地在企业市场营销战略、观念、市场、产品、服务、组织等方面不断进行创新，从而在激烈的市场竞争中保持优势地位。例如，在环境保护已成为时代主题的当下，广汽集团推出了GLASS绿净计划，目标是在2050年前实现产品全生命周期碳中和。为实现这一目标，广汽集团提出三大措施：①全周期管理，即系统推进从研发到生产、从购买到使用回收的全链条碳排放管理；开展消费者减碳活动，建立汽车消费者碳账户；开展植树造林等公益活动，推进碳汇开发。②打造零碳工厂，即将广汽埃安公司打造为广汽首个零碳工厂；立足于广汽智联新能源汽车产业园，打造零碳汽车产业园区。③提高智能网联新能源车及节能汽车占比，包括广汽传祺全面混动化等。

5. 人才战略

无论采用什么样的战略，都需要高素质的人才去实施。市场的竞争，其实质是人的竞争。因此，人才战略也应属于汽车市场营销竞争战略中的重要组成部分。市场营销者乃至企业管理者要牢固树立人才本位的思想，要有全员培训的观念。

6. 文化战略

汽车企业文化是指汽车企业在生产经营和管理活动中所塑造的精神财富和物质形态。汽车企业文化包括汽车企业经营观念、企业愿景、企业制度、价值观念、企业精神、道德规范、行为准则等。其中，价值观是企业文化的核心。汽车企业文化是提高汽车企业凝聚力和竞争力的重要手段，是推动汽车企业持续发展的动力。

企业文化由三个层次构成：①表层的物质文化，包括厂貌、设备等；②中层的制度文化，包括体制、机制及各项规章制度和纪律等；③核心层的精神文化，包括企业愿景、价值观念、各种行为规范、企业传统等。汽车企业文化战略的制定也是围绕这三方面来进行的。

5.3.3　基于汽车市场竞争地位的战略选择

汽车企业在不同市场上的竞争地位直接影响企业对竞争战略的选择和运用。一般情况下，企业的竞争地位大致可以分为四种：市场领导者、市场挑战者、市场跟随者和市场补缺者。汽车企业处于汽车市场中不同的竞争地位，可以选择不同的竞争战略。

汽车营销工程

1. 市场领导者

市场领导者是指某一行业中拥有最大的市场占有率，在价格变动、新产品开发、分销覆盖面和促销强度等方面都起主导作用的某一家企业或者某几家企业。 一般来说，大多数行业都有一家企业或者几家企业被认为是市场领导者。

通常，在市场竞争中，市场领导者往往会成为市场挑战者的攻击对象。因此，居于市场领导者地位的企业为继续保持其竞争地位，会选择主动进攻或者防御的策略，会围绕扩大市场需求、保持现有市场份额和提高市场占有率等目标来制定市场竞争战略，并采用具体的策略去实施。

对于汽车行业来说，因为汽车市场属于寡头垄断市场，因此，居于市场领导者地位的汽车企业往往不止一家，如有吉利、比亚迪、通用、福特、大众、丰田、特斯拉等。

居于市场领导者地位的汽车企业在实施市场竞争战略时，可以采用以防御为主的策略。防御策略主要可以分为三类：阵地型防御、侧翼型防御、攻击型防御。

阵地型防御又可分为固守阵地型防御、拓展新阵地型防御、阵地收缩型防御。固守阵地型防御是指汽车企业为维护原有的市场领导者地位，以现有的产品和市场应对市场挑战者攻击的防御策略。拓展新阵地型防御是指居于市场领导者地位的汽车企业未雨绸缪，在市场挑战者发动攻击前就将其市场和产品等拓展到新的领域。阵地收缩型防御是指居于市场领导者地位的汽车企业有策略地主动放弃一部分无法防守的问号产品和瘦狗产品。

侧翼型防御是指居于市场领导者地位的汽车企业通过治理企业及业务中存在的薄弱环节或者建立一些次要业务作为防御前沿阵地的方式来防御市场挑战者乘虚而入。

攻击型防御包括积极的攻击型防御和被动的攻击型防御。积极的攻击型防御是指居于市场领导者地位的汽车企业在市场挑战者尚未发动进攻前，先行进攻，这种进攻是为了防御，以削弱市场挑战者的攻击能力。被动的攻击型防御是指居于市场领导者地位的汽车企业在受到市场挑战者的攻击时，进行反击。

2. 市场挑战者

市场挑战者是指那些在某一行业中拥有仅次于市场领导者的市场占有率，在价格变动、新产品开发、分销覆盖面和促销强度等方面都有一定的影响力的某几家企业。 市场挑战者通常是在行业中名列第二或者名次稍低的企业。因此，市场挑战者常常不满足于目前的市场地位，想借助各种方式提高市场份额和市场地位，甚至取代市场领导者的地位。

市场挑战者为提高或保持其市场地位，也会选择主动进攻或者防御的策略， 也会围绕扩大市场需求、提高或保持现有的市场份额和提高市场占有率等目标来制定市场竞争战略，并采用具体的策略去实施。

市场挑战者要面对的竞争者主要包括市场领导者、其他的市场挑战者、市场地位更低的企业。市场挑战者需要明确目标，确定要向谁发起攻击，要防御谁，是攻击市场领导者，还是攻击市场地位更低的企业。攻击市场领导者是高风险、高回报的策略，战略目标是蚕食市场领导者的市场份额，甚至取而代之。攻击市场地位更低的企业则风险相对较小,战略目标是可以通过并购扩大企业的规模和实力,以集中优势力量为原则,采取正面、侧面、包围、迂回、游击型等军事上常用的策略来选择适当的进攻和防御策略。

3. 市场跟随者

市场跟随者是指那些通过模仿或者部分改进市场领导者的产品并提供类似产品,从而获得相对稳定的市场占有率的企业。市场跟随者可以选择成为一名全面仿造者,甚至成为组装市场领导者产品的跟随者,也可以选择在目标市场、产品更新、价格水平和分销等主要方面模仿市场领导者,而在其他次要方面则有所不同;或者选择只模仿市场领导者的优势,在本企业的特色领域大力创新。

4. 市场补缺者

市场补缺者是指从事专业化经营的中小企业。市场补缺者耕耘的通常是被大企业忽视的市场部分,通过找到理想的市场补缺基点,为那些细小的市场提供专业化的产品或者服务来获取收益。一般而言,理想的市场补缺基点应具有以下特征。

(1) 有企业满意的市场潜量和购买力。
(2) 有成长的潜力。
(3) 对强大的竞争者不具有吸引力。
(4) 企业具有为补缺基点服务的资源和能力。
(5) 企业已有的信誉足以对抗竞争者。

市场补缺者可以选择为最终用户提供专业化服务,如产品维修、维护服务、零配件的生产与供应、各种咨询服务等,也可以选择为某些特定顾客服务或者只为某一家大型企业提供所需的产品和服务,还可以选择提供某种特定产品(如只生产某一类型的汽车或者只生产某一类型的汽车零部件)。采用市场补缺战略可以获得较好的投资收益,因此不仅中小型企业会采用市场补缺战略,有些大型企业也会采用这种战略为总体市场服务。

总之,每个企业都会有优点和缺点,每种战略也都有优点和缺点,而竞争优势是所有战略的核心,企业要获得竞争优势就必须做出选择,必须决定希望在哪个范围内取得优势,从而做出最适合本企业的战略决策。

本 章 小 结

汽车市场营销战略是指汽车企业的营销组织为达到组织的营销目标而对目标市场制定的规划和原则。

汽车市场营销战略的基本要素包括汽车企业使命、汽车企业哲学、汽车企业营销资源配置、汽车企业营销竞争优势。

汽车市场营销战略管理过程包含四个相互紧密联系的步骤:汽车市场机会分析和识别、STP 营销、制定汽车市场营销战略、汽车市场营销战略管理。

汽车市场 STP 营销包括汽车市场细分、汽车目标市场选择、汽车市场定位。

STP 营销分析的常用方法包括聚类分析法、多维尺度分析法、因子分析法等。

根据市场上竞争和垄断的关系,可以将市场划分为四种类型:完全竞争市场、垄断竞争市场、寡头垄断市场及完全垄断市场。

迈克尔·波特提出了三种通用的竞争战略:总成本领先战略、差异化战略和集中化战略。在竞争日益激烈的当下,创新、人才、文化也成为企业市场营销的基本战略要素。因此,汽车企业可以根据市场环境和企业优劣势的分析,选择和制定适合本企业的市场营销竞争战略。

汽车企业在不同市场上的竞争地位直接影响企业对竞争战略的选择和运用。一般情况下,企业的竞争地位大致可以分为四种:市场领导者、市场挑战者、市场跟随者和市场补缺者。汽车企业处于汽车市场中不同的竞争地位,可以选择不同的竞争战略。

1. 请简述 STP 营销战略的内涵。
2. 请简述汽车市场细分的一般过程与步骤。
3. 请阐述汽车市场定位常用的多维尺度分析法和因子分析法的概念与应用步骤。
4. 汽车企业有哪些基本竞争战略?

 阅读材料

汽车大营销时代[①]

2021 年 11 月 21 日,由中国市场学会、搜狐汽车主办的第十八届中国汽车营销首脑风暴·广州峰会暨 2021 中国市场学会(汽车)营销专家委员会年会上,中国市场学会(汽车)营销专家委员会执行秘书长、搜狐网副总编辑、汽车事业部总经理晏成发表题为《人·车·生活媒体直播》的演讲,从行业背景、营销趋势、搜狐媒体价值布局再到应对之道,分享了其对汽车行业营销模式的思考。

晏成认为,现在是一个汽车的大时代,也是汽车营销人的大时代。汽车营销人工作的职能、能力、发展空间都在升维,汽车营销人的未来是星辰大海。汽车营销具有四大趋势:数字化、内容化、社交化、品牌化。针对汽车大营销形势的新变化,晏成从人、车、生活、媒体直播四个层面提出解决之道。人即塑造品牌人设、提升品牌拉动力;车即挖掘产品内核、跨界拓圈种草;生活即要做到深入用户生活场景;媒体直播即视频、直播化表达。

罗兰贝格全球高级合伙人兼大中华区副总裁方寅亮提到,未来的营销一定是多角度的,过去是单向的营销,未来是共创甚至是多创的环节,与 KOL 包括与终端用户一起来打造品牌,在未来显得越来越重要。

---

① 汽车商业评论.2021 中国汽车营销首脑风暴:百位车企领袖共探营销新未来[EB/OL].(2021-11-23)[2023-05-23]. https://baijiahao.baidu.com/s?id=1717196386657224048&wfr=spider&for=pc.

 拓展案例

汽车市场细分[①]

运用软件进行市场细分的流程一般为：因子分析—聚类分析—结果分析。

对问卷进行可靠性检验，若结果显示符合因子分析的条件，则可以进行因子分析。因子分析的软件实现步骤如下。

（1）运行 SPSS 软件，单击"打开现有的数据源"，浏览并调出相关文件。

（2）在"数据编辑器"的"数据视图"窗口，选择菜单栏中的"分析"—"降维"—"因子分析"，在"因子分析"窗口（图 5.3）选择变量作为因子分析的对象。

图 5.3 "因子分析"窗口

（3）进行参数设置。在"因子分析"窗口单击"描述"，弹出"因子分析：描述统计"窗口，进行设置参数，如图 5.4 所示。

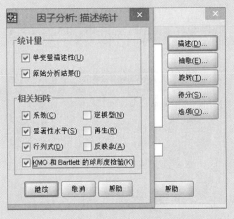

图 5.4 "因子分析：描述统计"窗口

（4）在"因子分析"窗口单击"抽取"，弹出"因子分析：抽取"窗口，设置参数，如图 5.5 所示。

---

① 吴秋华，2011. 基于顾客满意度的运动型多功能乘用车市场细分研究 [D]. 西安：长安大学.

图 5.5 "因子分析：抽取"窗口

（5）在"因子分析"窗口单击"旋转"，弹出"因子分析：旋转"窗口，设置参数，如图 5.6 所示。

图 5.6 "因子分析：旋转"窗口

（6）在"因子分析"窗口单击"选项"，弹出"因子分析：选项"窗口，设置参数，如图 5.7 所示。

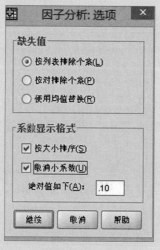

图 5.7 "因子分析：选项"窗口

(7) 在"因子分析"窗口单击"因子得分",弹出"因子分析:因子得分"窗口,设置参数,如图 5.8 所示。

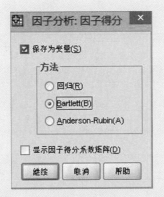

图 5.8 "因子分析:因子得分"窗口

(8) 设置好参数后,单击"确定",即可得到运行结果。

汽车市场细分的方法很多,使用比较多的是聚类分析。

运用软件进行聚类分析的一般步骤如下。

(1) 运行 SPSS 软件,单击"打开现有的数据源",浏览并调出相关文件。

(2) 在"数据编辑器"的"数据视图"窗口,选择菜单栏中的"分析"—"分类"—"K 均值聚类分析",在"K 均值聚类分析"窗口(图 5.9)选择因子分析中得出并保存的 3 个公因子作为聚类分析的对象。

图 5.9 "K 均值聚类分析"窗口

在"聚类数"后面的文本框中输入"3",即将聚类结果设置为 3 类。在"方法"中选中"仅分类"单选项,然后单击"确定",即可得出运行结果。

根据聚类分析，将所有被调研样本分为 3 个子市场，然后根据细分变量平均数描述（表 5-8）推断每个细分市场的需求特点。

表 5-8 细分变量平均数描述

细分变量	整体	子市场 1	子市场 2	子市场 3
动力性能	5.67	6.31	5.33	5.58
安全性能	6.47	6.75	6.50	6.25
操控难易程度	4.66	6.00	5.17	3.25
油耗	5.59	4.62	5.50	6.33
质量可靠性	6.35	6.92	6.31	6.00
质量耐久性	5.79	6.67	5.50	5.50
售后服务	6.22	6.25	6.25	6.17
保修制度	4.99	2.44	6.00	5.67
驾驶舒适性	4.11	4.67	4.67	4.00
车内空间	4.60	5.00	4.92	4.00
提供免费知识培训	2.01	1.06	3.58	1.08
价格	6.17	5.81	6.25	6.33
维修费用	6.50	6.38	6.50	6.58
特别价格优惠	3.61	2.06	3.92	4.33
品牌与身份的契合度	5.77	6.75	5.50	5.38
品牌公信度	2.64	4.00	2.25	2.12
外观	5.49	6.19	4.33	6.17
车型实用技术的流行性	3.52	4.33	3.50	3
环保意识	3.45	1.31	4.25	4.08
个性化需求	4.50	4.00	4.08	5.25

（资料来源：费鸿萍，2012. 营销工程与应用：基于中国市场与企业运作的视角［M］. 上海：华东理工大学出版社．）

从表 5-9 可以推断，第一细分市场关注动力性能、安全性能、品牌与身份的契合度、外观等属性，这几个属性的平均数均高于整体样本平均水平，对油耗、价格、特别价格优惠等属性不太重视；第二细分市场在各方面的要求都处于中档水平；第三细分市场与第一细分市场形成鲜明的对比，对价格敏感，而对驾驶舒适性不太在意。

第 6 章　汽车产品策略分析

1. 理解汽车产品的内涵；
2. 理解新产品设计模型；
3. 理解新产品决策模型。

产品策略（product strategy）
联合分析（conjoint analysis）
新产品预测（new product forecast）
新产品扩散（new product diffusion）

新产品开发阶段[①]

新产品开发可以分为六个阶段。

第一阶段为客户项目准备和产品定义阶段，是项目的初始阶段。这一阶段需要进行各项项目准备和产品定义。这个阶段中的任务需要销售部门和研发部门共同协作完成。

第二阶段为项目计划和产品概念阶段，是项目的启动阶段。这一阶段需要完成项目计划产品概念。这个阶段中的任务需要项目部门、研发部门、质量部门、工艺部门、采购部门和物流部门共同协作完成。

第三阶段为产品及工程开发阶段，是项目的第一个重要节点阶段。这一阶段是产品的开发过程。这个阶段中的任务需要项目部门、销售部门、研发部门、质量部门、生产部门、采购部门和物流部门共同协作完成。在此阶段，会形成对整体新产品开发环节重要的产物——材料表和图纸。

第四阶段为产品及过程验证阶段，是项目的第二个重要节点阶段。这一阶段是产品验证过程。这个阶段中的任务需要项目部门、销售部门、研发部门、质量部门、工艺部门、采购部门和物流部门共同协作完成。

第五阶段为产品及过程批准阶段，是小批量产试装阶段。这一阶段是产品和过程的批

---

① 滕家辉，2017. KBD 公司新产品开发阶段研发管理模式研究［D］. 大连：大连理工大学.

准。这个阶段中的任务需要项目部门、销售部门、研发部门、质量部门、工艺部门、采购部门和物流部门共同协作完成。

第六阶段为反馈、评定阶段，是项目总结和反馈阶段。这一阶段为反馈和评估。这个阶段中的任务需要项目部门、销售部门、研发部门、质量部门、工艺部门和物流部门共同协作完成。

6.1 汽车产品策略

6.1.1 汽车产品的内涵

1. 汽车产品的基本概念

营销学对产品的定义为：引起消费者注意，被消费者获取、使用或者消费，以满足消费者欲望或者需要的任何事物。产品可以包括有形的物品和无形的服务、观念等。其核心是满足消费者需求的一种载体，或者是一种能满足消费者需求的方式。

汽车产品的概念分为狭义和广义两种。**狭义的汽车产品是指汽车这种实体产品。广义的汽车产品是指提供给汽车市场，能引起消费者注意，并被消费者购买、使用或者消费，以满足消费者欲望或者需要的任何事物**，包括有形的汽车产品，无形的汽车服务、汽车品牌、驾驶体验等。

小型新能源汽车市场

2. 汽车产品的整体层次

随着市场的发展，汽车已经不是单纯满足消费者的出行需要，消费者需求的不断变化使汽车产品的内涵和外延不断扩展。单一的概念描述难以较全面地刻画汽车产品的内涵和外延，因此可以借助营销学中产品的整体概念的表述来丰富其描述。

菲利普·科特勒等学者认为产品具有整体概念的属性，用分层次的表述方式能够更加深刻准确地阐述产品的整体概念，并倾向于使用五个层次来表述产品的整体概念，即核心产品、形式产品、期望产品、延伸产品、潜在产品，如图6.1所示。

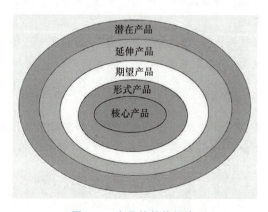

图6.1 产品的整体概念

汽车产品作为产品中的一种，自然也具有整体概念的属性，可以沿用分层次的表述方式。因此，**汽车产品一般可以分为五个层次，即核心汽车产品、形式汽车产品、期望汽车产品、延伸汽车产品、潜在汽车产品。**

(1) 核心汽车产品。

核心汽车产品是指向顾客提供汽车产品的基本效用和功能利益。核心汽车产品是汽车产品整体概念中最重要的属性，是核心内容，是能满足消费者核心需求的载体。因为顾客购买产品的真正目的不是获得产品本身，而是购买产品或者服务所带来的能够满足自身某种需要的效用或者利益。因此，汽车企业在开展汽车产品生产和市场营销活动时，必须注重汽车产品的核心属性。

(2) 形式汽车产品。

形式汽车产品是指汽车产品的基本表现形式，包括汽车产品的实体、品质、车型、配置、外观、品牌、商标及包装等。形式产品直接影响消费者对产品的评价和满意度，是汽车企业在产品设计时特别需要重视的部分。

(3) 期望汽车产品。

期望汽车产品是指消费者在选择该汽车产品时，期望得到的与汽车产品密切相关的一些特性。汽车企业可以在充分的市场调研基础上，进行这部分的产品设计。

(4) 延伸汽车产品。

延伸汽车产品是指顾客购买形式汽车产品和期望汽车产品时获得的各种附加服务与权益的总和，包括产品说明书、质量保证、维修、保养、服务等。延伸汽车产品的恰当提供能提升顾客满意度，增强汽车企业的竞争优势。

(5) 潜在汽车产品。

潜在汽车产品是指在现有的所有汽车产品中，未来可能产生改进和变革进而成为未来汽车产品的现有产品。潜在汽车产品指出了现有汽车产品可能的演变趋势。

总之，汽车产品的整体概念中所包含的各个层次均是一个有机体。核心汽车产品是根本，形式汽车产品是核心汽车产品的表现，期望汽车产品和延伸汽车产品是核心汽车产品的扩展，潜在汽车产品是核心汽车产品的发展方向。汽车产品的整体概念为汽车企业进行汽车产品设计提供了有用的层次划分。汽车企业在进行汽车产品设计和市场营销时，要充分考虑能给顾客提供价值的这五个层次。

3. 汽车产品的品牌与商标

(1) 汽车产品的品牌。

菲利普·科特勒指出，品牌是公司最有价值的无形资产之一。美国市场营销协会将品牌定义为：一个名称、术语、标志、符号、设计，或者是它们的组合，用来识别某个消费者或者某一群销售商的产品或者服务，并使其与竞争者的产品或者服务区分开来。

汽车产品的品牌是指同类汽车产品的一个名称、术语、标志、符号、设计，或者它们的组合。汽车产品的品牌包含了容易被消费者识别的品牌名称和品牌标志，如一汽红旗、华晨金杯、江铃汽车、东南（福建）汽车、宇通客车等。

汽车产品的品牌可以使用产品制造商品牌，也可以使用经销商品牌，或者同时使用产品制造商品牌和经销商品牌。

同一家汽车企业的全部产品可以使用同一个统一的品牌，也可以为每个产品单独建立品牌。在同类产品中可以同时使用两种或两种以上品牌。

（2）汽车产品的商标。

商标是法律术语，是用于区别商品或者服务来源的标志。商标包括文字、图形、字母、数字、三维标志、颜色组合和声音等及上述要素的组合。品牌可以通过注册商标来得到保护。品牌或品牌的一部分在政府有关部门依法注册后，称为商标。商标和品牌都是产品的标志，但并非所有的品牌都是商标。品牌与商标可以相同也可以不同。品牌无须办理注册登记，注册商标则必须办理注册登记。经注册登记的商标有"®"标记，或"注册商标"的字样。注册商标是受法律保护的品牌，具有专门的使用权。

汽车产品的注册商标是商品或者服务的标志，是受法律保护的产权。党的二十大报告指出，"加强知识产权法治保障，形成支持全面创新的基础制度"。汽车企业应当高度重视汽车产品品牌和商标的价值。汽车产品的品牌和商标是汽车企业商誉和形象的象征。

6.1.2　汽车产品设计

1. 汽车产品设计

在日益激烈的汽车市场竞争中，汽车产品设计为汽车企业的产品和服务提供了一种有效的差异化和定位方式。**汽车产品设计是指影响消费者对汽车产品外观和功能的所有感知特征的总和。**

汽车产品是耐用品，汽车产品设计尤为重要。通过汽车产品设计来传递汽车产品的品牌和定位是非常重要的。设计出众的颜色和图形可以帮助汽车产品从市场的同类竞品中脱颖而出。因此，汽车企业在产品设计时，既要提供产品价值以满足消费者的基本需要，又要重视以独特的设计将产品价值呈现给消费者。

2. 汽车产品组合设计

为了满足不同顾客群体的细分需求，汽车企业往往会提供汽车产品组合。汽车产品组合是指一个汽车企业提供的全部汽车产品。**汽车产品组合的维度包括长度、宽度、深度、一致性。**汽车产品组合的长度是指汽车产品组合中产品的数量。汽车产品组合的宽度是指汽车企业经营的不同产品线的数量。汽车产品组合的深度是指产品线中的每一类产品可供选择的品种及规格。汽车产品组合的一致性是指汽车企业的各种产品线在最终用途、生产要求、分销渠道或者其他方面相互联系的程度。

3. 汽车新产品开发

汽车新产品开发过程可以分为以下五个阶段。

（1）识别汽车市场机会阶段。明确汽车市场，发现市场机会，提出汽车产品概念创意。

（2）汽车产品设计阶段。将确定的汽车产品概念创意转化为物质实体，形成汽车产品。

(3) 汽车市场测试阶段。对汽车产品进行市场测试,包括广告和产品测试、预测试及大量上市前的预测。

(4) 引入汽车市场阶段。通过汽车营销策划和实施,将汽车产品引入选定的汽车市场。

(5) 汽车产品生命周期管理阶段。按汽车产品生命周期的规律,对新上市的汽车产品进行相应的营销管理。

新产品开发与管理有较高的成本和风险。因此,可以运用模型方法对新产品开发和管理进行决策,并为新产品开发各阶段提供相应指导。

6.1.3　汽车产品生命周期营销策略

1. 汽车产品生命周期的概念与阶段性特点

汽车产品的生命周期是指汽车产品从上市到完全退出市场所经历的时间。汽车产品生命周期主要包括四个阶段:导入期、成长期、成熟期、衰退期。汽车产品生命周期曲线如图 6.2 所示。

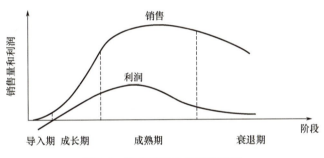

图 6.2　汽车产品生命周期曲线

汽车产品生命周期各阶段的特点如下。

(1) 导入期。导入期是指汽车产品刚刚进入市场的初期阶段。对市场和消费者而言,导入期的汽车产品是新产品,需要投入的花费高,而销售量低,利润低,甚至为零或者为负(即亏损)。

(2) 成长期。成长期是指汽车产品进入市场后,逐渐被消费者认识,产品被市场接受的阶段。对市场和消费者而言,成长期的汽车产品被接受,销售量开始大幅增长,利润随之迅速增长。

(3) 成熟期。成熟期是指汽车产品已经被市场和消费者广泛接受的阶段。对市场和消费者而言,成熟期的汽车产品已经被广泛采用,市场需求趋向饱和,销量增长乏力,同时竞争加剧,利润随之趋于平稳或者下降。销售量和利润的最高点出现在成熟期,此后增长率开始下降。

(4) 衰退期。衰退期是指汽车产品逐步退出市场或者更新换代的阶段。对市场和消费者而言,衰退期的汽车产品已经被市场逐渐淘汰,销售量下降,竞争加剧,利润随之减少。

2. 汽车产品生命周期阶段性营销策略

（1）导入期策略。

由于导入期的阶段性特点为：销售量低，市场成本高，利润低，市场上是创新采用者，市场竞争很小。因此，**导入期的汽车营销策略为：只提供基本产品，广泛宣传介绍新产品的性能、用途、质量，提高新产品的市场认知度，采用促销方式促进客户试用，定价可采用成本加成定价、低价渗透或者高价撇脂，同时尽量缩短导入时间，尽快进入成长期**。

（2）成长期策略。

由于成长期的阶段性特点为：销售量迅速增长，市场成本下降或者趋于稳定，利润迅速增长，市场上出现了早期采用者，市场竞争开始加剧。因此，**成长期的汽车营销策略为：改进产品和提供延伸产品，采用促销方式提高相对市场份额，定价可采用成本加成定价、低价渗透或者高价撇脂，同时适当延长成长期**。

（3）成熟期策略。

由于成熟期的阶段性特点为：销售量和利润达到顶峰，市场成本低，客户数量多，市场上出现了大众采用者，市场竞争激烈。因此，**成熟期的汽车营销策略为：提供多元化的汽车产品和优质服务，建立品牌忠诚度，维持现有相对市场份额，同时开拓新市场，采用竞争性定价，尽量延长成熟期**。

（4）衰退期策略。

由于衰退期的阶段性特点为：销售量和利润下降，市场成本低，客户数量减少，市场上的采用者多为落伍者，市场竞争下降。因此，**衰退期的汽车营销策略为：逐步放弃落后产品和分销点，开始准备和提供替代的新产品，对现有产品降价，同时尽量缩短衰退期**。

另外，在汽车产品生命周期的不同阶段，相关群体的影响作用是不一样的。在汽车产品刚进入汽车市场时，相关群体主要会在汽车产品本身的推荐上对消费者产生影响；在汽车产品已被汽车市场普遍接受的情况下，消费者会在汽车品牌的选择方面更多地受相关群体的影响；在汽车产品已进入成熟期时，激烈的竞争会使汽车品牌的参考需求达到最高的程度。因此，汽车企业应当根据不同的时间和阶段，通过相关群体的影响来实现汽车营销目标。

6.2 汽车产品策略模型

产品策略模型主要包括识别市场机会的模型、新产品设计的模型和新产品预测与测试的模型。

识别市场机会的模型包括创意产生和创意评估两方面。目前已有几种商业软件可以用于识别市场机会、产生和评估创意。

新产品设计的模型主要是联合分析模型。例如，在设计汽车时，汽车企业可将许多备选属性组合起来，假设备选属性有 30 个以上，但大部分消费者不愿意为所有属性付费。因此，汽车企业必须决定应包含哪些属性以使所设计的汽车产品能满足大部分消费者的需求和偏好。

新产品上市之前，企业一般都需要预测其未来的销售情况和成功概率。应用新产品预测与测试的模型可以在新产品上市之前对市场进行估计。BASS 模型和 ASSESSOR 模型都属于经典的新产品预测与测试的模型。其中，BASS 模型可以用来预测首次购买行为，ASSESSOR 模型更适合于预测重复购买行为。

6.2.1　新产品设计模型

在新产品设计中，联合分析模型应用得非常广泛。因此，本节主要以联合分析模型为主讨论汽车营销工程中的新产品设计模型。

1. 应用联合分析模型的一般过程

联合分析是一种多元统计分析方法，也称结合分析。联合分析模型可以将所有属性结合起来评估，进行汽车产品和产品线的最终决策。

应用联合分析模型进行汽车产品设计的一般过程分为以下五个步骤。

（1）确定汽车产品的相关属性。所确定的汽车产品属性应该是对消费者偏好和市场的影响较为重要的相关属性。

（2）确定每种属性的水平。属性与属性水平的个数将决定要估计的参数个数和被调研对象所要评价的汽车产品组合个数。

（3）确定要评价的产品属性组合，即产品模拟。联合分析的产品模拟主要有两种方法：配对法和全轮廓法。

（4）设计研究方案，开展数据收集。根据前三步的工作，设计研究方案，提供给消费者不同的属性组合产品，通过消费者对不同的属性组合产品打分、排序等来获得消费者的评价数据。选择消费者意愿数据收集的方法和局部价值函数计算的方法，如运用按一定尺度评价产品的方法和采用有序最小回归分析法，来计算局部价值函数。按一定尺度评价产品的方法是让被调研对象按一定尺度规则来评价每种产品（如按从 0 到 10 的尺度），数字越大，表明偏好越强。

（5）建立联合分析模型。分析消费者可接受的某种产品的属性组合，进行市场细分，即把有相似局部价值函数的顾客进行分类，并设计市场模拟方案，确定价值选择规则，建立模型，开展市场模拟，估计相对市场份额和相对市场份额的变化。

常用的价值选择规则有以下三种。

（1）效用最大化原则。假设每位顾客都会从备选产品中选择出效用最大的产品。根据效用得分，选出每位顾客效用得分最高的产品组合，作为该顾客的选择集合，然后统计每一个产品组合能被多少位顾客选择，用其除以产品组合总数，即得到相对市场份额。

（2）效用份额原则。计算出每个产品组合效用得分总和，用其除以总产品组合的效用得分总和，即得到相对市场份额。

（3）分对数选择原则。对所有的顾客效用得分进行函数运算 $Y=\exp(X)$，得到新的效用得分，然后按效用份额原则计算相对市场份额。

例如，通过前期预调研，选择影响消费者购买家用轿车时最主要的三个属性来进行调研，即价格（万元）、性能和外观颜色，同时给每个属性赋予三个属性水平，见表6-1。

表6-1 家用轿车相关属性及属性水平

属性	属性水平		
价格（万元）	0～10	10～30	30以上
性能	动力	内饰	空间
外观颜色	冷色系	暖色系	多彩

利用 SPSS 软件中的正交设计，得到九个产品组合，由此设计出调研问卷。调研问卷的发放和回收处理可以得到顾客对所设计出的九个组合的评分，并将其录入 SPSS 软件中，利用联合分析得到统计结果。同时，利用每位消费者对九个组合的效用评分计算每个组合的相对市场份额。

2. 联合分析模型

在联合分析模型中，产品或者服务称为轮廓，每种轮廓由描述该产品或者服务重要特性的属性及与每个属性相对应的不同水平组合而成。

联合分析模型建立于消费者对某一产品或者服务的整体偏好评价和组成各产品或者服务的不同属性水平之上。前者为因变量，后者为自变量。因此，首先要估计不同属性水平的效用，其次计算出属性的相对重要性和轮廓效用，最后选择并建立模型，预测市场占有率。

全轮廓法是联合分析方法中的一种，基于此方法建立的模型即为全轮廓联合分析模型。由全部属性的某个水平构成的一个组合称为一个轮廓。全轮廓法又称多项法、多因子评价法。全轮廓联合分析模型可表示为

$$Y = a + \sum vx \qquad (6-1)$$

式中，Y 为全轮廓的偏好得分（水平效用）；a 为截距；v 为估计的效用；x 为指定不同属性水平的虚拟变量，$x=1$ 表示某个属性水平的出现，$x=0$ 表示其他情况。

联合分析的基本模型可表示为

$$R_{ij} = \sum_{k=1}^{K} \sum_{m=1}^{K} a_{ikm} x_{jkm} + \varepsilon_{ij} \qquad (6-2)$$

式中，R_{ij} 为第 i 位顾客对 j 的评分；i 为第 i 位顾客；j 为设计方案中的某种产品或者概念创意；K 为产品属性的数目；a_{ikm} 为第 k 种属性的第 m 种属性水平（$m=1,2,3,\cdots,M_k$）相对应的局部价值，M_k 为第 k 种属性的水平数；x_{jkm} 为虚拟变量，当第 j 种产品有第 k 种属性的第 m 种属性水平时，其值为1，否则为0；ε_{ij} 为误差项，假设为正态分布，平均数为0，并且对所有的 i 和 j 偏差都等于 σ^2。

属性水平的相对重要性由效用差值表示，差值越大表示该属性水平的重要性越高，差值越小表示该属性水平的重要性越低。

属性水平的相对重要性计算公式为

$$W_j = \frac{\max(v_{ij}) - \min(v_{ij})}{\sum_{j=1}^{J}[\max(v_{ij}) - \min(v_{ij})]} \times 100\% \qquad (6-3)$$

式中，W_j 为第 j 个属性的相对重要性；J 为可选的产品数；$\max(v_{ij})$ 为第 j 个属性的最大水平效用值；$\min(v_{ij})$ 为第 j 个属性的最小水平效用值。

联合分析的目的是寻找产品或者服务的最佳属性水平组合，估计消费者的市场选择和模拟估算相对市场份额。

常用的估计模型有最大效用模型和 BTL 模型。其中，最大效用模型公式为

$$m_j = \frac{\sum_{i=1}^{I} w_i P_{ij}}{\sum_{j=1}^{J}\sum_{i=1}^{I} w_i P_{ij}} \qquad (6-4)$$

式中，m_j 为产品 j 的市场份额；I 为顾客总数；J 为可选的产品数；w_i 为顾客 i 购买的相对数量，设所有顾客的平均购买量指数为 1；P_{ij} 为顾客 i 购买产品 j 的概率。

BTL 模型公式为

$$p_{ij} = \frac{u_{ij}}{\sum_{j=1}^{J} u_{ij}} \qquad (6-5)$$

式中，p_{ij} 为顾客 i 购买产品 j 的概率；u_{ij} 为顾客 i 对产品 j 的效用估计值。

计算出所有顾客的 p_{ij} 平均值，就能得出产品 j 所占的相对市场份额。

6.2.2 新产品决策模型

1. 新产品预测模型

新产品的开发和产品导入期成本很高，然而，大多数新产品进入市场后都不会达到预期目标，而且通常在几年后就会退出市场。因此，企业进行新产品开发时面临很大的风险。如果能在新产品投入市场前就能预测销售情况，则可以有效降低这些风险，提高新产品上市成功的概率。ASSESSOR 模型主要用于新产品上市前的模拟市场测试，主要通过实验法获取所需数据，以预测和估计新产品的销售量和相对市场份额。ASSESSOR 模型是新产品预测模型中较为经典的模型。

ASSESSOR 模型包括偏好模型和试用—重购模型。这两个模型互相独立、相辅相成、互为验证。 分别计算偏好模型和试用—重购模型，如果两个模型预测结果相似，则表明预测可信度很高；如果预测结果相差很大，则应分析原因，得到有用的信息。ASSESSOR 模型需要的输入数据主要来自消费者市场调研。

（1）偏好模型。

偏好模型是一种通过计算购买概率来预测新产品未来的相对市场份额的模型。 偏好模型需要的输入数据分为新产品使用前的数据和使用后的数据。新产品使用前的数据是指被调研对象根据调研问卷对每个品牌和上次所购品牌的偏好进行评分所得，通常在实验室测定；新产品使用后的数据是指被调研对象在使用产品后提供的偏好评分，通常在电话回访

时测定。根据新产品使用前后被调研对象对各品牌的偏好度量,估计出购买概率,然后汇集起来估计新产品的相对市场份额。

应用偏好模型估计新产品的相对市场份额的步骤如下。

① 测量偏好度。通过在实验室让每个被调研对象对提供的各品牌做出偏好评分,再将这些偏好评分转化为选择概率。其计算公式为

$$L_{ij} = \frac{V_{ij}^b}{\sum_{k \in C_i} V_{ik}^b} \tag{6-6}$$

式中,L_{ij} 为被调研对象 i 购买产品 j 的概率估计值,对于不在被调研对象 i 的考虑集内的产品 j,$L_{ij}=0$;V_{ij} 为按适当尺度衡量出来的被调研对象 i 对产品 j 的偏好评分;C_i 为被调研对象 i 的产品考虑集;V_{ik} 为按适当尺度衡量出来的被调研对象 i 对产品 k 的偏好评分;b 为从数据中估计出来的参数,表示产品偏好转换为该产品的购买概率,可用最大似然估计法来估算 b 值。

② 估算新产品的购买概率。通过电话回访,让每个被调研对象重新对考虑集内的各品牌做出偏好评分,测量被调研对象试用新产品后的偏好程度,以估算购买概率。其计算公式为

$$L'_{in} = \frac{V_{ij}^{b'}}{V_{in}^{b'} + \sum_{k \in C_i} V_{ik}^{b'}} \tag{6-7}$$

式中,n 为新产品的指数;L'_{in} 为被调研对象 i 用过新产品后的购买概率;V'_{ij} 为被调研对象 i 在试用新产品后对产品 j 的偏好评分;b' 为式(6-6)中获取的估计值。

③ 估计新产品的相对市场份额。其计算公式为

$$M'_n = E_n \sum_{i=1}^{N} \frac{L'_{in}}{N} \tag{6-8}$$

式中,M'_n 为新产品的相对市场份额估计值;E_n 为将新产品列入考虑集的被调研对象所占的比例;N 为被调研对象的总人数。

(2) 试用—重购模型。

试用—重购模型通过收集顾客在实验购物时的购买信息和通过回访得到的重购率信息,根据潜在购买者试用和重购的购买行为反应建立模型,测量新产品的试用率和重复购买率,估计新产品的相对市场份额。

试用—重购模型估计新产品的相对市场份额的计算公式为

$$M_n = tr\omega \tag{6-9}$$

式中,M_n 为新产品的长期相对市场份额;t 为新产品试用率,即目标市场上最终会试用该新产品的消费者的累计比例;r 为试用新产品并将成为长期重复购买者的消费者人数的比例,即重复购买率;ω 为相对使用率(市场的平均相对使用率 $\omega=1$)。

新产品试用率 t 的计算公式为

$$t = FKD + CU - (FKD)(CU) \tag{6-10}$$

式中,FKD 为最终会知晓新产品、在购物处能买到新产品并最终试用该新产品的顾客所占的比例;CU 为得到试用样品的顾客所占的比例;(FKD)(CU) 为避免重复计数而进行

的调整。

重复购买率 r 的计算公式为

$$r=\frac{P_{on}}{1-P_{rn}+P_{on}} \quad (6-11)$$

式中，P_{rn} 为在时点 t 购买新产品的顾客在时点 $t+1$ 会再次购买的概率；P_{on} 为在时点 t 购买其他产品的顾客在时点 $t+1$ 会购买新产品的概率。

2. 新产品扩散模型

新产品扩散模型有很多，其中经典的扩散模型为 Bass 模型。该模型可表示为

$$n(t)=\frac{\mathrm{d}N(t)}{\mathrm{d}t}=p[m-N(t)]+qN(t)-\frac{q}{m}[N(t)]^2 \quad (6-12)$$

式中，$n(t)$ 为在时点 t 采用新产品的顾客数；$\mathrm{d}N(t)/\mathrm{d}t$ 为在时点 t 采用产新品的顾客数或非累计采用者人数；m 为市场潜量；$N(t)$ 为在时点 t 累计采用新产品的顾客；p 和 q 为外部影响系数（p 或称创新系数，受大众媒体或其他外部因素的影响，尚未采用新产品的人购买新产品的可能性）和内部影响系数（q 或称模仿系数，受已使用者的影响，尚未采用新产品的人购买新产品的可能性）；$p[m-N(t)]$ 为因外部影响而购买新产品的顾客数，即这些采用者不受已使用者的影响。

Bass 模型可用来预测新产品在时点 t 的销售量，对新产品、新技术在市场上的采用和扩散情况进行分析，进而对市场进行描述和预测。

根据埃弗里特·罗杰斯的创新扩散理论，新产品的扩散过程包括新产品从研发制作到进入市场、被部分消费者采用、被大量采用、市场衰退的全过程，如图 6.3 所示。

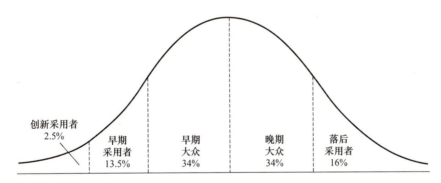

图 6.3 新产品的扩散过程

按顾客接受新产品的先后，新产品扩散过程中的采用者可以划分为五类：创新采用者（innovators）、早期采用者（early adopters）、早期大众（early majority）、晚期大众（late majority）、落后采用者（laggards）。 创新采用者约占全部潜在采用者的 2.5%，早期采用者约占全部潜在采用者的 13.5%，早期大众约占全部潜在采用者的 34%，晚期大众约占全部潜在采用者的 34%，落后采用者约占全部潜在采用者的 16%。一般而言，各类采用者的采用特征表现分别为：创新采用者富有冒险精神，对新事物接受程度较高，信息采集能力较高；早期采用者信息采集能力也较强，对新产品的各种信息资料比较了解，常常成为某些领域的意见领袖；早期大众通常是在经过早期采用者认可后才采用或

者购买；晚期大众的信息来源大多通过亲朋好友，很少主动接受新产品，直到多数人都采用且反映良好时才购买；落后采用者较为保守，通常不愿意接受新产品。

Bass模型主要应用于已有销售数据模拟产品扩散并预测产品未来的销售情况。因此，可根据历史销售数据估计参数，并可根据 p、q 值的大小进行新产品的营销策略决策。如果 $q>p$，则模仿效应大于创新效应，即表示内部影响系数高，可以考虑口碑营销策略；如果 $q<p$，则创新效应大于模仿效应，即表示外部影响系数高，可以加大广告投放。

Bass模型应用的领域相当丰富，已经被用来研究如市场组合策略、消费者、新产品开发与市场进入策略、竞争、价格、重复购买、技术替代、广告、社会系统扩散、网络影响、服务扩散等各个领域的问题。

本 章 小 结

广义的汽车产品是指提供给汽车市场，能引起消费者注意，并被消费者购买、使用或者消费，以满足消费者欲望或者需要的任何事物，包括有形的汽车产品，无形的汽车服务、汽车品牌、驾驶体验等。

汽车产品一般可以分为五个层次，即核心汽车产品、形式汽车产品、期望汽车产品、延伸汽车产品、潜在汽车产品。

汽车新产品开发过程分为五个阶段：识别汽车市场机会阶段、汽车产品设计阶段、汽车市场测试阶段、引入汽车市场阶段、汽车产品生命周期管理阶段。

新产品设计的模型主要是联合分析模型。联合分析模型可以将所有属性结合起来评估，进行汽车产品和产品线的最终决策。

应用联合分析模型进行汽车产品设计的一般过程分为五个步骤：确定汽车产品的相关属性、确定每种属性的水平、确定要评价的产品属性组合、设计研究方案和开展数据收集、建立联合分析模型。

联合分析模型建立于消费者对某一轮廓的整体偏好评价和组成各轮廓的不同属性水平之上。

ASSESSOR模型主要通过实验法获取所需数据，以预测新产品的长期相对市场份额及销售量，是新产品预测模型中较为经典的模型。ASSESSOR模型包括偏好模型和试用—重购模型。ASSESSOR模型需要的输入数据主要来自消费者市场调研。

经典的新产品扩散模型为Bass模型。Bass模型主要应用于已有销售数据模拟产品扩散并预测产品未来的销售情况。

新产品的扩散过程包括新产品从研发制作到进入市场、被部分消费者采用、被大量采用、市场衰退的全过程。

习 题

1. 请阐述汽车产品的概念。
2. 请简述汽车新产品开发过程的五个阶段。
3. 请简述应用联合分析模型进行汽车产品设计的一般过程。
4. 请简述 ASSESSOR 模型包括的两个模型。
5. 请写出 Bass 模型的表达式。

阅读材料

广汽乘用车[①]

广汽集团坚持自主创新与合资合作共同发展,旗下拥有广汽乘用车、广汽埃安两个自主品牌汽车企业,广汽本田、广汽丰田、广汽菲亚特克莱斯勒、广汽三菱、合创汽车、广汽日野、广汽比亚迪等合资合作汽车企业,以及五羊-本田摩托车公司,为顾客提供覆盖乘用车、商用车、摩托车领域的高品质产品。下面以传祺 GA8 为例介绍广汽乘用车产品与参数配置,见表 6-2~表 6-9。

表 6-2 传祺 GA8 版本与官方指导价

版本名称	390T 尊享版
官方指导价/万元	15.68

表 6-3 传祺 GA8 技术参数

长×宽×高/(mm×mm×mm)	5003×1868×1505
轴距/mm	2900
行李箱容积/L	500
油箱容积/L	65
整备质量/kg	1705~1730
发动机	传祺第三代 390T 发动机
主要发动机技术	全新 350bar(1bar=10^5 Pa)高压缸内直喷技术、电控可变机油泵技术、低惯量增压技术、燃烧控制技术、双连续可变气门正时技术
排量/cc (1cc=1cm³=1mL)	1991
最大功率/转速/[kW/(r/min)]	185/5250

---

① 传祺 GA8. 参数配置[EB/OL].[2023-05-26]. https://www.gacmotor.com/ga8/#.

续表

最大扭矩/转速/[Nm/(r/min)]	390/（1750～4000）
变速器形式	爱信6速手自动一体变速器
最高车速/（km/h）	210
综合工况油耗（L/100km）	7.8
悬架系统	前双叉臂式独立悬架/带垂向控制臂后多连杆独立悬架
制动系统	前通风盘式/后盘式
转向系统	电动助力转向（EPS）
排放标准	国Ⅵ

表6-4 传祺GA8装备配置——威·锋外观

装备配置	有无此装备	备注
Flying Dynamics 五幅凌云前格栅	●	
深邃晶钻低功率LED前照灯	●	
矩阵式晶钻高功率LED前照灯（带高度自动调节功能）	—	
前照灯延时关闭功能	●	
前照灯自动感应开启/关闭功能	—	
双凌刃LED光导日间行车灯	●	（1）"●"表示有此装备，"—"表示无此装备；
双凌刃LED光导组合尾灯	●	（2）本产品样本的全部内容请以实车为准，广汽传祺汽车销售有限公司保留对本型录内容所有最终解释权和修改权
LED激光迎宾照明灯	—	
"锋锐机翼式"空气动力套件带镀铬装饰	●	
绅士领针侧徽标	●	
17in（1in=2.54cm）切削光辉铝合金轮辋	●	
18in 金属喷涂铝合金轮辋	—	
双排气管贯穿式镀铬装饰件	●	
内藏式防夹电动天窗	●	
全景式防夹电动天窗	—	
低风阻鲨鱼鳍天线	—	

表 6-5　传祺 GA8 装备配置——钻石座舱

装备配置	有无此装备	备注
真皮转向盘	●	
多功能转向盘（角度四向调节）	●	
水晶质感电子换挡杆	●	
钻石切割工艺中央旋钮	●	
漠河极光氛围灯	—	
高保真音响系统	6 扬声器	
哈曼 Infinity Hi-Fi 级 13 扬声器音响（外置功放）		
音响音量随车速调节功能	●	
后排 USB 充电接口（2 个）		
双区独立控制自动恒温空调	●	
三区独立控制自动恒温空调		
前中央扶手储物盒带冷藏功能＋后排空调出风口	●	（1）"●"表示有此装备，"—"表示无此装备；
CN95 高效空调滤芯	●	（2）高档真皮座椅的主要接触面积为真皮，次要面料为 PVC（聚氯乙烯）；
PM2.5 数据可视化传感器	—	
空气质量自动管理系统		
等离子空气净化系统	●	（3）本产品样本的全部内容，请以实车为准，广汽传祺汽车销售有限公司保留对本型录内容所有最终解释权和修改权
压力分散式人体工学皮质座椅	—	
高级绒面＋高档真皮组合人体工学座椅	●	
驾驶席座椅电动调节	6 向电动	
驾驶席座椅腰靠四向电动调节	—	
主驾驶座智能记忆功能（与外后视镜联动，带迎宾功能）	—	
前排乘客座椅四向电动调节	●	
前排座椅高中低温三模式智能加热功能	—	
前排座椅智能通风功能	—	
前排座椅头枕调节	4 向调节	
后排人员电动调节前排乘客座椅功能		
后排折叠式睡眠头枕		
后排中央扶手（带杯托）	●	
后排组合功能控制面板		
后排防紫外线隔热隐私玻璃		
后排车窗手动遮阳帘		
后风窗电动遮阳帘		
迎宾踏板	—	

表6-6 传祺GA8装备配置——旗舰科技

装备配置	有无此装备	备注
智慧节能模式	●	
定速巡航	●	
全速自适应巡航系统	—	
主动制动辅助	—	（1）"●"表示有此装备，"—"表示无此装备；
前碰撞预警	—	（2）本产品样本的全部内容，请以实车为准，广汽传祺汽车销售有限公司保留对本型内容所有最终解释权和修改权
车道偏离预警	—	
车道保持辅助	—	
交通拥堵辅助	—	
集成式巡航辅助	—	
智能远光灯	—	
全方位盲区监测系统	—	
后方车辆穿行警告	—	
开门预警	—	
多模式全自动泊车系统	—	

表6-7 传祺GA8装备配置——旗舰安全

装备配置	有无此装备	备注
制动防抱死系统＋电子制动力分配系统	●	
车辆电子稳定控制系统	●	
上坡辅助控制系统	●	
真空助力失效下的制动辅助	●	
液压制动辅助	●	
卡钳一体式电子驻车制动系统	●	
自动驻车系统	●	（1）"●"表示有此装备，"—"表示无此装备；
四探头倒车雷达	●	（2）本产品样本的全部内容，请以实车为准，广汽传祺汽车销售有限公司保留对本型内容所有最终解释权和修改权
全方位八探头泊车雷达系统	—	
超广角高清倒车影像系统	—	
360°高清全景泊车影像系统	—	
直接式智能胎压监测系统	●	
前排双安全气囊	●	
前排侧安全气囊	●	
窗帘式侧气帘	●	
前排预紧限力式安全带（高度可调）	●	
后排两侧座预紧限力和中间座三点式安全带	●	
儿童安全座椅接口	●	

表6-8 传祺GA8装备配置——便利配置

装备配置	有无此装备	备注
15W手机无线充电	—	（1）"●"表示有此装备，"—"表示无此装备； （2）本产品样本的全部内容，请以实车为准，广汽传祺汽车销售有限公司保留对本型内容所有最终解释权和修改权
一键启动系统	●	
第二代无钥匙进入	●	
后备箱感应自动开启	—	
外后视镜除雾、除霜功能	—	
外后视镜电动折叠	●	
外后视镜锁车自动折叠	—	
外后视镜倒车智能翻转功能	—	
内后视镜防眩目功能	手动	
四门一触式升降防夹车窗	—	
无骨式可变间歇刮水器	●	
自动雨量感应可变间歇无骨刮水器	—	
车内灯光延迟熄灭功能	●	

表6-9 传祺GA8装备配置——智能网联

装备配置	有无此装备	备注
7in全彩液晶仪表	●	（1）"●"表示有此装备，"—"表示无此装备； （2）本产品样本的全部内容，请以实车为准，广汽传祺汽车销售有限公司保留对本型内容所有最终解释权和修改权
12.3in全液晶高清仪表	—	
8in高清全彩液晶中控大屏	●	
12.3in高清全彩液晶中控大屏	—	
车载蓝牙免提系统	●	
CarLife智能手机互联系统	●	

广汽传祺自诞生以来，不断丰富新的车型，用媲美中外合资品牌的技术与品质在市场中走俏，成功跻身于行业主流车前列。广汽自主品牌不但步入现实，而且朝着更高的目标疾驰而去。

 拓展案例

基于联合分析模型的奇瑞产品设计[①]

一、汽车产品关键属性及属性水平的选择

对汽车产品关键属性及属性水平的确定是通过对一线的销售人员和技术人员的咨询及奇瑞集团数据库提供的销售信息进行的。汽车产品关键属性及属性水平见表6-10。

[①] 黄金蕊，2007.奇瑞汽车产品开发战略研究[D].济南：山东大学.

表 6-10 汽车产品关键属性及属性水平

价格/万元	排气量/L	年保养费/元	百公里油耗/L	ABS/EBD
<7	<1.3	<1000	≤7	可选配
7～10	1.4～1.8	1000～3000	8～12	
≥10	≥2.0	>3000	≥13	

(1) 设计模拟产品的属性水平组合。

使用 SPSS 软件完成正交设计,得到正交设计完成的产品组合。

(2) 问卷调研。

根据正交设计完成的 16 种产品组合,设计调研问卷,请被调研对象首先对各产品属性的重要性进行打分,然后分别对 16 种不同的模拟产品的属性水平进行打分,从而得出各模拟产品的最终总分。

(3) 数据收集及整理。

调研问卷收集到被调研对象对模拟产品的评价值后,将数据结果按一定的格式录入 SPSS 软件中。

二、SPSS 软件联合分析模型的实施及结果的解释

(1) SPSS 软件联合分析模型的实施过程。

在 SPSS 软件的"程序编辑"窗口编写联合分析模型的子程序,运行这段程序后,将得到结果。

(2) 结果分析。

① 汽车产品属性的重要性及属性水平组合效用(表 6-11)。

表 6-11 汽车产品属性的重要性及属性水平组合效用

汽车属性	平均重要性	属性水平	效用值
价格	33.13%	7 万元以下	8.3333
		7 万～10 万元	0.2917
		10 万元以上	-8.6250
排气量	5.57%	1.3L 以下	-0.2222
		1.4～1.8L	1.3194
		2.0L 以上	-1.0972
年保养费	22.33%	1000 元以下	6.7222
		1000～3000 元	-1.6944
		3000 元以上	-5.0278
百公里油耗	30.55%	7L 及以下	7.7222
		8～2L	0.0556
		13L 及以上	-7.7778

续表

汽车属性	平均重要性	属性水平	效用值
ABS/EBD	8.42%	有	2.1250
		无	−2.1250

② 产品的总效用值。

$$U(X)=8.3333X_{11}+0.2917X_{12}+(-8.6250)X_{13}+(-0.2222)X_{21}+1.3194X_{22}+\\(-1.0972)X_{23}+2.1250X_{31}+(-2.1250)X_{32}+7.7222X_{41}+0.0556X_{42}+\\(-7.7778)X_{43}+6.7222X_{51}+(-1.6944)X_{52}+(-5.0278)X_{53}$$

第7章 汽车定价策略分析

1. 理解汽车定价的基本方法；
2. 理解汽车定价策略。

定价策略（price strategy）
成本导向（cost orientation）
需求导向（demand orientation）
竞争投标（competitive bidding）

销售折扣的运用机制[①]

销售折扣的运用大多是数量折扣，即购买的商品数量越多，折扣的比例越大，从而使商品实际单价降低，刺激客户大量购买。销售折扣的运用机制有阶梯价格机制和年度采购返利机制。阶梯价格机制的设定针对客户单次采购行为，是一种即时信息回馈，鼓励客户批量购买。例如，单次采购满20t，可享有0.5元/kg的优惠，促使客户基于成本考虑做出批量采购的决策。不仅如此，由于单次采购数量多，更有利于降低单位商品流通成本，也能提高生产、供应链管理效率，达到供销双赢的目的。年度采购返利机制是在制定来年预算和与客户谈判下一年价格体系时，根据客户的历史表现与可能项目的实施，在原有销量的基础上增加一定比例作为目标，如果客户实现目标，则会对所有数量进行一定比例的折扣返还，从而将业务发展利益与客户捆绑。此外，账期管理和现金折扣也纳入了产品定价体系中，将账期的长短作为成本衡量因素，在定价过程中实行加成。同时，对客户给予现金折扣优惠，对于提前付款客户，可给予发票价格0.5%～1.5%的折扣。

---

① 曹鸣伟，2018. MPC公司产品定价机制与方法研究［D］. 苏州：苏州大学.

7.1 汽车定价的基本方法

菲利普·科特勒提到，在营销组合中，价格是唯一能产生收入的因素，其他因素则表现为成本。价格因素也是营销组合中最灵活的因素，它的变化是异常迅速的。经济学认为，市场的供给结构（供求关系）决定了商品的价格。从汽车市场营销管理的角度来看，产品定价是整个汽车市场营销组合的重要组成部分，是消费者可感知的直接影响购买意愿的重要因素，也是汽车市场竞争的常用方式。

汽车定价的基本方法可以划分为三类：以汽车企业成本为导向的定价法、以汽车市场需求为导向的定价法和以汽车市场竞争为导向的定价法。

汽车企业在选择定价方法时，市场需要明确汽车定价的影响因素。

7.1.1 汽车定价的影响因素

汽车定价的影响因素是多方面的，包括汽车企业目标、汽车企业成本、汽车市场供求关系、产品生命周期、市场竞争、消费者感知价值、汽车企业营销战略与策略、宏观环境等。

1. 汽车企业目标

汽车企业目标是汽车企业开展各项经营活动所要达到的总体效果。一般而言，汽车企业的定价目标因企业而异。通常的定价目标包括利润最大化目标、企业价值最大化目标、相对市场份额最大化目标、建立竞争优势目标。定价方法和定价策略都是以定价目标为前提的，不同的定价目标决定了不同的定价方法和定价策略。

（1）利润最大化目标。

追求盈利是企业的基本目标，利润最大化是大多数企业的目标。产品的价格又直接影响企业这一目标的实现。因此，汽车企业在制定产品价格时都会结合目标利润来综合考虑。

利润最大化是一个比较理想化的目标，在现实中会有相应的变化。汽车企业考虑定价目标时通常会围绕目标收益水平展开。目标收益水平能够反映汽车企业的投入所带来的现实可行的回报水平，可以通过投资收益率或者资金利润率来表示。目标收益水平要求汽车企业制定价格策略时要综合考虑企业投入成本和目标收益。目标收益水平可以表现为最大收益水平、适中收益水平和较低收益水平。实现最大收益水平是每个汽车企业都愿意看到的，但这也要求汽车企业能制定总体最优的产品价格，并且有很高的销售额，而且汽车企业的成本费用需要控制得较低。另外，这一目标有时候与其他社会化目标或者企业长远发展目标相悖。因此，汽车企业会在现实情况的基础上确定一个适当的目标收益水平，如适中收益水平或者较低收益水平。在激烈的市场竞争中，汽车企业常常会把取得适当的目标收益水平当成定价目标，以扩大销售量，同时获得适当的投资回报。

（2）企业价值最大化目标。

企业价值最大化的宗旨是企业把长期稳定发展放在首位，强调必须正确处理各种利益关系，最大限度地兼顾企业各利益主体的利益。当汽车企业把企业价值最大化当成定价目标时，往往会忽略短期的利润水平，而更加看重企业长期的价值水平。

（3）相对市场份额最大化目标。

相对市场份额是指一个企业或者一个品牌的市场份额占其最大竞争对手市场份额的比例。市场份额的大小可以反映出汽车企业产品在市场上的竞争力和企业在市场上的地位。通常，市场份额越大，企业在市场上的地位越高，企业产品在市场上的竞争力越强。因此，相对市场份额最大化成为企业青睐的定价目标。

（4）建立竞争优势目标。

由于市场竞争的广泛存在，因此在激烈的汽车市场竞争中，建立汽车企业的竞争优势就显得格外重要。在确立汽车企业竞争优势的过程中，汽车产品价格又起到了举足轻重的作用。产品价格竞争常常被汽车企业作为应对竞争的手段。通常，汽车企业会选择对市场价格有重大影响的竞争者的产品价格作为参照来制定本企业产品的价格。例如，汽车企业有时制定低于竞争者的价格来应对市场竞争，以获得降价促销的效果，即增加产品销售量；有时则制定略高于竞争者的价格来应对市场竞争，以建立产品高质量的形象；或者制定与竞争者一致的价格，以随行就市。汽车企业选择建立竞争优势为定价目标需要企业能够充分掌握竞争对手的情况，以制定出适合本企业产品的价格。

综合而言，汽车产品成本限制了最低价格，消费者对汽车产品的感知和竞争产品的定价限制了最高价格。同时，汽车企业还要考虑其他内外部因素，在最高价格和最低价格之间选择，从而制定一个合理的价格。

2. 汽车企业成本

汽车企业成本通常包含生产成本和企业费用两大部分。生产成本主要是指制造成本，是汽车企业为汽车产品生产所需而产生的各种费用的总和，主要包括厂房、机器设备等固定资产和生产汽车产品所使用的原材料（如钢板、橡胶、塑料等）及水电费用等成本，还包括机器折旧费用、人工成本、生产期间产生的废品损失及其他隐性成本等。企业费用是指在生产经营期间发生的销售费用、管理费用、财务费用等。企业成本不仅是企业定价的依据，也是制定产品价格的下限。

3. 汽车市场供求关系

根据经济学理论，供求关系和价格是相互影响的。价值作用表现的形式是受供求关系影响的，价格围绕价值上下波动。价格波动影响供求关系，价格受供求关系的影响。当某种商品供过于求时，商品过剩，形成买方市场，市场上产品价格比较低；当某种商品供不应求时，商品短缺，形成卖方市场，市场上产品价格比较高。供求关系与价格之间存在供求关系影响价格波动和价格波动反作用于供求关系的联系。汽车市场也一样，因此汽车市场的供求关系直接影响汽车企业的定价。目前从整体来看，汽车市场已经进入了买方市场。然而，汽车企业仍然能够在细分市场中制造卖方市场，以取得更高的定价。

4. 产品生命周期

产品、企业、行业都有生命周期，其生命周期都对产品定价有影响。仅从产品的角度来分析，产品可以结合产品生命周期的各个阶段制定阶段性价格。例如，在产品生命周期中的导入期阶段时，汽车产品可以采用低价渗透策略或者高价撇脂策略；在成长期阶段和成熟期阶段时，可以采用适中价格策略；在衰退期阶段时，可以采用低价渗透策略。汽车企业在实际市场运营中可以综合考虑产品生命周期和其他影响因素来制定适合的价格。

5. 市场竞争

因为价格一般是消费者购买汽车产品的主要影响因素之一，所以汽车企业的市场竞争程度会对产品定价有影响。竞争程度越高，汽车企业往往采用适中价格策略或者低价渗透策略。竞争程度越低，汽车企业往往采用高价撇脂策略。通常汽车企业会根据市场上同类产品竞争者的定价来制定本企业相应的产品价格。

6. 消费者感知价值

价值与价格之间的关系为：价格以价值为客观基础，是价值的货币表现；价值决定价格，商品的价值通过商品的价格表现出来。然而，在现实的交换活动中，商品的价格和价值经常是不一致的，这是由于供求关系和价格之间存在互相影响。此外，消费者感知价值对于产品需求和定价具有直接影响。消费者感知价值是指消费者期望从一项产品或者服务中获得的利益。例如，在燃油车饱和的汽车市场，消费者对于新能源汽车持观望态度。因此，各品牌的燃油车和新能源汽车都推出了有吸引力的价格，以扩大本企业汽车相对市场份额，同时也促进了整体汽车市场销售量的提升。

7. 汽车企业营销战略与策略

汽车企业营销战略对汽车企业的产品定价是间接影响的。汽车企业营销策略的选择会直接影响汽车企业的产品定价。例如，汽车企业的产品策略包括产品的质量、外观、品牌的知名度等，它们都会影响价格策略。分销渠道对价格策略也会产生影响。分销策略的长度、宽度及分销的层次都会影响汽车企业的成本，进而影响汽车企业的价格策略。类似地，促销也是影响价格的一个重要因素。如果促销费用高，汽车产品成本会相应上升，企业就会选择高价撇脂策略。

8. 宏观环境

宏观环境中影响因素很多，包括人口、经济、文化、科技水平、政策法规、汽车的使用环境、地理因素等，它们都会影响汽车定价。党的二十大报告指出，"实施产业基础再造工程和重大技术装备攻关工程，支持专精特新企业发展，推动制造业高端化、智能化、绿色化发展"。因此，在环境保护日益受到重视的当下，节能环保的汽车已然成为消费者购车的导向。由于提高了燃油车的排放标准，并且禁售计划也开始出现，因此越来越多汽车企业一方面加强节能减排，另一方面开始转型新能源汽车。对于资金和技术都还不完善的汽车企业来说，企业运营成本就会相应地增加，增加的这部分成本最终会反映到产品定价上来。

综上所述，影响汽车产品的定价因素众多，因此汽车企业需要综合考虑各方面影响价格的因素，选择最优定价方法和定价策略，以提高企业供给能力和供给质量，刺激汽车市场需求，从而促进我国汽车产业的健康稳步发展。

7.1.2 以汽车企业成本为导向的定价法

以汽车企业成本为导向的定价法主要包括成本加成定价法和目标收益率定价法。下面主要介绍成本加成定价法。汽车企业成本包含很多方面，为了方便计算，以汽车企业成本为导向的定价法主要是根据汽车生产成本来定价并在其总成本上增加一定利润比例来确定价格。汽车成本加成价格的计算公式为

$$汽车成本加成价格＝总成本×预计单位利润率$$

最优价格为

$$P=[\varepsilon/(1+\varepsilon)]MC \qquad (7-1)$$

式中，ε 为需求的价格弹性，设为负值；MC 为边际成本。

根据式(7-1)，汽车最优价格 P（汽车成本加成价格）随需求的价格弹性（绝对值）提高而减小。若需求的价格弹性长期相对恒定，则固定的成本加成价格就是最优价格。

例1：传统的完全成本加成定价法[①]

MPC 公司目前采用的完全成本加成定价法见表 7-1。对苯丙烯类产品 A 和搪塑粉末类产品 B 进行完全加成：把所有生产产品过程产生的原材料成本、直接人工和制造费用作为计价范围，计算单位产品的总成本，再按特定的目标加成比例决定产品价格。其计算公式为

$$单位产品销售价格＝单位产品成本×(1+目标加成比例) \qquad (7-2)$$

表 7-1 MPC 目前采用的完全成本加成定价法

（单位：元/千克）

项目	苯丙烯类产品 A	搪塑粉末类产品 B
原材料成本	11.39	13.73
水电蒸汽费	0.51	0.17
包装材料	0.28	0.28
直接人工	1.30	0.85
折旧	1.29	0.42
制造费用	1.06	0.38
生产成本合计（a）	15.83	15.83
成本加成 50%（b）	7.92	7.92
销售价格（$c=a+b$）	23.75	23.75

例2：指数定价法

指数定价法作为传统成本导向定价法的补充，是与部分客户协商一致后开始运用的。指数定价法对于价格调整变动因事先有约定而更加灵活，它可应用于聚氯乙烯共混料产品，以应对原材料的大幅上涨，锚定利润。这类产品在公司中毛利比较低，市场相对成熟，原材料成本约占总成本的 60%。

[①] 曹鸣伟，2018. MPC 公司产品定价机制与方法研究 [D]. 苏州：苏州大学.

在定价过程和销售合同订立过程中，主要考虑以下三方面因素。

（1）选择合适的锚定指数。买卖双方需要明确约定锚定指数。

（2）约定价格调整的频率。价格调整触发机制是每季度根据指数变动进行价格调整，重新进行报价；当指数价格变动在调整期内超过±5%后，会触发销售价格临时调整。

（3）价格限度的考量。买卖双方都有对价格变动承受的极限，所以公司和部分客户事先在合同中应约定更改价格的触发条件。

7.1.3 以汽车市场需求为导向的定价法

以汽车市场需求为导向的定价法主要包括顾客感知价值定价法、反向定价法和需求差异定价法。

顾客感知价值定价法是汽车企业以消费者对汽车产品价值感知为基础的定价方法。顾客的价值感知主要来自其主观判断、以往经验和对消费体验的感知。同时，对产品效用的预期、产品的质量保证、服务承诺、分销渠道、品牌声誉和可信度等因素也会影响顾客的感知价值。由于影响因素众多，此种定价法的运用往往需要通过汽车市场调研来进行。

反向定价法是指汽车企业依据消费者能够接受的最终销售价格计算自己从事经营的成本和利润后，逆向推算出汽车的批发价和零售价。

需求差异定价法是指根据消费者需求的差异来定价，而不仅仅是考虑产品成本。需求差异定价法的实施基础是了解消费者需求、消费者的购买心理、产品样式、地区差别及时间差别等。需求差异定价法的应用较为复杂，需要进行深入的市场调研，要准确地确定消费者对产品价格的认同情况。有一种简化的方法是只考虑使用成本，根据需求的变化来调整市场价格。

要计算一种新材料的使用价值，要先计算使用目前材料的成本，即使用成本。使用成本包括单位价格、加工费、精加工作业的成本、残料成本、存放该材料的库存费用等。在以价值为基础进行定价时，必须把所有成本（有形成本和无形成本）都考虑进去。

在比较两种材料或者两种配件时，可以通过计算它们的年使用成本来比较分析。其计算公式为

$$年使用成本 = \frac{QC + C_p + C_1 + \cdots}{L} \quad (7-3)$$

式中，Q 为每单位产品中目前所用材料的数量；C 为每单位目前所用材料的购入价；C_p 为使用目前所用材料时，每单位产成品的加工成本；C_1 为使用目前所用材料时，每单位产成品的精加工成本；L 为使用目前所用材料时，产成品的使用寿命。

假设两者的年使用成本相等，即可得知在相同的使用价值下新产品的理论价格。

7.1.4 以汽车市场竞争为导向的定价法

汽车产品的定价很大程度上取决于竞争者的价格。**以汽车市场竞争为导向的定价法是指按市场上竞争者的价格为基础来定价的方法，主要包括随行就市定价法和竞争投标法。**

随行就市定价法是指汽车企业按汽车行业的平均现行价格水平定价的方法。在完全竞

争市场和寡头垄断市场中，随行就市定价法是同质产品市场中常用的定价方法。

竞争投标法是指在规定的期限内对汽车组织购买者采购中心发布的汽车采购需求进行投标的方法。中标的期望利润是中标概率乘以合同预计利润的乘积。其计算公式为

$$E(Zp) = f(P) \times (P - C) \tag{7-4}$$

式中，$E(Zp)$ 为投标价格 P 中标的期望利润；$f(P)$ 为投标价格 P 的中标概率；P 为投标价格；C 为履行合同的预计成本。

每个可能价格的中标概率都不一样，汽车企业应在投标价格和中标的期望利润之间平衡。

7.2 汽车定价策略

汽车企业通常根据汽车生产成本、汽车市场需求和汽车市场竞争等因素决定汽车产品的基础价格，但并非一成不变。汽车企业往往会在综合考虑汽车定价策略后，修正或者调整产品价格。价格调整策略主要为了实行差别定价策略，差别定价策略包括地理定价策略、折扣定价策略、心理定价策略和产品组合定价策略。

7.2.1 差别定价策略

差别定价策略是指企业按两种或者两种以上不反映成本费用比例的差异价格来销售产品或者服务。

实行有效的差别定价策略的关键在于准确评估不同细分市场的心理价格与细分市场的属性水平之间的关系。如果企业能够发现这些关系，就可以将不同的心理价格与不同的属性水平联系起来，使消费者能够自由选择想要购买的属性水平。这些属性包括地域、时间、心理等。因此，地理定价策略、折扣定价策略、心理定价策略和产品组合定价策略可以认为是差别定价策略的延伸。

7.2.2 地理定价策略

地理定价策略是指按地理区域分布，把市场划分为若干地理区域，对于不同地理区域，根据其差异性对同一款汽车产品制定不同的地区价格。 一般来说，地理价格通常会结合当地的经济水平和消费水平来综合制定。使用地理定价策略时，由于相邻区域存在价格差异，企业需防止可能发生的窜货行为，加强对地区价格的控制。

地理定价策略的表现形式主要包括原产地定价和经销点定价。

（1）原产地定价是指顾客按厂价购买某种产品，生产企业只负责将这种产品运输到某种交通工具上交货，然后由顾客承担从产地到目的地的一切风险和费用。与此相反的是统一定价，它是指采用统一价格对产品定价。

（2）经销点定价是指汽车企业选定某些地区的经销点，顾客购买汽车产品时需要在汽车购买价格之外加上从经销点到顾客所在地的运费。与此相反的是运费免收定价，它是指汽车企业免收或者承担部分的运费。

7.2.3　折扣定价策略

折扣定价策略是指汽车企业以优惠价格的手段，在一定时间内刺激一定地区的经销者更多地销售本汽车企业产品的一种定价策略。

折扣定价策略的表现形式主要包括现金折扣、数量折扣、功能折扣、季节折扣、折让、回扣和津贴。

（1）现金折扣是指汽车企业对于付款及时或者提前付款的经销商给予一定的价格折扣，以鼓励经销商按期付款或提前付款。经销商通常也会采取此策略，例如，对于一次性付清全部购车款的消费者，经销商会给予一定比例的折扣。

（2）数量折扣是指根据购买金额所达到的数量标准，经销商给予相应的价格折扣，以刺激消费者购买，如团购汽车。

（3）功能折扣是指汽车制造商为了促进信息反馈等市场营销功能被经销商积极执行，而给予经销商的一种价格折扣。

（4）季节折扣是指根据季节消费的差异性，采用季节折扣的方式，对在不同季节购买汽车产品的消费者给予一定的减价或者加价，以调节季节性的供需矛盾。

（5）折让是指汽车制造商根据企业价目表，根据实际情况来确定减价比例的一种定价策略。例如，以旧车换新车时，折让金额就要根据二手车的情况来具体确定。

（6）回扣是指按价格目录，消费者将货款全部付给经销商后，经销商再按一定比例将货款的一部分返还给消费者。

（7）津贴是指根据企业的特殊目的而对特殊消费者以特定形式给予他们的价格补贴。

7.2.4　心理定价策略

心理定价策略是根据消费者心理而采用的定价策略。

心理定价策略的表现形式主要包括声望定价、尾数定价、整数定价、招徕定价和常规定价。

（1）声望定价是指根据消费者崇尚的名牌商品或者商店的声望来制定商品的价格，主要针对的是中高端消费者。

（2）尾数定价是指为了满足消费者的求廉心理，在商品定价时制定一个非整数价格，如11.99万元、16.98万元等。由于"8"与中文"发"谐音，在产品定价策略中"8"的使用率也比较高。

（3）整数定价与尾数定价相反，它满足的是消费者要求高档、高价、优质的产品形象且认同"一分价钱一分货"的心理。

（4）招徕定价与尾数定价相似，是基于消费者的求廉心理而制定商品的价格，它是指汽车经销商特意将部分汽车产品或者服务的价格定得很低，以吸引消费者。

（5）常规定价是指保持一个稳定的价格，不轻易调价。常规定价是为了满足在消费者心目中已经形成并愿意接受的价格习惯，如果价格发生变动，就会引起消费者产生抵触心理。

7.2.5 产品组合定价策略

汽车产品组合定价策略是指不是针对单一产品进行定价，而是对产品组合进行定价的一种策略。

产品组合定价策略的表现形式主要包括产品线定价、附带产品定价、统一品牌分车型定价。

（1）产品线定价是指根据汽车企业生产的系列产品中需求和成本的内在关联性，对整个产品线上的产品根据其在产品线中的不同作用制定不同的价格。产品线定价可以形成价格系列，便于消费者找到适合其需求档次的汽车产品。例如，按高、中、低三种档次对汽车产品进行价格定位，使价格差异合理化。

（2）附带产品定价采用前需先确定附带产品为必须附带的产品还是非必须附带的产品。对于必须附带的产品，附带产品定价通常采用的是高价。对于非必须附带的产品，附带产品定价策略通常采用的是把部分附带产品计入汽车价格中，其余部分另行计价。

（3）同一品牌分车型定价是指汽车企业对同一品牌的各种车型制定不同的价格。例如，丰田的皇冠、普锐斯等，虽然它们是同一品牌，但是车型的设计、用途等都不同，其价格不同也就容易被消费者接受。

本 章 小 结

汽车定价的基本方法可以划分为三类：以汽车企业成本为导向的定价法、以汽车市场需求为导向的定价法和以汽车市场竞争为导向的定价法。以汽车企业成本为导向的定价法主要包括成本加成定价法和目标收益率定价法。以汽车市场需求为导向的定价法主要包括顾客感知价值定价法、反向定价法和需求差异定价法。以汽车市场竞争为导向的定价法主要包括随行就市定价法和竞争投标法。

汽车定价的影响因素是多方面的，包括汽车企业目标、汽车企业成本、汽车市场供求关系、产品生命周期、市场竞争、消费者感知价值、汽车企业营销战略与策略、宏观环境等。

汽车企业通常根据汽车生产成本、汽车市场需求和汽车市场竞争等因素决定汽车产品的基础价格，但并非一成不变。汽车企业往往会在综合考虑汽车定价策略后，修正或者调整产品价格。价格调整策略主要为了差别定价策略，差别定价策略包括地理定价策略、折扣定价策略、心理定价策略和产品组合定价策略。

一、名词解释

差别定价策略、地理定价策略、折扣定价策略、心理定价策略、产品组合定价策略。

二、简答与论述

1. 请简述汽车定价的基本方法。
2. 请阐述汽车定价策略。

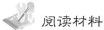 阅读材料

广汽乘用车定价现状[①]

一、广汽传祺

广州汽车集团乘用车有限公司（以下简称广汽乘用车公司）是世界500强企业中的广汽集团设立的全资子公司，成立于2008年7月21日，主要致力于生产销售具有国际先进水平的传祺品牌整车。

广汽乘用车车型较多，广汽乘用车公司目前在售的车型、产品图片与价格见表7-2。

表7-2 广汽乘用车公司目前在售的车型、产品图片与价格

类别	目前在售的车型	产品图片	价格/万元
轿车	传祺GA8		15.68～22.68
	传祺GA6		10.88～14.68
	影豹		9.83～15.80
	传祺GA4		7.58～14.08
SUV	传祺GS3		8.48～11.18
	传祺GS4		8.98～13.18
	传祺GS4 COUPE		13.68～14.68
	传祺GS4 PLUS		12.68～14.98
	传祺GS4 PHEV		16.38～19.38

---

① 广汽传祺. 企业简介[EB/OL]. [2023-05-31]. https://www.gacmotor.com/about/index.

续表

类别	目前在售的车型	产品图片	价格/万元
SUV	传祺 GS8		18.68～26.98
MPV	传祺 M6		10.98～15.98
MPV	传祺 M8		17.98～36.98

（资料来源：https://cav.yiche.com/qq/［2023-05-31］）

二、广汽埃安

广汽埃安公司成立于 2017 年 7 月 28 日，是广汽集团秉承自主创新面向未来发展成立的一家创新科技公司。

广汽埃安公司目前在售的车型和价格如图 7.1 所示。

AION V　　　　　　AION Y　　　　　　AION LX　　　　　　AION S
18.76万～26.98万元　11.98万～20.26万元　28.66万～46.96万元　13.98万～19.16万元

图 7.1　广汽埃安公司目前在售的车型和价格

（资料来源：https://cav.yiche.com/gacne/［2023-05-31］）

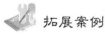 **拓展案例**

北汽幻速 S7 主要采用的定价策略[①]

一、基于竞争对手的定价策略

北汽幻速 S7 采用基于竞争对手的定价策略，用高配车型跟市场领先地位品牌的中配车型竞争，用相近的价格和丰富的配置突出其性价比。

以北汽幻速 S7 主推的 1.5T 自动智尊型为例，其指导价为 11.58 万元，对比哈弗 H6 1.5T 自动尊贵型（指导价为 11.90 万元），同样配备 1.5T 涡轮增压发动机，北汽幻速 S7 1.5T 自动智尊型在空间上优于哈弗 H6，在配置上也更丰富，多了全景天窗、LED 前照灯、电动后备箱门、行车记录仪、全液晶仪表、车道偏离预警、盲区监测等，并且在承载方面，北汽幻速 S7 为 7 座，哈弗 H6 为 5 座。

---

① 高原，2019. 中国自主品牌汽车的定价策略研究：以 B 汽车为例［D］. 北京：对外经贸大学．

二、组合定价策略

根据配置的不同，北汽幻速 S7 一共分为 7 款车型，其中手动挡 4 款，自动挡 3 款，官方指导价为 7.88 万～11.58 万元，动力均为 1.5T 涡轮增压发动机。

北汽幻速 S7 的定价策略是通过给高配车型丰富实用的配置来突出其性价比，从而引导消费者购买指导价高达 10.68 万元的自动尊贵型和 11.58 万元的自动智尊型。

三、折扣定价策略

北汽幻速 S7 自 2017 年 9 月上市以来第四季度销量仅有 6000 余辆，远低于 B 汽车公司 1.5 万辆的销售预期。为提升销售量，B 汽车公司于 2018 年第一季度针对北汽幻速 S7 开展新年促销活动，给予经销商单车 2000 元的提车奖励政策。经销商每从 B 汽车公司采购一辆北汽幻速 S7，便额外获得 2000 元的奖励，经销商采购成本下降，能在销售环节给予消费者折扣或者其他优惠，从而促进终端销售量的提升。经销商存货周转速度和资金周转速度的加快最终使批发销售量得到提升，2018 年第一季度北汽幻速 S7 的销售量提升至 1 万辆左右。

第 8 章　汽车营销渠道策略分析

1. 理解汽车渠道策略的内涵；
2. 了解汽车渠道模式；
3. 理解引力模型。

渠道策略（channel strategy）
渠道模式（channel model）
引力模型（gravity model）

互联网时代的汽车营销渠道[①]

在互联网时代，汽车行业通过不断探索，整合多方面资源，将传统 4S 店和互联网优势相结合，推出了互联网时代的营销渠道——网上 4S 店。

网上 4S 店整合了多项优势资源、颠覆了传统营销理念，这种全新购车模式是新浪汽车在 2008 年 11 月 13 日首次推出的。

汽车行业营销活动方案

网上 4S 店运用强大的协同功能，通过整合文字、图片、视频、音频、互动、互联网导航等多种演示手段，模拟线下售车的全过程，使汽车购销双方在足不出户的条件下就可以实现网上看车、选车、咨询、生成订单，突破了时间和空间的限制。

网上 4S 店很好地发挥了互联网 3D 展示和互动的功能，将汽车厂商的品牌展示需求和经销商销售需求实现有机结合，一体化推动终端销售。这种全新的以互联网为依托的汽车营销平台，在充分利用互联网的交互性和广泛性的基础上，整合各方面的优势资源于一体，为汽车生产厂商、经销商和消费者之间搭起了一座桥梁，开启了电子化和数字化营销的新篇章。

---

① 百度百科．汽车网络营销［EB/OL］．［2023－06－01］．https：//baike.baidu.com/item/汽车网络营销/10333733．

8.1 汽车渠道策略概述

8.1.1 汽车渠道策略

电子商务和移动电子商务的出现使消费者获得了前所未有的消费体验和便捷的购物方式。与此同时,汽车企业必须建立和管理不断发展的渠道策略和日益复杂的渠道系统。

汽车渠道策略包括汽车渠道的概念、汽车渠道的作用与功能、汽车渠道的结构和汽车渠道策略机制。

1. 汽车渠道的概念

渠道是指在河湖或水库等的周围开挖的水道,用来引水排灌。在市场营销领域,渠道意为途径。营销渠道是指产品或者服务转移所经过的途径,由参与产品或者服务转移活动以使产品或者服务便于使用或者消费的所有组织构成。美国市场营销协会对渠道的定义是:公司内部的组织单位和公司外部的代理商或经销商、批发商与零售商的结构。

汽车渠道是指汽车生产商的产品通过一定的销售网络销向不同的区域,是产品销售的路线,是在汽车产品或者服务从汽车生产商向消费者转移的过程中,直接或者间接转移汽车所有权经历的途径。汽车渠道的起点是汽车生产商,终点是消费者,中间点是各种类型的中间商,包括批发商、零售商、代理商和经纪人等。根据汽车渠道内主导成员的不同,汽车渠道可以分为以制造商为主导的渠道、以零售商为主导的渠道、以服务提供者为主导的渠道,以及其他形式的渠道。汽车渠道的根本任务是把生产经营者与消费者或者用户联系起来,使生产经营者生产的产品或者提供的服务能够在恰当的时间和恰当的地点以恰当的形式送给恰当的人。

小鹏汽车渠道变革

2. 汽车渠道的作用与功能

所有类型的汽车渠道对企业都至关重要,并影响企业其他的营销决策。营销者应在产品的生产、分销、销售和服务的整个流程中对其进行判断。**汽车渠道的主要作用之一是将潜在的客户转化为实际的客户。**汽车渠道不仅要服务市场,还必须创造市场。

然而,大多数的汽车生产者并不是将其产品直接出售给最终客户,在汽车生产者和最终用户之间有一系列各司其职的中间商,这些中间商组成了分销渠道。汽车渠道的作用主要体现在分销上,即通过构建分销网络促进汽车产品的销售。因此,在汽车渠道系统中,分销渠道起着非常重要的作用。分销渠道是指参与使产品或者服务可供使用或者可被消费的过程的一系列相互依赖的组织。分销渠道是产品或者服务在生产后的一系列路径,直至产品或者服务由最终客户购买并消费。

汽车渠道是指将汽车产品从汽车生产商转移到消费者手中必须经过的工作环节。**汽车分销渠道的作用在于建立汽车产品与消费者之间的通道。**

汽车渠道承担着将汽车产品从汽车生产者转移到消费者手中的任务,因此必须克服从产品和服务到需要它们的消费者之间的时间和空间距离。汽车渠道成员需要执行许多重要功能。汽车渠道的主要功能有以下七方面。

（1）建立信息通道。汽车渠道中的渠道成员是各级各类的汽车中间商，这些中间商的最后一级直接接触市场和消费者。这些中间商收集营销环境中有关潜在顾客和现有顾客及竞争者和其他参与者的信息，并把市场和消费者信息反馈给汽车企业，以建立市场与汽车企业之间的信息通道，为汽车企业开发新产品、制定汽车营销策略提供科学的决策基础。

（2）促进销售。汽车生产企业和汽车渠道中的渠道成员共同制定销售促进策略，分销渠道中的各级分销商实施销售促进策略，通过各种促销活动来促进销售，扩大市场销量，开发并推广具有说服力的沟通方式，以刺激消费者购买并培养品牌忠诚度。

（3）影响服务质量。由于汽车生产商通常不直接面对终端客户，因此对终端客户的服务需要通过面向终端客户的渠道成员来完成。面向终端客户的渠道成员为终端客户提供的服务质量直接影响渠道整体的服务质量，也关系到汽车生产商和汽车产品在市场中的竞争力。因此，汽车渠道必须时时以顾客为中心，注重各个环节的服务质量提升，为其提供高质量的服务，提高其满意度。

（4）促进汽车产品流通。汽车企业和分销渠道通过对汽车产品的选择、采购、运输、储存等实现汽车产品在市场中的流通作用。汽车产品从汽车生产商出发，经各级各类分销商，最终到达终端客户。

（5）采购、物流和仓储。汽车企业和渠道成员间就价格和其他条款进行谈判并达成协议，分销商向生产商下订单，以实现所有权的转移，并监督所有权从一个组织或者个人向另一个组织或者个人的转移。这个转移过程涉及储存和运输，汽车企业和渠道成员决定以某种最优的方式将选择的汽车类型、数量在指定的时间送达指定的地点，并在指定的仓库中进行仓储管理。

（6）承担风险。汽车市场竞争激烈，市场环境变化万千，汽车渠道中的所有成员共同面对整个市场环境，共同分享收益并承担风险。

（7）融资。融资是指为补偿渠道工作的成本费用而对资金的获取与支用。融资包括汽车企业和渠道各成员间的资金清算和相互间提供的资金融通和信用；为买方提供融资，并促进付款；协助买方通过银行和其他金融机构支付其账单。

3. 汽车渠道的结构

汽车渠道的结构是指为达到汽车产品销售目标，为汽车产品或者服务的销售网络中的成员设定一组相互关联的成员关系和任务序列。根据销售网络的形态，汽车渠道可分为不同的层级类型，即直接渠道和间接渠道。直接渠道是指汽车生产商直接销售渠道，汽车生产商不通过中间商而直接向消费者提供产品和服务。间接渠道是指汽车产品和服务从汽车生产商向消费者转移的过程中，取得这种产品和服务的所有权或者帮助所有权转移的所有企业和个人，即产品从生产商到消费者的流通过程中经过的各个环节连接起来所形成的通道。

在渠道中，有各种类型的中间商。批发商和零售商购买产品、获得所有权并再售，被称为商业中间商。经纪人、制造商代表和销售代表则寻找顾客，有时也代表生产商进行谈判，但没有获得所有权，被称为代理中间商。运输公司、独立仓库、银行和广告公司协助分销活动，但他们既没有获得所有权，也没有参与买卖谈判，被称为辅助中间商。

汽车中间商是指介于汽车企业与终端客户之间，参与汽车交易业务，促使交易实现的具有法人资格的经济组织和个人。汽车中间商是汽车多级销售渠道的主要组成部分，绝大部分汽车产品是通过汽车中间商销售给终端客户的。

按是否拥有商品的所有权，汽车中间商可分为汽车经销商和汽车代理商。按中间商在流通过程中所起的不同作用，汽车中间商又可分为汽车批发商和汽车零售商。

汽车批发商是指整批买进汽车，再小批转卖给汽车零售商的具有法人资格的经济组织和个人。汽车批发商主要包括汽车经销商、汽车地区代理商和汽车总代理。汽车经销商是指取得汽车商品所有权和交易权的汽车中间商。汽车经销商最明显的特征是将汽车产品买进以后再卖出，由于拥有汽车产品所有权，汽车经销商往往制定自己的汽车销售策略，以获得更大的效益。汽车地区代理商是指受汽车企业委托，在一定时期和在指定汽车市场区域及授权业务范围内，可以进行汽车产品交易，但未取得汽车产品所有权的汽车中间商。汽车地区代理商最明显的特征是不拥有汽车产品所有权。若汽车产品交易成功，便可从委托人那里获得事先约定的佣金或者手续费；若汽车产品没有交易成功，也不承担风险。汽车地区代理商不用买进汽车产品，但要按汽车企业的规范标准去搭建汽车专卖店和展厅。有较强的资金实力、融资能力及良好的信用等级的一般为汽车区域独家代理商。汽车总代理是指负责汽车企业的全部汽车产品所有销售业务的汽车中间商。汽车总代理一般与汽车企业同属一个企业集团，履行汽车销售业务和其他商务活动的职能。

汽车零售商是指将汽车产品销售给终端客户的具有法人资格的经济组织和个人。有时汽车零售商也指汽车特许经销商。汽车特许经销商属于特许经营的一种形式，是通过契约建立的一种经济组织。汽车特许经销商被汽车企业特别许可在一定时期和在指定汽车市场区域内销售汽车企业的某种或者某类产品。汽车特许经销商具有汽车企业的某种或者某类产品的特许专卖权，并且只能销售签约汽车企业的产品，不能销售其他汽车企业的同类产品。汽车特许经销商一般只从事汽车零售业务，要有符合汽车企业要求的专用展厅和服务、管理设施、专职的销售人员和服务人员、较强的资金实力、融资能力及良好的信用等级。

汽车中间商作为渠道的中间机构，是连接汽车生产商和消费者的桥梁，是汽车生产商的重要资源。汽车中间商对消费者提供的售前、售中和售后服务是汽车生产商掌握市场信息的重要来源。

汽车渠道的结构按长度划分，可分为长渠道与短渠道；按宽度划分，可分为宽渠道与窄渠道。

（1）按长度划分的汽车渠道的结构。

汽车渠道的长度是指汽车产品销售网中所经中间环节的数量，即汽车中间商介入的层次的数量，即渠道层级的数量。所经中间环节越多，渠道层级越多，渠道长度越长；反之，渠道越短。最短的渠道是不经中间环节的渠道，即零级渠道。

按长度划分的汽车渠道的结构是指根据汽车中间商介入的层次，将汽车渠道按级数进行划分，如零级渠道、一级渠道、二级渠道、三级渠道等，如图8.1所示。一般而言，汽车渠道越长，汽车产品的市场扩展可能性就越大。但是，汽车企业对产品销售的控制能力和信息反馈的清晰度就越低。汽车渠道的结构直接影响汽车企业的收益与发展。

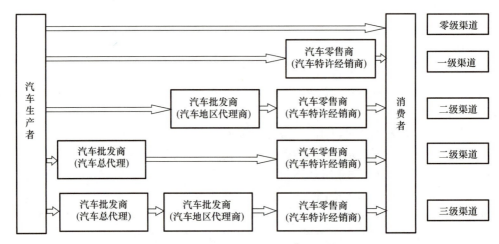

图 8.1　按长度划分的汽车渠道的结构

零级渠道又称零层渠道、直接渠道,是指没有汽车中间商的参与,汽车产品或者服务直接由汽车生产者销售给消费者。零级渠道的主要优点是:①减少中间环节,缩短产品的流通时间,降低产品损耗;②汽车生产商拥有控制产品价格的主动权,有利于稳定价格;③汽车生产商直接面对消费者,有利于掌握市场信息和信息反馈。现代渠道已从原来由经销商、一级批发商、二级批发商、终端店构成的长线渠道逐渐变得简单化,越来越多的汽车企业选择直接面对终端客户。

一级渠道是指汽车生产者和消费者之间只有一层汽车中间商参与的汽车渠道,这层汽车中间商通常是汽车零售商或者汽车特许经销商。

二级渠道是指汽车生产者和消费者之间有两层汽车中间商参与的汽车渠道。这两层汽车中间商通常是汽车批发商和汽车零售商。这种汽车批发商和汽车零售商的模式包括汽车地区代理商和汽车特许经销商、汽车总代理和汽车特许经销商。

三级渠道是指在汽车生产者和消费者之间有三层汽车中间商参与的汽车渠道,这三层汽车中间商通常是汽车批发商(汽车总代理)、汽车批发商(汽车地区代理商)和汽车零售商(汽车特许经销商)。

(2)按宽度划分的汽车渠道的结构。

汽车渠道的宽度是指汽车渠道的每个层次使用同类汽车中间商的数量。汽车中间商越多,汽车渠道越宽,即为宽渠道。一般来说,两个以上的同类汽车中间商就可认为是宽渠道。宽渠道意味着汽车销售网点多,汽车市场覆盖面大。汽车中间商数量少,汽车渠道越窄,即为窄渠道。窄渠道意味着汽车销售网点相对较少,汽车市场覆盖面也相对较小。

汽车渠道的宽度大致有三种类型:独家专营性渠道、密集性渠道和选择性渠道。

独家专营性渠道是指汽车生产商在一定地区、一定时期内的一种产品只选择一家汽车批发商(汽车总代理)或者汽车零售商经销其产品所形成的汽车渠道。通常双方协商签订独家经销合同,一方面规定汽车生产商不在该地区发展另外的汽车经销商,另一方面规定汽车经销商不得经营其他竞争性的同类产品。独家专营性渠道属于窄渠道。

密集性渠道又称普遍性分销或者广泛分销,它是指汽车生产商尽可能多地发展汽车批发商和汽车零售商来销售本企业的产品。由于使用的汽车中间商比较多,汽车市场覆盖面相对较大，汽车销售网点相对较多，消费者随时随地可以买到汽车产品。

选择性渠道是指汽车生产商在某一区域仅通过少数几个汽车中间商来经销本企业的产品。通常，汽车生产商会根据所设定的交易基准和条件精心挑选最合适的汽车中间商。选择性渠道中的成员通常由实力较强的汽车中间商组成，从而和汽车生产商共同建立稳定的市场和竞争优势。

4. 汽车渠道策略机制

汽车渠道策略机制是指汽车企业决定向目标市场销售产品的方式和管理机制。

(1) 影响汽车渠道策略机制设计的主要因素。

汽车渠道是由汽车产品、市场、汽车中间商、消费者等构成的。汽车企业在设计汽车渠道策略机制时，必须考虑各种相关因素的影响。一般来说，影响汽车渠道策略机制设计的主要因素有产品因素、市场因素、企业自身因素和外部环境因素。

① 产品因素是指影响汽车渠道策略机制设计的汽车产品的单价、体积、质量、技术性、易毁性与易腐性、通用性与专用性等因素。例如，产品单价不同，产品销售渠道的长短也不同。单价高的产品可以采取窄渠道，减少中间环节，直接面对终端客户；单价低的产品可以采取宽渠道，增大市场覆盖面。体积大而重的产品运输和储备成本较高，可以选择直接销售渠道，以避免多次装运的不便性，减少流通费用。通用性产品应用范围广，市场覆盖面较大，可按样品或者产品目录出售，并通过汽车中间商进行销售。专用性产品应用范围相对较窄，市场覆盖面较小，可以考虑采用直接销售渠道。

② 市场因素是指市场覆盖面、顾客因素、汽车中间商、竞争者和市场需求因素等。市场覆盖面因素是指企业生产的产品面向的市场范围的广阔或狭窄，意味着现实的和潜在的消费者的多或少。如果市场覆盖面大，则可以选择多层次汽车中间商的销售渠道，减少经营费用，提高销售效率；如果市场覆盖面小，则说明现实的和潜在的消费者较少，分布范围不大，可以选择直接销售渠道。顾客因素包括潜在顾客数量、顾客的地理分布、购买习惯、对不同促销方式的敏感性等。其中，购买习惯包括购买时间、地点、支付方式、对销售服务的要求等。汽车中间商因素包括汽车中间商成本和提供的服务质量。竞争者因素包括相同或相近的分销渠道的影响。市场需求因素对汽车渠道策略机制设计也有着相应的影响。对于市场需求弹性小的产品，汽车企业一般多采用直接渠道；对于市场需求弹性大的产品，汽车企业一般选择由汽车中间商进行产品销售。

③ 企业自身因素包括企业生产经营规模、营销和服务能力、对渠道的管理能力等。如果企业生产经营规模很大，企业产品组合面很广，即产品的种类很多，同类产品的品种规格齐全，市场覆盖面大，单一的渠道就会显得乏力，一般可以采用间接渠道和多种渠道组合；反之，则渠道种类不宜太多。如果企业营销和服务能力都很强，则可以选择直销渠道或者间接渠道。如果企业对渠道的管理能力也很强，则可以采用间接渠道；反之，则采用中间环节较少的销售渠道。

④ 外部环境因素包括经济发展状况、社会文化、竞争结构、技术及政府管理等。

(2) 汽车渠道策略机制设计的步骤。

汽车渠道策略机制设计主要可以分为四个步骤：分析市场需求、制订渠道方案、实施

渠道方案、评估渠道方案和调整。

① 分析市场需求。分析市场需求是指估计市场规模的大小及产品的潜在需求量。市场需求分析主要是目标市场的需求分析。

分析市场需求的操作步骤如下：第一，确定目标市场及市场潜量；第二，考虑产品的消费限制条件；第三，计算每位顾客每年平均购买数量；第四，计算同类产品每年购买的总量；第五，计算同类产品的平均价格；第六，计算同类产品每年购买的总金额；第七，根据企业的市场份额和同类产品每年购买的总金额预测企业产品的潜在需求量。

② 制订渠道方案。制订渠道方案时，要包括渠道结构的选择，以及渠道成员的类型、数量、责任和权利的确定。

汽车企业首先要根据本企业产品特性和市场情况，选择适合本企业产品的渠道结构，然后根据现有市场状况确定渠道成员的类型、数量、责任和权利。确定渠道成员的类型即选择某种类型的汽车中间商参与。渠道成员的数量选择决定了渠道的长度和宽度。一般来说，不同的产品类型适合采用不同的渠道结构。例如，便利品多采用广泛分销，选购品多采用选择性分销，特殊品则选择独家分销，汽车配件等多选择独家分销。汽车企业为保证渠道的效率，必须在价格政策、销售条件、区域划分、成员协作等方面明确渠道成员的责任和权利。

③ 实施渠道方案。实施渠道方案的操作步骤如下。

第一，汽车企业需要选择渠道成员。一般而言，汽车企业在制定的渠道方案中会明确规定成为渠道成员应具备的条件。汽车企业选择合适的渠道成员通常根据以下几点来进行：渠道成员的客户类型与汽车企业的目标顾客基本一致；汽车零售商的地址位于顾客流量大的地段，汽车零售商具有较好的交通运输及仓储、分销条件；汽车经销商拥有经销产品必备的知识、经验和技术，具有较强的售前、售中、售后服务能力；汽车中间商具有较长的经营年限、较广的经营范围、较多的行业经验、较好的信誉等级及财务发展情况等。

第二，激励渠道成员。一般来说，各渠道成员都会为了共同利益而努力工作。但是，由于汽车中间商是独立的经济实体，往往各自为政，因此汽车企业必须对渠道成员实施激励措施。激励措施包括直接激励和间接激励。直接激励是指通过给予物质奖励来肯定和促进汽车经销商在销售量和市场规范操作方面的成绩。直接激励一般多采用返利的形式，包括销售过程返利和销量返利。其中，销售过程返利是指在铺货率、进货、安全库存、指定区域销售、规范价格、专销、配送、守约支付等方面进行奖励。间接激励是指通过帮助渠道成员进行销售管理，以提高销售效率和效果，从而激发渠道成员的积极性和销售热情。间接激励通常的做法有：帮助汽车经销商建立进销存报表、安全库存表和先进先出库存管理制度；帮助汽车零售商进行销售终端管理；帮助汽车经销商管理客户、加强其销售管理工作。此外，汽车经销商还可以对渠道政策提出意见和建议，并对渠道管理享有一定程度的参与权和决策权。

第三，定期评估渠道成员的工作。定期评估渠道成员的工作是指汽车生产商定期按一定标准对汽车中间商的表现进行评价。其目的是对不同类型的汽车中间商实施针对性的激励。例如，对工作表现较好的汽车中间商给予奖励，对于长期工作表现不佳的汽车中间商就要考虑放弃或者更换。评估的具体内容包括以下几方面：各级汽车经销商的资信情况；各级汽车经销商完成的销量；汽车经销商的平均存货水平；人员促销水平；经销的产品种类；向顾客的交货时间；汽车经销商为产品定价的合理程度；汽车中间商提供给顾客的服务；店铺布置情况；每位渠道成员的销量在企业整个销量中所占的比例等。

第四，协调渠道冲突。渠道冲突是指渠道成员间不和谐的状态。当某个渠道成员的行为与其他渠道成员的期望不一致时，便会产生渠道冲突。渠道冲突可分为水平渠道冲突、垂直渠道冲突和多渠道冲突。水平渠道冲突是指同一渠道中同一层次汽车中间商之间的冲突，产生水平渠道冲突的原因大多是汽车生产商的销售区域规划不合理。垂直渠道冲突是指在同一渠道中不同层次汽车中间商之间的冲突，也称渠道上下游冲突，产生垂直渠道冲突的原因大多是上下游汽车经销商之间争夺客户。多渠道冲突是指汽车生产商建立多渠道营销系统后，不同渠道服务于同一目标市场时所产生的冲突，产生多渠道冲突的原因大多是渠道目标不一致、存在价格竞争、产品定位不清晰和渠道激励机制不完善。

导致渠道冲突的原因主要在于渠道成员间目标不相容和授权模糊。协调渠道成员间冲突的途径主要有：确立渠道共同的目标和价值观；明确界定各渠道成员的权利、责任和活动范围；构建渠道伙伴关系；建立渠道沟通系统；建立渠道关系规范。

④ 评估渠道方案和调整。确定和实施渠道方案后，企业要根据实施效果对现行方案进行综合评价，以便评估渠道方案的优劣，从而决定如何改进渠道方案。当现有渠道结构不能适应市场环境的变化时，就需要进行渠道调整。渠道调整包括增减渠道成员、增减销售渠道、渠道整体改进。其中，渠道整体改进属于功能性调整，即汽车企业对原有的分销体系进行全盘调整。

8.1.2　汽车渠道模式

1. 汽车渠道模式概述

汽车渠道模式包括垂直系统模式、水平系统模式和混合系统模式。

（1）垂直系统模式。

垂直系统模式是由汽车生产商、汽车批发商和汽车零售商组成的一个联合体。垂直系统模式主要有三种类型：公司式垂直系统模式、管理式垂直系统模式、合同式垂直系统模式。公司式垂直系统模式是由某个汽车企业的相关生产部门和分销部门组合而成的。管理式垂直系统模式是由一家规模大、实力强的汽车企业来组织的渠道。合同式垂直系统模式是由各自独立的企业以合同为基础联合起来开发一个新的市场机会。

（2）水平系统模式。

水平系统模式是由两个或者两个以上的企业在同一层级组成的联合体，渠道系统的成员将财务资源、生产资源和营销资源联合起来共同实现单个企业难以完成的目标。

（3）混合系统模式。

混合系统模式是由两个或者两个以上的渠道销售产品。混合系统模式可以增大企业产品的市场覆盖率，降低渠道成本，提供更好的顾客服务。

2. 汽车渠道模式

汽车渠道模式的建立与社会环境发展及经营者的理念息息相关。目前，汽车渠道模式的具体表现形式有汽车专卖店、汽车超市、汽车园区、汽车大道、汽车城等。

汽车营销工程

汽车专卖店是指汽车生产商或者汽车销售商授权，只经销专一汽车品牌，并为消费者提供全方位购车服务的汽车交易场所。汽车专卖店中最常见的是汽车4S专卖店。汽车4S专卖店又称汽车销售服务4S店，是一种集整车销售（sale）、零配件（sparepart）、售后服务（service）、信息反馈（survey）四位一体的汽车销售企业。汽车4S专卖店通常是由汽车经销商投资建设，按汽车生产商规定的标准建造，投资巨大，店内外设计统一，豪华气派，环境舒适，能够为顾客提供更专业的技术支持和售后服务。但是，汽车4S专卖店只能销售由汽车生产商特别授权的单一品牌汽车。从某种程度而言，汽车4S专卖店是汽车生产商的品牌窗口。汽车4S专卖店属于比较典型的汽车品牌专卖模式。汽车品牌专卖模式流程可表示为

汽车生产商→授权的专卖店→终端客户

汽车超市［carest，是汽车（car）和休息（rest）的英文单词合成而来的一个新名词］是把汽车销售和休闲合到一起的汽车分销渠道模式。汽车超市可以代理多种品牌汽车销售和服务。

汽车园区是指综合性汽车交易场所，它融合了汽车贸易区、汽车试车区、二手车贸易区、汽车特约维修区、汽车检测中心、汽车物流配送中心、汽车保税区、休闲娱乐区、汽车解体厂九大功能服务区，是具有综合性功能的汽车渠道模式。

汽车大道是指在有方便顾客进入的高速路两侧，建立若干品牌的汽车3S专卖店或者汽车4S专卖店，在各自独立经营的基础上形成汽车专卖店集群的汽车渠道模式。汽车大道也是具有综合性功能的汽车交易场所，集汽车交易、服务、信息和文化交流等功能于一体。

汽车城是一种大型的、多样化的汽车交易市场，在统一规划的场地里，拥有众多品牌的汽车经销商。汽车城也是具有综合性功能的汽车交易场所，集咨询、选车、贷款、保险、上牌、售后服务等功能于一体。

传统的汽车企业终端销售包括上述的汽车4S专卖店、汽车超市、汽车园区等。终端销售地址的选择是汽车渠道策略的重要组成部分。选址策略一般会涉及区域内整体经济环境分析、地理环境与交通状况、客流量与营业额预估、竞争环境分析等。汽车终端销售地址决策影响汽车企业和终端销售共同的发展目标。在互联网时代，网上4S店开始出现，为汽车渠道策略带来新的机遇与挑战。

互联网和移动互联网作为新兴的汽车渠道模式，正发挥着不容忽视的作用。党的二十大报告指出，"实施国家文化数字化战略，健全现代公共文化服务体系，创新实施文化惠民工程"。汽车数字化营销渠道模式已经日益为汽车企业所重视。数字化营销渠道模式丰富且复杂，包括网络广告营销、视频营销、搜索引擎营销、社交媒体营销、口碑营销、体验营销、直复营销、电商营销、电话营销、邮件营销、短信营销、手机App营销、官方网站营销等，多端布局用户不同触点，以通过数字化营销渠道实现目标用户的全面触达。

视频营销是内容营销的一种形式，包括长视频营销、短视频营销、直播视频营销等。汽车品牌在直播视频活动中通常还会用到门户资源、垂直资源及其他头部自媒体直播资源，通过视频内容激发用户兴趣，扩大用户规模，积累用户，并引流到私域，在私域实现对用户持续的培育，最终提升用户留资率与转化率。

体验营销是指根据消费者的感官、情感、思考、行动和联想等维度设计来开展营销活

动的方式。营销4.0时代的体验营销包含线上、线下、线上线下相结合的模式。营销4.0时代的用户数据可识别、可获取、可流转，使汽车企业可以将用户数据与用户体验优化设计结合，以用户为中心，还可以将用户体验与场景结合，以用户全生命周期过程设计线上线下无缝衔接的产品、品牌、销售、服务、文化等多维度场景式用户体验。营销4.0时代提供了更多用户体验的途径和触点，也为用户提供了可以随时随地分享的条件。在产品和服务同质化的行业环境下，用户体验成为汽车企业营销制胜的关键因素。

蔚来汽车免费体验营销方式

> **案例：广汽三菱汽车的体验式营销**[①]
>
> 广汽三菱汽车有限公司通过在沙漠、冰雪、山区等各种极端路况的体验试驾方式加强公众对产品的信赖和认可。在全地貌的长途跋涉中，产品的卓越品质和可靠性能展现得淋漓尽致。同时，在活动结束后的采访中，通过媒体互动，驾驶人将车辆的使用感受表达出来，将使用后的车况以实物展示的形式表现出来，充分验证了该公司产品卓越的越野性能，这比单纯的广告更加具有说服力。
>
> 广汽三菱汽车有限公司将中华民族传统文化与历史相融合，参与并策划了"丝绸之路万里行"活动。在整个活动过程中，广汽三菱与知名媒体合作，采用高空航拍、高清直播技术，全媒体式合作宣传，并积极开设"丝绸之路万里行"官方微博、微信，创建相关话题13个、创建网络视频链接408个，制成国内篇及部分国外篇在黄金时段播出。"丝绸之路万里行"活动不仅展现了广汽三菱在SUV领域深厚的技术沉淀，而且成功传播了其SUV品牌形象。

数字化营销渠道的直复营销可以定义为企业直接与精心挑选的单个消费者和顾客社群互动，以期获得顾客的即时响应和建立持久的顾客关系。与其他数字化营销渠道相比，直复营销强调企业与用户的双向沟通交流和一对一的服务模式，突破其他数字化营销渠道中企业单向输出的缺点。

无论是传统的汽车渠道模式，还是新兴的汽车数字化营销渠道模式，汽车物流都是汽车渠道中的重要环节。对汽车物流的管理自然也是重要组成部分。汽车物流管理是指对从原点到消费点的汽车实体、服务和信息的流动进行计划、实施和控制的过程。汽车物流的选择是指汽车企业需要规划并管理物流和供应链，控制成本，提高汽车渠道模式的运作效率。

8.2 引力模型

引力模型是指通过分析顾客选择线下汽车4S专卖店的关键因素，得出顾客选择汽车4S专卖店的概率，进而确立评价店址、选择店址的地点和数量的决策模型。通过引力模型可以计算出所选地理区域内顾客的选择概率，通过选择概率数据推算出所选店址的汽车4S专卖店能够获得的销售额和相对市场份额。引力模型的计算公式为

---

① 刘文辉，2015. 广汽三菱"新劲炫"SUV营销创新案例研究[D]. 兰州：兰州大学.

$$P_{ij} = \frac{S_j^\alpha / D_{ij}^\beta}{\sum_{n \in N} S_j^\alpha / D_{ij}^\beta} \quad (8-1)$$

式中，P_{ij} 为地理区域 i 内的顾客选择第 j 个地点的汽车 4S 专卖店的概率；S_j 为第 j 个地点的汽车 4S 专卖店的面积（或者该店形象的某个参数）；D_{ij} 为第 j 个地点的汽车 4S 专卖店与地理区域中心 i 的距离（或者到达该店的难易程度）；α 为汽车 4S 专卖店吸引力的影响系数，用来调整汽车 4S 专卖店的面积（或者该店形象的某个参数）对顾客选择决策造成的影响；β 为汽车 4S 专卖店距离的影响系数，用来调整该店与地理区域中心 i 的距离（或者到达该店的难易程度）对顾客选择决策造成的影响；n 为与新店竞争的专卖店；N 为与新店竞争的专卖店集合。

应用引力模型时，第一步需要确定要分析的地理区域，即确定新的店址所需要提供服务的地理区域，并将其划分为统计特征一致的更小的网格区域；第二步需要获取竞争汽车 4S 专卖店的数据，即获取该地理区域内每个竞争汽车 4S 专卖店的店址、规模、销售额及其他特征的数据；第三步需要计算每个现有店址与地理区域内每个网格的距离；第四步通过同一区域中竞争者情况来校准引力模型；第五步评价店址的销售潜力；第六步做出选址决策。

一般而言，估算各个竞争汽车 4S 专卖店的相对市场份额主要考虑汽车 4S 专卖店的吸引力和汽车 4S 专卖店与地理区域中心的距离两个影响因素，其影响系数为 α 和 β。通过竞争者情况来校准引力模型时，可以先选出与现有数据拟合度很高的一组 α 和 β 值。通常 α 和 β 的初始值设置为 1。

对于所选定的参数值，首先根据应用引力模型的第二步和第三步代入数据，通过式 (8-1) 计算出 P_{ij}，然后按式 (8-2) 计算出每个竞争汽车 4S 专卖店的相对市场份额，最后检验式 (8-2) 得出的相对市场份额 m_j 与竞争者的实际相对市场份额是否一致。如果不一致，就要改变 α 和 β 值，重新校准引力模型，直到找到符合实际的 α 和 β 值。每个竞争汽车 4S 专卖店的相对市场份额计算公式为

$$m_j = \frac{\sum_{i \in I} P_{ij} T_j}{\sum_{j \in J} \sum_{i \in I} P_{ij} T_j} \quad (8-2)$$

式中，P_{ij} 为已算出的地理区域 i 内的顾客选择第 j 个地点的汽车 4S 专卖店的概率；T_j 为衡量网格区域第 j 个地点的汽车 4S 专卖店销售潜力的指标；I 为该市场中小区域的个数；J 为该市场现有汽车 4S 专卖店的数量。

每个竞争汽车 4S 专卖店的相对市场份额计算公式中的分子表示的是第 j 个地点的汽车 4S 专卖店的销售潜力，分母表示的是该市场上所有现有汽车 4S 专卖店的销售潜力。其中，T_j 包括网格区域内居民平均年龄、某户家庭或者所有家庭的年平均支出/收入，使用的人口统计信息包括性别、职业、教育程度、家庭人口数、宗教信仰、种族和国籍等。

通过计算店址 k 汽车 4S 专卖店在该区域内的销售潜力（$\sum_{i \in I} P_{ik} T_k$）可以评价店址 k 汽车 4S 专卖店的销售潜力，P_{ij} 可以用估计出来的 α 和 β 值计算。销售潜力（$\sum_{i \in I} P_{ik} T_k$）最大的汽车 4S 专卖店店址为最佳的选址决策。

8.3 引力区位模型

从供应商运来的原材料运输成本和向市场运送的最终产品运输成本之和最小的地点选择问题,可以用引力区位模型作为对辅助设施布局和容量配置进行决策的方法。

首先计算各个顾客区到分销中心的距离,其计算公式为

$$d_n = \sqrt{(x-x_n)^2 + (y-y_n)^2} \tag{8-3}$$

然后计算 (x', y'),其计算公式为

$$x' = \frac{\sum x_n \times D_n \times \frac{F_n}{d_n}}{\sum D_n \times \frac{F_n}{d_n}} \tag{8-4}$$

$$y' = \frac{\sum y_n \times D_n \times \frac{F_n}{d_n}}{\sum D_n \times \frac{F_n}{d_n}} \tag{8-5}$$

式中,n 为顾客区的总数;D_n 为供应源或者市场与工厂之间的运量;(x_n, y_n) 为市场或者顾客区的坐标,待定地址的分销中心的初始坐标 (x, y) 可以设为 $(0, 0)$;F_n 为供应源或者市场与工厂之间每单位货物每千米的运输成本。

如果新的坐标 (x', y') 与原坐标 (x, y) 比较接近,则以 (x', y') 为所求的新分销中心;否则,(x, y) 等于 (x', y'),循环计算直到找到满足 (x, y) 约等于 (x', y') 的坐标为止。

本章小结

汽车渠道策略包括汽车渠道的概念、汽车渠道的作用与功能、汽车渠道的结构和汽车渠道策略机制。

汽车渠道是指汽车生产厂家的产品通过一定的销售网络销向不同的区域,是产品销售的路线,是在汽车产品或者服务从汽车生产者向汽车用户转移的过程中直接或者间接转移汽车所有权经历的途径。

汽车渠道的主要作用之一是将潜在的客户转化为实际的客户。汽车渠道的主要功能有:建立信息通道,促进销售,影响服务质量,促进汽车产品流通,采购、物流和仓储,承担风险,融资。

汽车渠道的结构是指为达到汽车产品销售目标,为汽车产品或者服务的销售网络中的成员设定一组相互关联的成员关系和任务序列。根据销售网络的形态,汽车渠道可分为不同的层级类型,即直接渠道和间接渠道。

汽车渠道策略机制是指汽车企业决定向目标市场销售产品的方式和管理机制。影响汽车渠道策略机制设计的主要因素有产品因素、市场因素、企业自身因素和外部环境因素。

汽车渠道策略机制设计主要可以分为四个步骤：分析市场需求、制订渠道方案、实施渠道方案、评估和调整渠道方案。

汽车渠道模式包括垂直系统模式、水平系统模式和混合系统模式。

垂直系统模式是由汽车生产商、汽车批发商和汽车零售商组成的一个联合体。垂直系统模式主要有三种类型：公司式垂直系统模式、管理式垂直系统模式、合同式垂直系统模式。公司式垂直系统模式是由某个汽车企业的相关生产部门和分销部门组合而成的。管理式垂直系统模式是由一家规模大、实力强的汽车企业来组织的渠道。合同式垂直系统模式是由各自独立的企业以合同为基础联合起来开发一个新的市场机会。

水平系统模式是由两个或者两个以上的企业在同一层级组成的联合体，渠道系统的成员将财务资源、生产资源和营销资源联合起来共同实现单个企业难以完成的目标。

混合系统模式是由两个或者两个以上的渠道销售产品。混合系统模式可以增大企业产品的市场覆盖率，降低渠道成本，提供更好的顾客服务。

引力模型是指通过分析顾客选择汽车 4S 专卖店的关键因素，得出顾客选择汽车 4S 专卖店的概率，进而确立评价汽车 4S 专卖店店址、选择店址的地点和数量的决策模型。

从供应商运来的原材料运输成本和向市场运送的最终产品运输成本之和最小的地点选择问题，可以用引力区位模型作为对辅助设施布局和容量配置进行决策的方法。

1. 请阐述汽车渠道策略的概念。
2. 请阐述汽车渠道模式的内容。

汽车渠道整合营销

汽车营销是品牌与消费者相互沟通并建立认同的重要桥梁，从渠道维度来看，从经销往多元销售兼顾及公私域融合的汽车渠道整合营销趋势明显，整合营销覆盖全沟通汽车渠道，并持续影响消费者对汽车品牌的认知与偏好。但是，汽车渠道不是单独存在的，需要和内容、受众紧密结合，形成整合营销。

汽车渠道整合营销主要体现在：内容国潮化、跨界化，多渠道融合，持续建立用户认同，以多角度及多形式的呈现方式走进用户心中。通过国潮、跨界及新物种等特色内容与汽车品牌价值结合，为内容营销及汽车品牌理念传递带来新的打开方式。汽车营销的受众选择呈现更细分、更精准的运营模式，通过圈层识别、场景框定及共情培养等持续建立用户认同，最终达成销售转化及口碑扩散。从内容的生成方式来看，通过多角度及多形式的呈现方式精准捕捉消费者不断迭代的价值主张，促进消费者主动参与并推动品牌走进用户心里。

汽车营销正迈入下半场，当前汽车企业的营销模式正面临全新的消费者结构及数字化能力要求等挑战。在互联网的时代背景下，消费者越来越追求个性化、定制化的极致消费体验。未来汽车营销需实现对消费者购买行为全链路的精准覆盖，以形成差异化的竞争优势。

（资料来源：https：//www.sohu.com/a/509384650_430289[2023-06-05]）

 拓展案例

汽车配件厂选址[①]

C跨国汽车公司决定在中国新建一个汽车工厂，该公司有三个汽车配件厂，分别在南昌、西安、郑州，同时该公司的新厂预设在重庆、合肥、武汉、杭州或长沙。各城市的坐标（x_n，y_n）、供应源或者市场与工厂之间的运量 D_n、供应源或者市场与工厂之间每单位货物每千米的运输成本 F_n 均为已知条件。

表8-1 已知条件

	A	B	C	D	E
1	地点	F_n	D_n	X_n	Y_n
2	供应源				
3	南昌	1.5	175	925	975
4	西安	1.65	225	600	500
5	郑州	1.75	150	1050	1200
6	市场				
7	重庆	2	700	225	825
8	合肥	2	500	700	1200
9	武汉	2	300	250	600
10	杭州	2	300	1000	1080
11	长沙	2	250	800	300

假设新工厂的初始坐标（x，y）为（0，0），根据引力区位模型计算得出（x'，y'）=（512.4198，784.9669）。该坐标和初始坐标不相等。于是令（x_1，y_1）=（512.4198，784.9669）。重复上面的计算，得出新的（x'，y'），比较新坐标（x'，y'）和（x_1，y_1）是否相等。如果二者不相等，则令（x_2，y_2）=新坐标（x'，y'）。

按上述公式，反复计算，直到新坐标（x'，y'）与初始坐标（x，y）基本相同为止，则新坐标（x'，y'）为所求的地址坐标，即（x'，y'）=（508.5120，851.0230）。

上述计算的软件操作如下。

（1）打开Excel工作表，在表格中输入供应源和市场的坐标，以及 F_n、D_n、x_n、y_n 的值。示例见表8-2。

[①] 翁智刚，2010.营销工程[M].北京：机械工业出版社．
程玉桂，宋颖，2019.营销工程与实践[M].武汉：华中科技大学出版社．

表 8-2 示例

	A	B	C	D	E	F	G	H	I
1	地点	F_n	D_n	X_n	y_n	d_n	$D_nF_nX_n/D_r$	$D_nF_nY_n/d_r$	D_nF_n/d_n
2	供应源								
3	南昌	1.5	175	925	975	1343.968	180.6684	190.4342	0.195317
4	西安	1.65	225	600	500	781.025	285.2022	237.6685	0.475337
5	郑州	1.75	150	1050	1200	1594.522	172.8575	197.5514	0.164626
6	市场								
7	重庆	2	700	225	825	855.1316	368.3644	1350.669	1.637175
8	合肥	2	500	700	1200	1389.244	503.871	863.7789	0.719816
9	武汉	2	300	250	600	650	230.7692	553.8462	0.923077
10	杭州	2	300	1000	1080	1471.87	407.6448	440.2564	0.407645
11	长沙	2	250	800	300	854.4004	468.1646	175.5617	0.585206
12							2617.542	4009.767	5.108198
13									
14		x	y		x'	y'			
15		0	0		512.4198	784.9669			

（2）根据距离公式及坐标公式，设初始坐标 $(x, y) = (0, 0)$，在 B14 中输入"x"，在 C14 中输入"y"，在 B15 和 C15 中输入"0"。在 E14 中输入"x'"，F14 中输入"y'"，表示新坐标。在 F1 中输入"d_n"，在 F3 中输入公式"=SQRT(POWER（C15−D3），2）+POWER(C15−E3)，2)"，下拉公式至 F11，则每个 d_n 均可得到。在 G1 中输入"$D_nF_nx_n/d_n$"，在 G3 中输入公式"=C3*B3*D3/F3"，下拉公式至 G11。在 H1 中输入"$D_nF_ny_n/d_n$"，在 H3 中输入公式"=C3*B3*E3/F3"，下拉公式至 H11。在 I1 中输入"D_nF_n/d_n"，在 I3 中输入公式"=C3*B3/F3"，下拉公式至 I11。在 G12 中输入公式"=SUM（G3:G11）"，在 H12 中输入公式"=SUM（H3:H11）"，在 I12 输入公式"=SUM（I3:I11）"。在 E15 中输入"G12/I12"，在 F15 中输入"H12/I12"。

（3）计算得出新坐标 (x_1, y_1)，与初始坐标 (0，0) 相比，二者不相等，这时将 F3 中输入的公式改为"=SQRT（POWER（B−D3），2）+POWFR（C−E3），2)"，继续计算，直到算出 $(x', y') = (x_n, y_n)$ 为止。

Excel 的迭代计算功能可以帮助简化上述复杂的运算过程。

（1）将初始坐标 (x, y) 赋予和 (x', y') 相同的公式：$x = G12/I12$，$y = H12/I12$。

（2）选择菜单栏的"公式"—"重新计算"选项，打开"选项"窗口，再选中"迭代计算"。

（3）在 d_n 中输入公式"=SQRT(POWER(B15−D3),2)+POWER(C15−E3),2)，然后将公式下拉至 F15，就可以计算出最终结果。

第 9 章 汽车促销策略分析

1. 理解汽车促销策略；
2. 理解汽车广告决策模型。

促销策略（promotion strategy）
广告决策（advertising decision）
广告效果（advertising effect）

新能源汽车"双 11"促销策略[①]

在 2019 年"双 11"时，吉利汽车为缤瑞 PHEV、嘉际 PHEV、星越 PHEV、博瑞 GE PHEV 和帝豪 GL PHEV 推出了"5000 元幸运购车金"的促销活动，如图 9.1 所示，进一步完善了新能源车市场的产品矩阵。

车型	权益	名额	活动时间	公布时间
缤瑞PHEV	5000元幸运购车金	2名		12月3日
嘉际PHEV	5000元幸运购车金	2名		12月3日
星越PHEV	5000元幸运购车金	2名	11月1日10:00—11月30日17:00	12月3日
博瑞GE PHEV	5000元幸运购车金	2名		12月3日
帝豪GL PHEV	5000元幸运购车金	2名		12月3日

图 9.1 吉利汽车促销活动

---

① EV 之家 ev450. 双 11 购车攻略：盘点新能源汽车促销优惠［EB/OL］．（2019-11-09）［2023-06-06］．https://www.yoojia.com/article/9910042732309153496.html.

客户通过在线支付1元订金参与活动，活动结束后从所有成功支付订金的客户订单中抽取中奖客户获得5000元幸运购车金，但每款车型的中奖用户只有两名。

9.1 汽车促销策略

9.1.1 汽车促销策略类型

汽车促销是指汽车企业传递汽车产品信息给目标消费者，并激发其购买兴趣，从而促进提高汽车产品销售量的一系列市场营销活动。汽车促销的实质是传播与沟通汽车产品信息，其目的是促进汽车产品销售、调节市场需求、提高汽车企业的相对市场份额。

汽车促销策略有人员促销、广告促销、销售促进和公共关系促进。

1. 人员促销

人员促销是指汽车企业通过促销人员直接与一个或者几个以上的潜在购买者接触、洽谈、介绍和推销产品，以提高汽车产品销售量的一系列市场活动。人员促销属于直接进行的销售活动，是促销人员与消费者之间在一种直接的、相互影响的关系中进行的。

汽车促销活动方案

人员促销的主要特点是：促销方式直接快速，促销人员具有很强的专业性、灵活性和针对性。促销人员与潜在顾客直接接触，大多是面对面的交谈，信息是快速且双向沟通的，因而信息沟通与反馈快速；促销人员经过培训，具有很强的专业性、灵活性和针对性，这些都有利于促销人员及时发现顾客需求并满足其需求。

人员促销的形式主要包括拜访促销、展厅促销、会议促销等。拜访促销是指由促销人员携带产品的样品、说明书等拜访潜在顾客，进行洽谈和推销产品。展厅推销是指汽车企业在适当地点设置固定的展厅，由促销人员接待进入展厅的顾客，进行洽谈和推销产品，属于等客上门模式。会议促销是指寻找特定顾客，通过亲情服务和产品说明会等会议模式，进行洽谈和推销产品，如汽车博览会、车展等。

人员促销要求促销人员具备较高的洽谈水平。常用的洽谈导入策略包括商品策略、利益策略、问题策略等。商品策略是指直接通过所推销的商品吸引顾客的注意。例如，将产品直接展示给顾客，引起顾客的兴趣，进而顺利洽谈。利益策略是指以所推销的产品能够给顾客带来的利益为切入点进行洽谈。问题策略是指促销人员通过提出顾客关心的问题，引起顾客的兴趣，进而顺利洽谈。

2. 广告促销

广告促销是指通过媒体向目标大众传递产品信息。在汽车市场营销活动中，汽车广告促销是指由特定的汽车广告商有偿使用特定的媒体传播产品信息给目标顾客的营销行为。大多数时候，汽车广告促销对产品的促销是非直接性的，它可以宣传产品和企业形象，但并不直接促成交易，主要功能在于信息传递、激发需求、引导消费、应对竞争。汽车广告促销是汽车企业开展汽车市场营销活动的重要工具之一。

汽车广告促销需要依托一定信息传播载体，即广告媒体。常见的广告媒体有电视、广播、报纸、杂志、网络、广告牌、电梯、公共汽车、出租车等。不同的广告媒体有不同的特点和效果。因此，汽车企业在选择汽车广告媒体时，要综合考虑产品的性质、目标消费者的习惯、传播信息的类型、广告媒体的使用成本、广告媒体的特点及效果等。

汽车企业以广告为营销工具开展市场营销活动时，需要决策的内容很多，除汽车广告媒体的选择外，还要进行广告目标的选择、广告定位的选择、广告创意与设计的选择及广告投放时间的选择。

3. 销售促进

销售促进又称营业推广，是指汽车企业运用各种短期诱因促进消费者和汽车中间商购买、经销汽车产品和服务的促销活动。销售促进由一系列强刺激性、具有短期诱导性的促销方式组成，包括赠券、奖券、展览、陈列、折扣、津贴等。销售促进作为人员推销和广告促销的补充方式，即时刺激性强、吸引力大。销售促进一般不是连续进行的，而是短期、临时进行的，能使顾客迅速产生购买行为。

销售促进的对象主要包括消费者和汽车中间商两类。对消费者的销售促进主要是鼓励其试买、试用。对汽车中间商的销售促进主要是鼓励其多进货，并与其建立长期合作关系。

销售促进的主要形式有服务促销、价格促销、渠道促销等。服务促销是指通过提供多元化的、高质量的服务来促进销售。主要的服务促销形式有售前服务、订购服务、送货服务、售后服务、维修服务、供应零配件服务、培训服务、咨询信息服务、开展汽车租赁业务、分期付款与低息贷款等。价格促销是指汽车生产商为了鼓励汽车中间商或者消费者多买而在价格上给予的优惠，包括批量折扣、现金折扣、特种价格折扣、顾客类别折扣等。渠道促销是指汽车生产者在促销地点或者渠道成员激励方面开展的促销活动，包括订货会促销、展销促销、对汽车中间商的贸易折扣、精神与物质奖励、竞赛与演示促销等。其中，贸易折扣包括现金折扣、数量折扣、功能折扣等。

在消费者市场，汽车企业还可以开展多元化的促销措施，如先试用后购买、以旧换新等。总之，汽车企业无论对哪种对象开展销售促进，都应根据实际情况来进行选择和调整。

4. 公共关系促进

公共关系促进在汽车领域是指塑造和宣传汽车企业形象、与公众建立良好关系的一系列活动。公共关系促进是促进销售的一个重要手段，但不是直接促销，一般不直接宣传汽车企业或者产品，对汽车产品的促销作用是间接的。公共关系促进包括对企业的正面宣传报道、建立和保持良好的企业形象、协助企业与有关的各界公众建立和保持良好的公共关系、处理对企业的负面影响事件等。公共关系促进面对的公众对象广泛，包括各种层次、需求和利益的公众，因而影响力范围也比较广。比较典型的公众对象有消费者、汽车经销商、汽车供应商、其他合作者、竞争者、政府公众。

公共关系促进活动的方式通常有编写和制作各种宣传材料、参与新闻报道、主导企业产品的公共宣传、开展公益活动、参与各种社会活动等。

不同的促销方式有不同的效果。汽车促销组合策略是把人员促销、广告促销、销售促进、公共关系促进结合起来综合运用，以达到促销目标。

在应用汽车促销组合策略时，可以结合产品生命周期来灵活制定。下面举例说明。

例1：上海大众斯柯达昕锐轿车沈阳市场促销组合策略[①]

在产品导入期，根据产品导入期的特点、轿车产品的特性及设定的促销目标，确定促销组合的框架及各项工作的重要程度，然后制定相应的汽车促销组合策略。

(1) 广告促销。

① 渠道选择。根据设定的促销目标，选择受众人群广、单人受众成本（广告投放费用/受众人数）低的媒体。媒体选择有网络、广播、报纸、电视、户外广告牌或LED大屏等。

② 投放内容。投放内容包括新产品上市信息和品牌介绍。投放内容的选择需根据媒体的特点在不同渠道选择不同的投放内容。

(2) 公共关系促进。

① 主流媒体试驾品鉴会。在产品导入期的前期组织主流媒体试驾品鉴会，并对轿车产品特点进行深入讲解。试驾环节安排媒体体验直线加速、S弯、隔音效果等，使媒体有机会亲身体验一款未上市的新车型的各种性能，并通过媒体将这些信息传递给消费者。

北京发布促销政策

② 新车到店媒体抢拍。当新车到达沈阳两家汽车经销商展厅时，邀请媒体到店拍车，维系产品在媒体上的热度。借助媒体传播的力量，吸引客户到店赏车。

③ 新车上市会。在新车上市后一个月内，选择近期的较大型车展启动新车上市会。同时，依靠预热期的订单，在新车上市会现场举办新车首台交车仪式。邀约媒体到场，后期进行传播。利用车展人气扩大知名度，并借助媒体报道车展来增加关注度。

(3) 针对目标消费者进行广告促销及公共关系促进。

在产品导入期用以针对目标消费者进行广告促销及公共关系促进组合策略见表9-1。

表9-1 在产品导入期用以针对目标消费者进行广告促销及公共关系促进组合策略

汽车促销策略	具体实施方式
广告促销	网络（专题合作、汽车类网站、门户类网站）、广播、报纸、电视、户外广告牌或LED大屏等
公共关系促进	与网络合作组织"昕所向·路所往"旅游活动

(4) 人员促销。

人员促销的主要内容是广泛传播新产品的信息。对所有老客户发送短信，邀约其进店看车，并告知老客户转介绍的政策，对所有进店客户设新车车型讲解环节，并通过他们传播给更多的人。

---

① 李赫，2013. 上海大众斯柯达昕锐轿车沈阳市场促销策略研究 [D]. 沈阳：东北大学.

在产品成长期不同汽车促销策略的重要程度对比见表 9-2。

表 9-2 在产品成长期不同汽车促销策略的重要程度对比

汽车促销策略	广告促销	公共关系促进	人员促销	销售促进
重要程度	5	5	4	4

（1）广告促销。

传统媒体仍以广播、报纸为主，LED 大屏投放频次减少，网络投放取消，汽车经销商网站，汽车类网站会员页、微信、微博延续。

（2）公共关系促进。

公共关系促进包括路演、车友会自驾游、微博互动、公益活动等。

（3）针对目标消费者进行广告促销及公共关系促进。

在产品成长期用以针对回报消费者进行广告促销及公共关系促进组合策略见表 9-3。

表 9-3 在产品成长期用以针对回报消费者进行广告促销及公共关系促进组合策略

汽车促销策略	具体实施方式
广告促销	电影、汽车类专业网站、高铁动车（头枕垫、小桌板和旅伴杂志）投放，驾校（学员手册、学员卡和学员短信）投放
公共关系促进	走进校园、企业、社区、驾校，母婴关爱计划，电影巡演

（4）销售促进。

在产品成长期销售促进与人员促销策略见表 9-4。

表 9-4 在产品成长期销售促进与人员促销策略

汽车促销策略	具体实施方式
销售促进	改装活动、信贷政策、置换政策、旅游基金、赠送精品附件、保险或现金优惠、转化活动
人员促销	展厅接待、试乘试驾、客户跟踪、客户关爱

在产品成熟期不同汽车促销策略的重要程度对比见表 9-5。

表 9-5 在产品成熟期不同汽车促销策略的重要程度对比

汽车促销策略	广告促销	公共关系促进	人员促销	销售促进
重要程度	2	3	4	5

在产品成熟期用以针对目标消费者的促销组合策略见表 9-6。

表 9-6　在产品成熟期用以针对目标消费者的促销组合策略

汽车促销策略	具体实施方式
广告促销	取消报纸、户外 LED 大屏和电影贴片的投放； 减少广播和网络的投放频次； 维持微信、微博、短信和汽车专业网站会员页这些零成本或低成本投放渠道的力度
公共关系促进	长期维护：爱心出租车，走进驾校、企业和社区； 新增：异业合作（影楼、影院、旅行社、楼盘、银行、商场）、百姓健身品牌植入、微电影、写字间静态展示、老客户关爱（自驾游、品酒会、摄影讲座、爱车讲堂、旅行胜地介绍、向希望小学送爱心等）、关键客户活动
人员促销	展厅接待、试乘试驾、客户跟踪、客户关爱、老客户转介绍
销售促进	加大优惠力度；打造丰富的销售促进方案（包装制定版车型、现金优惠、打折、送保险、送装饰、送汽油、抽奖、砸金蛋、送旅游、送电影票、送摄影卡等）

汽车促销组合策略可分为拉动式策略和推动式策略。拉动式策略主要通过吸引目标消费者和采用非人员促销方式来促进汽车销售的策略，如汽车广告等。推动式策略通过人员促销和汽车展会方式来促进销售的策略，如汽车展厅促销、汽车展会、汽车博览会等。拉动式策略和推动式策略相辅相成，常联合使用。

汽车企业在制定汽车促销组合策略时，应充分了解各种汽车促销策略的特点，并综合考虑汽车促销目标、产品类型、市场类型、产品生命周期等影响促销效果的因素，从而制定不同的促销策略。通过事先开展的预算管理和人员培训活动，选择与实施最佳的汽车促销组合策略；加强事中的监督控制，协调汽车企业总部、区域商务处和汽车经销商在汽车促销组合策略中不同的分工与合作；重视事后的评估总结，进行统合综效。

需要注意的是，汽车促销策略的运用可以带来销量的上升，但也可能产生反效果。一方面，过度的促销会对消费者的质量感知和购买意愿产生负面影响，这样的结果往往与汽车企业促销的目标相反。另一方面，促销使消费者感知付出减少或者感知收益增加，即提升感知价值，从而正面影响消费者的购车意愿。例如，现金折扣的价格促销形式在保持消费者获得的汽车产品不变（感知收益不变）的情况下会减少消费者感知付出，即提高消费者的感知价值，从而正向提升消费者的购车意愿。又如，追加额外售后服务、赠送赠品等的非价格促销形式会在保持消费者感知付出不变的情况下，增加给予他们的实际收益，来提升其感知收益，并引发感知价值提升和购车意愿正向提高的连锁反应。所以，汽车企业在进行促销时，也需要注意对消费者感知价值的把握。

适度的促销活动会使消费者更想去分享促销信息，通过从众心理影响其他消费者的购车意愿。因此，汽车企业实施汽车促销策略时可适度关注意见领袖的作用，通过从众反应的循环作用，引起更多消费者的求同心理，以达到增强消费者的购车意愿的目的。另外，促销能引发消费者的冲动性购买意愿，进而触发购买，但不同的促销策略对汽车消费者的作用是不同的。对于我国规模庞大且特征各异的汽车消费者群体而言，汽车企业应当针对从汽车消费者群体中调研的结果来选择合适的促销策略，有针对性地制定企业品牌车型的促销活动，满足该汽车消费者群体中大多数人的消费偏好，提升大多数消费者的购车意愿，进而达到促销目的。

总之，汽车促销策略涉及众多因素，汽车促销活动需要整个促销组织协同努力才能实现预定目标。

9.1.2 汽车促销组合模型

在汽车市场营销活动中，促销与产品、价格、渠道共同构成汽车企业的基本营销组合要素。促销可以过各种传播方式激发消费者对汽车产品的需求。

20 世纪 80 年代中期，唐·舒尔茨提出了整合营销传播。整合营销传播的核心思想是统一设计、实施与统筹规划企业市场营销活动中的所有促销与传播活动以达到最佳营销效果。

下面主要介绍五种经典的促销组合模型。

1. 斯摩博恩模型

产品可分为快速消费品、耐用消费品、快速周转产业用品和耐用产业用品四类。将企业促销费用主要分配在广告促销和人员促销两种促销组合上，然后根据这四类产品的不同特征做出相应的促销组合。斯摩博恩模型的主要思想是根据人员促销和广告促销在不同类型产品促销过程中不同的重要程度来决定促销费用在这两种促销工具上的分配，如图 9.2 所示。

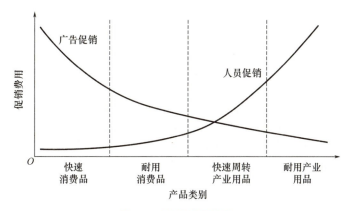

图 9.2　斯摩博恩模型

2. 博恩-库尔茨模型

博恩-库尔茨模型于 1980 年由 L. E. 博恩（L. E. Bone）和 D. L. 库尔茨（D. L. Kurtz）提出。按产品价值与使用类型，该模型可分为低值消费品、高值消费品、低值产业用品和高值产业用品，根据各类产品的特点进行人员促销使用率和广告促销使用率分配。博恩-库尔茨模型见表 9-7。

表 9-7 博恩-库尔茨模型

产品分类	人员促销使用率	广告促销使用率
低值消费品	低	高
高值消费品	高	高
低值产业用品	高	中
高值产业用品	高	低

3. 麦卡锡模型

E.J. 麦卡锡（E.J. McCarthy）结合定性分析和定量分析的方法对促销组合问题进行了研究，提出了麦卡锡模型。该模型将企业分为生产名牌产品并且拥有固定的产品分销渠道的企业、既生产消费品又生产产业用品的企业、小企业及生产差异性消费品或者产业用品的企业三大类，并发现不同类型企业对广告促销和人员促销不同的强调程度。比如，生产名牌产品并且拥有固定的产品分销渠道的企业主要强调广告促销，而小企业及生产差异性消费品或者产业用品的企业更强调人员促销。麦卡锡模型如图 9.3 所示。

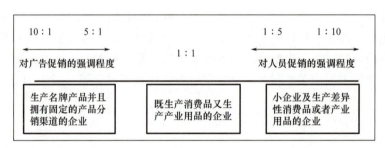

图 9.3 麦卡锡模型

4. 科特勒模型

P. 科特勒（P. Kotler）提出了经典的促销组合模型，该模型分析了广告促销、人员促销、销售促进和公共关系促进四种促销组合在消费品市场和产业用品市场中的不同作用和地位。例如，在消费品市场使用广告促销的效果好于人员促销，在产业用品市场使用人员促销的效果会更好。科特勒模型如图 9.4 所示。

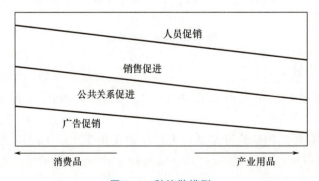

图 9.4 科特勒模型

5. 阿布拉特-韦斯特赫伊曾模型

R. 阿布拉特（R. Abratt）和 B. I. C. 范德韦斯特赫伊曾（B. I. C. Van Der Westhuizen）认为不管是在消费品市场还是在产业用品市场，人员促销都应得到足够的重视。他们在对25家大型企业进行调研后，开发出新的最佳促销组合模型。在阿布拉特-韦斯特赫伊曾模型中，各种促销费用占销售额的比例在快速消费品、耐用消费品、服务、资本品和产业用品是具有差异的。例如，广告促销在耐用消费品、快速消费品和服务中的比例较大，而在产业用品和资本品中的比例较小，后者的促销组合主要是人员促销与公共关系促进。阿布拉特-韦斯特赫伊曾模型如图 9.5 所示。

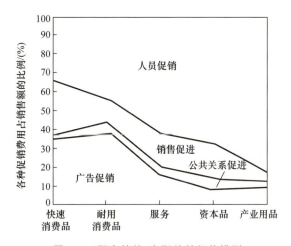

图 9.5　阿布拉特-韦斯特赫伊曾模型

9.2　汽车广告决策模型

9.2.1　汽车广告决策的内涵

汽车广告是指由汽车企业有偿使用一定的媒体，通过文字、图片、声音等宣传或者促销其汽车产品和服务的行为。汽车广告是汽车促销组合的重要组成部分。

汽车广告的决策过程一般包括明确汽车广告目标、确定汽车广告预算、选择汽车广告媒体、评估汽车广告效果。汽车广告目标是和汽车企业目标一致的，包括汽车宣传目标、汽车销售目标等。确定汽车广告预算时需考虑汽车产品的生命周期、市场竞争等。选择汽车媒体时需衡量汽车媒体的类型、媒体传播的时间、媒体的受众、汽车广告的到达率、频次和影响力等。评估汽车广告效果时需兼顾汽车广告的传播效果和汽车产品的销售效果。

9.2.2　汽车广告效果

汽车广告效果可以通过经典的维达尔-沃尔夫广告模型来进行预测。该模型可以解释当广告既存在即时效果又存在滞后效果时的销售变化率，其计算公式为

$$\frac{\Delta Q}{\Delta t} = \frac{X(V-Q)r}{V} - \alpha Q \tag{9-1}$$

式中，$\frac{\Delta Q}{\Delta t}$ 为在时点 t 的销售变化率；X 为广告支出；V 为市场容量；Q 为产品的销售量；r 为销售反应常数（当 $Q=0$ 时，每单位广告支出带来的销售量）；α 为销售衰减常数（当 $X=0$ 时，每单位时间内损失的销售量占全部销售量的比例）。

由式（9-1）可知，影响汽车产品销售变化率 $\frac{\Delta Q}{\Delta t}$ 的因素有 X、$\frac{V-Q}{V}$、r，它们的值越大，汽车销售量越大；Q 与 α 的值越大，汽车销售量越小。

汽车广告文案和汽车广告媒体决策也会影响汽车广告效果。由广告频率效果理论可知，在一个购买周期中，最适宜的汽车广告频率是三次或者更多次，超过三次后汽车广告效果继续增强，但增强的速度递减，对汽车市场份额最高的汽车产品，其广告结果较弱。汽车广告媒体决策是汽车广告策略的重要部分。做汽车广告媒体决策时，需要综合考虑汽车产品的性质、汽车消费者的媒体习惯、汽车产品传播信息的类型和成本、期望得到的到达率、频次和影响力，并以此来决定媒体的类型、媒体的工具、汽车产品传播的时间、汽车产品传播的地理分布。

广告媒体决策模型一般包含三部分内容：目标函数、解决策略、约束条件。因此，汽车广告媒体目标函数通常包含汽车媒体展露次数的衡量指标，如测定的净送达率、汽车广告媒体展露总次数。汽车广告媒体展露总次数 E 也称总收视点（gross rating point，GRP），是汽车产品信息送达率 R 与平均频率 F 的乘积，即 $E = R \times F$。汽车广告媒体加权展露总次数 WE 是汽车产品信息送达率 R、平均频率 F 与平均影响 I 三者的乘积，即 $WE = R \times F \times I$。汽车产品信息送达率是指在一段规定时间内，至少看到一次某汽车产品广告的人数或者家庭数。平均频率 F 是指在该时间段内汽车产品目标市场中的某个人或者某个家庭接收到汽车产品广告消息的平均次数。平均影响 I 是指通过某种汽车媒体实现的一次汽车产品信息展露的定性效果。一般而言，汽车广告媒体受众知晓度越大，汽车产品信息送达率、平均频率和平均影响就越大。

假设只有两种可选择的汽车广告媒体，则有

$$R = r_1(X_1) + r_2(X_2) - r_{1,2}(X_{1,2}) \tag{9-2}$$

式中，$r_i(X_i)$ 为汽车广告媒体 i 的受众人数；$r_{1,2}(X_{1,2})$ 为既是汽车广告媒体 1 又是汽车广告媒体 2 的受众人数。

如果有三种可选择的汽车广告媒体，则有

$$R = r_1(X_1) + r_2(X_2) + r_3(X_3) - r_{1,2}(X_{1,2}) - r_{1,3}(X_{1,3}) - r_{2,3}(X_{2,3}) + r_{1,2,3}(X_{1,2,3}) \tag{9-3}$$

在有三种汽车广告媒体选择的情况下，将每种媒体各自的送达率相加，再加上这三种媒体同时都达到的范围，然后减去三种媒体中每两个媒体同时送达的范围，得出的值即为有三种汽车广告媒体的汽车产品信息净送达率。在有 n 种媒体的情况下，依此类推。

除汽车广告媒体决策外，汽车广告决策还包括汽车广告方案的设计与决策，即确定汽车广告目标、汽车广告创意与设计、汽车广告时间。汽车广告决策需要根据汽车企业营销目标和汽车产品生命周期综合考虑。汽车产品所处生命周期不同，汽车广告目标和汽车广告创意与设计也有所差异。例如，处于导入期的汽车产品，其汽车广告目标是介绍和宣传汽车产品本身的特点，包括汽车的功能、质量和价格，以提高汽车产品的知名度和可信度。处于成长期的汽车产品，其汽车广告目标是在导入期的汽车广告基础上针对目标市场进行创意设计，以激发消费者的购买欲望。处于成熟期的汽车产品，其汽车广告目标是塑造汽车品牌，提高消费者的忠诚度。处于衰退期的汽车产品，其汽车广告目标是维持汽车企业的相对市场份额。汽车广告时间决策是指选择什么时间进行广告。例如，是选择季节性广告还是选择节假日广告，是在黄金时间还是在一般时间进行电视广告。

汽车广告创意与设计在很大程度上决定了汽车广告效果。因此，汽车广告文案的有效性是汽车广告决策中重要问题。汽车广告文案的有效性取决于汽车广告文案的创意与设计，与汽车广告目标和汽车产品生命周期相关。例如，处于导入期的汽车产品，其汽车广告目标在于为汽车产品建立广泛的知名度和吸引消费者试驾，汽车广告文案应围绕这些目标展开。处于成长期的汽车产品，其汽车广告目标在于提醒消费者选择该汽车品牌并提高汽车购买率，汽车广告文案的重点应突出该汽车品牌与其他汽车品牌的差异。

汽车广告决策还包括汽车广告预算决策。汽车广告预算决策一般有四种方法：量力而行法、销售百分比法、竞争对等法和目标任务法。量力而行法是根据汽车企业的支付能力而制定的汽车广告预算。销售百分比法是根据汽车企业过去或者预期销售额的固定百分比来设定汽车产品的广告预算。竞争对等法是根据竞争者来制定对等的汽车广告预算。目标任务法是根据汽车企业所要达到的目标来制定的广告预算。

9.2.3 汽车广告预算决策

汽车广告预算决策应用的一般方法为：找出在时点 t 地区 i 的最优汽车广告水平，以使汽车广告绩效 Z 最大。最大汽车广告绩效的计算公式为

$$\max Z = \sum_i \sum_j \sum_t S_i \{t \mid [A_i(t)], [C_{ij}(t)]\} \times m_i - \sum_i \sum_t A_i(t) \tag{9-4}$$
$$= 毛利润 - 广告支出$$

约束条件为

$$预算约束\ B \geqslant \sum_i \sum_t A_i(t)$$
$$区域约束\ L_i \leqslant \sum A_i(t) \leqslant U_i$$

式中，$S_i\{t \mid [A_i(t)], [C_{ij}(t)]\}$ 为在时点 t 地区 i 的销售额；$[A_i(t)]$ 为计划中全部的广告活动；$C_{ij}(t)$ 为在时点 t 竞争者 j 在地区 i 所做的竞争性广告；m_i 为地区 i 单位销售额的利润；$A_i(t)$ 为在时点 t 地区 i 的汽车广告水平；B 为预算约束；L_i、U_i 为区域约束的下限、上限。

在汽车广告预算决策中也可以运用 ADBUDG 模型，如图 9.6 所示。ADBUDG 模型主要研究广告预算的数量和分配。该模型的运用建立在以下假设的基础上。

(1) 若汽车产品广告费用削减到零，则汽车产品的相对市场份额将减少；但存在一个下限或者最低点，到某一时期末，汽车产品的相对市场份额会从初始相对市场份额降到最低点。

(2) 若汽车产品广告费用大大增加，则汽车产品的相对市场份额也会增加；但存在一

个上限或者最高点，到某一时期末，汽车产品的相对市场份额会从初始相对市场份额升到最高点。

（3）存在一个使汽车产品的相对市场份额始终保持在初始相对市场份额的广告费用。

（4）根据广告对相对市场份额的影响的数据分析，可以估计出到一个时期末，广告费用增加 50% 时的汽车产品的相对市场份额情况。

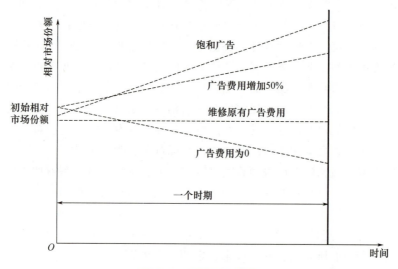

图 9.6　ADBUDG 模型

根据以上假设，可以得出相对市场份额的 ADBUDG 函数，即

$$\text{相对市场份额} = b + (a-b)\frac{\text{adv}^c}{d+\text{adv}^c} \qquad (9-5)$$

式中，a、b、c、d 为常数，可通过输入数据的非线性回归方程取得；adv 为广告费用。

由式（9-5）可知，广告费用增加 50% 将在很大程度上决定相对市场份额的大小，而相对市场份额的变动则被最大值 a 和最小值 b 约束在一个区间里。

adv 可以反映广告支出的金额，也可以反映广告对相对市场份额的影响，可通过计算加权广告得出，即

$$\text{加权广告} = \text{媒体有效性} \times \text{广告文案有效性} \times \text{广告支出金额}$$

媒体有效性可以通过媒体成本、广告频次等来估计，广告文案有效性可以用广告文案测试的方法来估计。媒体有效性和广告文案有效性的初始参照值可以设定为 1。

如果在 ADBUDG 模型的基础上增加两个假设，则可以得到 ADBUDG 扩展模型。这两个假设为：①如果不做广告，则相对市场份额最终将下降到一个长期最低值（可能为0）；②某一段时间内的相对市场份额衰退值是当前相对市场份额与长期最小相对市场份额之差的一个固定百分比，即保留比例。

ADBUDG 扩展模型的表达式为

保留比例 =（当前相对市场份额$_t$ − 长期最小相对市场份额）/（初始相对市场份额 − 长期最小相对市场份额）

当前相对市场份额$_t$ = 长期最小相对市场份额 + 保留比例 × [相对市场份额$_{t-1}$ −

长期最小相对市场份额$]+(a-b)\dfrac{\mathrm{adv}^c}{d+\mathrm{adv}^c}$ （9-6）

9.3 新型促销策略

9.3.1 汽车整合营销

整合营销传播（integrated marketing communication，IMC）是指将与企业进行市场营销有关的一切传播活动整体化的过程。整合营销把广告、促销、公关、直销、包装、新闻媒体等一切营销活动都整体化，使企业能够将统一的资讯传播给顾客。汽车整合营销是通过汽车企业与顾客的沟通，以满足顾客需要为价值取向，确定汽车企业整体化的促销方式，发挥不同传播工具的优势，协调各种不同的促销策略，从而使汽车企业实现整合营销的低成本和高成效。

例如，广汽三菱 4S 专卖店曾举行过一场 SUV 爬坡挑战赛。在包括广汽三菱新劲炫在内的参赛车辆中，只有新劲炫一款车型通过了爬坡测试，赢得了挑战。活动中，达成该车型的订单 70 余台，刷新了这家广汽三菱 4S 专卖店单次活动的日成交纪录。广汽三菱的数字化营销系统通过数字化营销方式与线下营销活动结合的模式，配合公司传统的汽车销售，成绩斐然。广汽三菱的官网不仅是传统的展示性官网，而且是以官网作为互联网营销的大本营，承载各项营销功能，可以实现营销闭环。广汽三菱的官网主要围绕品牌、市场、销售、服务、客户五大要素规划网站的定位和功能，在加强品牌影响力的同时，获得更多的潜在客户，进而提升销售量。此外，广汽三菱也在天猫商城开设官方旗舰店，通过 O2O（online to offline，线上线下商务）的经营模式让消费者在线上购买产品与服务，并在线下促成车辆的销售。

9.3.2 汽车数字化促销

多元化的数字媒体对汽车促销的影响很大，互联网或者移动互联网直接影响汽车促销活动的范围和效果。互联网或者移动互联网正逐渐渗透到人们生活和工作的各个领域，手机、电视、平板电脑、电视盒子、车联网、媒体大屏、生物识别及 VR/AR 等丰富多彩的移动互联网应用迅猛发展。互联网或者移动互联网的浪潮席卷到社会的各个方面，新闻阅读、视频节目、电子商务购物、公交出行、社交生活和娱乐游戏等热门应用都出现在移动终端上，这使汽车企业意识到互联网或者移动互联网的重要性。

不同的互联网或者移动互联网渠道平台形成了互联网或者移动互联网环境下多种多样的汽车促销形式。除传统的汽车交易市场、汽车 4S 专卖店等运用报刊、电视广告的推广模式外，也出现了汽车网络营销的多种模式。下面列举几种汽车数字化促销的主要表现形式。

1. 网站汽车专栏

在一些热门的网站（如今日头条、百度百科、网易新闻、搜狐等），每天都有汽车营销相关的推送消息。在汽车销售市场中也有网站汽车专栏的一席之地。网站汽车专栏会有专门的信息维护人员，他们会每天不定时地以文章、图片或者视频的组合形式更新汽车的相关资讯。汽车企业可以通过编辑吸引眼球的文章或者事件达到营销推广的效果。

2. 汽车类网站

汽车类网站是专门发布汽车企业或者旗下品牌等的信息平台。综合性的汽车类网站有汽车之家、易车网等。这些网站包含各类汽车和品牌等的信息，信息量大。这不仅给消费者提供了一个了解信息的平台，也为汽车企业提供了一个很好的营销推广平台。

3. 汽车社交媒体

随着移动互联网的发展，越来越多的消费者用手机上网。为了顺应这一发展趋势，汽车企业纷纷建立本企业的公众号、QQ兴趣部落、微博、论坛等。汽车企业可以在社交媒体上发布汽车优惠信息、汽车俱乐部活动信息等。汽车企业的社交媒体可以降低网络营销推广的成本费用，实时传播汽车企业的实际信息。

4. 线上交易平台

随着网络购物的风靡，汽车企业也纷纷在各大线上交易平台发布汽车营销推广信息。这些线上交易平台既省去了消费者线下奔波的时间、精力，也可以让消费者快速地了解汽车的品牌、外形、功能和其他相关信息；汽车企业不仅可以将汽车营销推广信息推送到消费者面前，还可以利用线上交易平台的便捷性进行网上交易。

5. 微博促销

微博促销是汽车企业通过在微博上注册官方认证的账号，编辑简短的实时信息，以文字、图片、视频等多媒体的形式开展汽车的促销活动，用户可以通过计算机、手机等多种移动终端接入，实现与汽车企业的互动。

6. 微信促销

微信促销是汽车企业通过微信平台开展促销活动。由于微信拥有大量的用户且可以链接各大新媒体交易平台，已经成为许多汽车企业进行品牌文化传播、产品信息推广的重要方式。

汽车企业利用微信进行企业宣传、品牌传播、产品推广的主要方式是开通相关的微信公众号，在公众号内介绍品牌信息、产品信息、开展汽车的售前售后服务、建立车友会等。汽车企业运用微信开展汽车营销推广与互动活动可以降低营销成本，提升活动效果、性价比及各方参与互动度。

7. 短视频促销

短视频是可以在社交媒体上实时共享的时长较短的视频。汽车短视频在促销中有两种形式：一种是汽车企业自身注册的官方账号，专门发布汽车企业自己创作的高质量、高水平的汽车短视频；另一种是由消费者自己拍摄发布的短视频，虽然选择的演员、创作的剧本、拍摄的设备及后期的制作并不是特别专业，但贴近生活，非常平民化。草根性的汽车短视频传播效果更好，获得了汽车企业的青睐。

汽车短视频内容简单、表达明朗，营销推广模式契合消费者的生活习惯，有利于将短视频的观看者变成消费者，运营成本相对较低，却也可以达到较好的营销推广效果。随着短视频行业的迅速发展，汽车短视频营销推广方式越来越受到汽车企业的欢迎。

本 章 小 结

汽车促销是指汽车企业传递汽车产品信息给目标消费者,并激发其购买兴趣,从而促进提高汽车产品销售量的一系列市场营销活动。

汽车促销策略有人员促销、广告促销、销售促进和公共关系促进。

人员促销是指汽车企业通过促销人员直接与一个或者几个以上的潜在购买者接触、洽谈、介绍和推销产品,以提高汽车产品销售量的一系列市场活动。人员促销属于直接进行的销售活动,是促销人员与消费者之间在一种直接的、相互影响的关系中进行的。

广告促销是指通过媒体向目标大众传递产品信息。

销售促进又称营业推广,是指汽车企业运用各种短期诱因促进消费者和汽车中间商购买、经销汽车产品和服务的促销活动。销售促进由一系列强刺激性、具有短期诱导性的促销方式组成,包括赠券、奖券、展览、陈列、折扣、津贴等。销售促进作为人员推销和广告促销的补充方式,即时刺激性强、吸引力大。销售促进一般不是连续进行的,只是一些短期性、临时性的能使顾客迅速产生购买行为的促进策略。

公共关系促进在汽车领域是指塑造和宣传汽车企业形象、与公众建立良好关系的一系列活动。公共关系促进是促进销售的一个重要手段,但不是直接促销,一般不直接宣传汽车企业或者产品,对汽车产品的促销作用是间接的。

不同的促销方式有不同的效果。汽车促销组合策略就是把人员促销、广告促销、销售促进、公共关系促进结合起来综合运用以达到促销目标的策略。

汽车广告是指由汽车企业有偿使用一定的媒体,通过文字、图片、声音等宣传或者促销其汽车产品和服务的行为。汽车广告是汽车促销组合的重要组成部分。

汽车广告决策的过程一般包括明确汽车广告目标、确定汽车广告预算、选择汽车广告媒体、评估汽车广告效果。

汽车广告预算决策应用的一般方法为:找出在时点 t 地区 i 的最优汽车广告水平,以使汽车广告绩效最大。

在广告预算决策中通常可以运用 ADBUDG 模型。ADBUDG 模型主要研究广告预算的数量和分配。

汽车整合营销是通过汽车企业与顾客的沟通,以满足顾客需要为价值取向,确定汽车企业整体化的营销方式,发挥不同传播工具的优势,协调各种不同的促销策略,从而使汽车企业实现整合促销的低成本和高成效。

1. 请简述汽车促销的四种策略。
2. 请简述汽车广告预算决策应用的一般方法。
3. 请简述汽车整合营销的含义。

阅读材料

新能源市场大环境风起云涌，而汽车企业和消费者的情况也在变化。从2017年至2021年，随着国内自主品牌技术逐渐成熟，车型更加丰富，从轿车品类来看，中大型和大型轿车的上市，正在不断满足市场多元的需求。自媒体时代以内容为杠杆，不再进行单向的信息灌输，以KOL和社交媒体为杠杆，撬动用户心智，线上化、内容化、社交化的营销趋势已然形成。当下，中国汽车行业线上广告支出逐年攀升，与之相对应的是线下广告支出逐渐被压缩。线上渠道中，以垂类媒体和社交媒体投放费用占比超五成。汽车企业对社交媒体营销与KOL营销的投放热情日益高涨。相比于2020年，2021年汽车品牌合作数量增长超60%，投放订单数量增长超51%，投放金额增长超71%。移动互联网2.0时代在关注、兴趣、购买、忠诚等链路中，KOL与社交媒体贯穿其中并起到了关键性作用。

综上，线上化、内容化、社交化的汽车营销趋势势不可挡。在这样多重营销变量叠加影响下，过往的商业规则、营销规则正在被快速改写，品牌直面用户、构建"以用户为战略重心"的新营销已成大势所趋。

（资料来源：https://www.36kr.com/p/1667172016124931［2023-09-12］）

汽车促销组合规划[①]

某汽车公司决定开展促销活动来增加新车的相对市场份额。该公司决定选择使用电子广告牌、电视广告、网络广告和产品宣传册这四种常规促销工具为产品进行广告促销。公司营销部门根据产品特点制定了该汽车产品未来6期的计划广告受众数量，见表9-8。接下来公司着手实施汽车促销组合规划。

表9-8 该汽车产品未来6期的计划广告受众数量 （单位：百万人）

时间	1期	2期	3期	4期	5期	6期
广告受众数量预测值	4.8	5.2	5.8	6.2	4.6	4.2

1. 确定已知参数和决策参数

已知参数：公司目标是在促销费用最小的前提下使各期广告受众至少达到预期值，并且希望广告牌在北京二环内设置点应在1～3处，电视广告2～4次/天，网络广告（电台广播）每期投放次数为2～7次/天，产品宣传册每期制作1万～4万册。其余已知参数见表9-9。

[①] 程玉桂，宋颖，2019. 营销工程与实践［M］. 武汉：华中科技大学出版社．

表 9-9　其余已知参数

媒体	每次费用/百万元	每次受众/百万人	促销工具使用约束
电子广告牌	0.3	1	1～3 处
电视广告	0.8	0.6	2～4 次/天
网络广告	0.4	0.2	2～7 次/天
产品宣传册	0.5	0.1	1 万～4 万册

决策参数：公司在汽车促销组合规划中的决策参数如下。

$N_t = t$ 月电子广告牌设立点数量，$t = 1, \cdots, 6$；
$T_t = t$ 月电视广告投放次数，$t = 1, \cdots, 6$；
$B_t = t$ 月网络广告投放次数，$t = 1, \cdots, 6$；
$M_t = t$ 月宣传册数量，$t = 1, \cdots, 6$；
$A_t = t$ 月计划广告受众数量，$t = 1, \cdots, 6$。

运用 Excel 操作步骤如下。

将汽车促销组合规划的已知参数与决策参数输入 Excel 工作表，包括公司 1～6 期电子广告牌设立点数量、电视广告投放次数、网络广告投放次数、宣传册数量（设初始值为 0），以及每期计划广告受众数量，示例见表 9-10。

表 9-10　示例

	汽车促销组合规划				
时间	电子广告牌设立点数量 N_t	电视广告投放次数 T_t	网络广告投放次数 B_t	宣传册数量 M_t	每期计划广告受众数量 A_t
1	0	0	0	0	48000
2	0	0	0	0	52000
3	0	0	0	0	58000
4	0	0	0	0	62000
5	0	0	0	0	46000
6	0	0	0	0	42000

2. 确定目标函数

该公司汽车促销组合规划的目标函数为达到计划广告受众数量的总促销成本最小化。总促销成本包括

$$电子广告牌成本 = \sum_{t=1}^{6} 3000 N_t$$

$$电视广告成本 = \sum_{t=1}^{6} 8000 T_t$$

$$\text{网络广告成本} = \sum_{t=1}^{6} 4000 B_t \quad \text{宣传册成本} = \sum_{t=1}^{6} 5000 M_t$$

目标函数可表示为

$$\min\left\{\sum_{t=1}^{6} 3000 N_t + \sum_{t=1}^{6} 8000 T_t + \sum_{t=1}^{6} 4000 B_t + \sum_{t=1}^{6} 5000 M_t\right\}$$

运用Excel操作步骤如下：

（1）计算各期各种促销策略的成本，如在B12中输入"＝3000＊B3"表示第1期电子广告牌的成本。类似输入其他的促销成本。

（2）计算总促销成本，将上述所有促销成本项目加总，在J19中输入"＝SUM(B12：E17)"。

3. 设立约束条件

由于各种广告媒体受众不一样，公司决定对于这四种促销策略的使用次数进行控制，其约束条件为

$1 \leqslant N_t \leqslant 3$, $t = 1, \cdots, 6$

$2 \leqslant T_t \leqslant 4$, $t = 1, \cdots, 6$

$2 \leqslant B_t \leqslant 7$, $t = 1, \cdots, 6$

$1 \leqslant M_t \leqslant 4$, $t = 1, \cdots, 6$

各期计划广告受众数量的约束条件：公司促销目标是各期广告受众数量必须达到或超过计划值，有

$A_t \leqslant 1000 \times N_t + 6000 \times T_t + 2000 \times B_t + 1000 \times M_t$, $t = 1, \cdots, 6$

其余变量必须为非负数，不同促销策略的使用量应为整数。

为方便Excel处理，把上述所有约束条件的表达式转换为右边为0的形式。转换后的表达式为

$N_t - 1 \geqslant 0$, $t = 1, \cdots, 6$

$N_t - 3 \leqslant 0$, $t = 1, \cdots, 6$

$T_t - 2 \geqslant 0$, $t = 1, \cdots, 6$

$T_t - 4 \leqslant 0$, $t = 1, \cdots, 6$

$B_t - 2 \geqslant 0$, $t = 1, \cdots, 6$

$B_t - 7 \leqslant 0$, $t = 1, \cdots, 6$

$M_t - 1 \geqslant 0$, $t = 1, \cdots, 6$

$M_t - 4 \leqslant 0$, $t = 1, \cdots, 6$

$1000 \times N_t + 6000 \times T_t + 2000 \times B_t + 1000 \times M_t - A_t \geqslant 0$, $t = 1, \cdots, 6$

运用Excel操作步骤如下：

按以上公式在单元格中输入约束条件，如H3表示第1期广告牌设立点数量的约束，则在H3中输入"＝B3"。类似输入其他促销策略的约束条件。

4. 函数求解

选择"数据"/"规划求解"命令，弹出"规划求解参数"对话框，如图9.7所示。

图 9.7 "规划求解参数"窗口

在"设置目标单元格"中输入目标单元格,如本例输入"B19",并选中"最小值"。单击"可变单元格"放置插入点,然后选中单元格区域"B3:E8"(决策变量)。单击"约束"框右边"添加"进行约束条件的添加。单击"求解",得到规划求解参数。

附录　模拟试题及答案

模拟试题 1

一、单项选择题

1. 下列（　　）因素属于企业的微观环境因素。
   A. 人口　　　　B. 购买力　　　　C. 公众　　　　D. 自然环境
2. 市场细分在本质上是按（　　）进行的。
   A. 购买力差别　　　　　　　　B. 需求差别
   C. 个性差别　　　　　　　　　D. 服务差别
3. 适合高档汽车产品的定价策略是（　　）。
   A. 低价策略　　　　　　　　　B. 折扣定价策略
   C. 尾数定价策略　　　　　　　D. 整数定价策略
4. 市场营销观念的核心问题是（　　）。
   A. 以增加生产为中心，生产什么就销售什么。
   B. 以推销工作为中心，加强推销机构。
   C. 以满足顾客需求为中心，来开展经营、销售活动。
   D. 以企业生产为主导，借助市场进行的一系列市场活动。
5. 在波士顿矩阵中，相对市场占有率较高和销售增长率较高的产品称为（　　）。
   A. 明星产品　　B. 牛奶产品　　C. 野猫产品　　D. 瘦狗产品
6. 由一系列短期诱导性、强刺激性的战术组成的促销策略称为（　　）。
   A. 销售促进　　B. 广告促销　　C. 人员促销　　D. 公共关系促销
7. 奇瑞汽车与吉利汽车属于（　　）。
   A. 一般竞争者　　　　　　　　B. 平行竞争者
   C. 欲望竞争者　　　　　　　　D. 品牌竞争者
8. 4C营销策略是指顾客解决方案、顾客成本、便利和（　　）四个方面。
   A. 沟通　　　　B. 渠道　　　　C. 价格　　　　D. 产品
9. 某企业故意将产品的价格尾数定为"9"，这是属于（　　）定价策略。
   A. 品牌　　　　B. 折扣　　　　C. 心理　　　　D. 竞争
10. "企业在整个营销过程中充分体现出环保意识和社会意识，引导并满足消费者有利环境保护及身心健康的需求"是对（　　）的描述。
    A. 病毒汽车营销　　　　　　　B. 绿色汽车营销
    C. 网络汽车营销　　　　　　　D. 社会汽车营销

二、判断题

1. 成本是价格中最重要的因素之一。因此成本低，产品价格竞争力就强。（　　）
2. 有购买力的欲望就有需求。（　　）
3. 市场营销观念的突出特征是以产品质量为核心。（　　）
4. 市场预测的目的是为汽车企业科学决策提供可靠依据。（　　）
5. 按不同的分类标准，汽车消费市场可以分为不同的类型。按购买者规模进行分类，汽车消费市场可分为乘用车消费市场和商用车消费市场。（　　）
6. 大多数情况下，市场细分通常都是依据单一标准进行细分的。（　　）
7. 市场细分只适合实力较强的大企业，中小型企业不十分适合。（　　）
8. 汽车营销观念的实质是以顾客需求为中心。（　　）
9. 由于环境对市场营销有很好的促进作用，因此市场营销必须积极地去适应环境而不能去改变环境。（　　）
10. 汽车企业战略是一个集成系统，是由多个系统或者战略模块集合而成的，它包括一系列的重要步骤和内容。（　　）

三、名词解释

1. 汽车市场细分

2. 汽车促销组合策略

3. 营销模型

四、简答题

1. 简述汽车市场营销微观环境的内容。

2. 简述汽车市场营销观念的演变路径。

五、论述题

如何进行汽车市场调研？

六、案例分析题

福特汽车公司成立于1903年，第一批大众化的福特汽车因实用、优质、价格合理，得到大众认可，业务发展迅速。1908年年初，福特根据当时大众的需要，做出了战略性的决策，致力于生产规格统一、品种单一、价格低廉、大众需要且买得起的汽车，1908年10月1日，采用流水线生产方式的著名的T型车被推向市场。1912年，福特公司聘用詹姆斯·库兹恩任总经理。库兹恩上任后实施了以下三项决策。

（1）对T型车做出降价的决定。从1910年的950美元降到850美元以下。

（2）按每辆T型车850美元的售价目标，着手改革公司内部的生产线，在新厂中采用现代化的大规模装配作业线，从12.5小时生产一辆T型车降到9分钟出一辆车，大幅度降低了成本。

（3）在全世界设置7000多家代理商，广设销售网点。

这三项决策的成功使T型车冲向全世界，市场份额为当时美国汽车行业之首。此后十多年，由于T型车适销对路，销量迅速增加，产品供不应求，福特公司在商业上取得了巨大的成功。

20世纪20年代中期，随着美国经济的快速增长和百姓收入的增加及生活水平的提高，汽车市场发生了巨大的变化，买方市场在美国已经基本形成，道路及交通状况也发生了质的改变，简陋而又千篇一律的T型车虽然价廉，但已经不能满足消费者的需求。然而，面对市场的变化，福特仍然自以为是，置消费者的需求变化于不顾，顽固地坚持生产中心的观念，就像他宣称的不管顾客需要什么颜色的汽车，我只有黑色的，体现了其营销观念的僵化。面对市场的变化，通用汽车公司却及时地抓住了市场机会。1923年，斯隆任通用汽车公司总裁，改革了经营组织，使公司高层领导人抓经营、抓战略性决策，日常的管理工作由事业部去完成；同时，他提出了汽车形式多样化的经营方针，以满足各阶层消费者的需要。通用汽车公司推出了新的式样和颜色的雪佛兰汽车，雪佛兰汽车一上市就受到消费者的追捧，而福特T型车的销量剧降，1927年销售了1500多万辆的T型车不得不停产。

通用公司在1923年的市场份额仅为12%，远远低于福特汽车公司；但通用公司在1928年的市场份额达30%以上，超过福特汽车公司；在1956年的市场份额达53%，成为当时美国最大的汽车公司。

（资料来源：https://www.docin.com/p-21492143.html ［2023-09-18］）

1. 试分析福特汽车成功推出T型车的过程中都应用了哪些市场营销策略？

2. 试从营销学角度分析福特汽车在后期市场上失利，以及通用公司后来居上，推行汽车形式多样化经营方针获得成功的原因。

模拟试题1答案

一、单项选择题

| 1. C | 2. B | 3. D | 4. C | 5. A | 6. A | 7. C | 8. A | 9. C | 10. B |

二、是非题

| 1. √ | 2. √ | 3. × | 4. √ | 5. × | 6. × | 7. × | 8. × | 9. × | 10. √ |

三、名词解释

1. 汽车市场细分

汽车市场细分是指通过汽车市场调研,发现汽车消费者的需要和欲望、购买行为和购买习惯等方面的差异,并根据这些差异把某一汽车产品的市场整体划分为若干消费者群体的市场分类过程,以选择和确定市场营销活动。

2. 汽车促销组合策略

汽车促销组合策略是把人员促销、广告促销、销售促进、公共关系促进结合起来综合运用,以达到促销目标。

3. 营销模型

营销模型是通过研究自变量、因变量之间,以及中间变量之间的关系,并尽量将它们之间的关系用数学函数表示出来,进而研究不同决策下市场的反应,并进行模拟决策。

四、简答题

1. 简述汽车市场营销微观环境的内容。

(1) 汽车企业自身。

(2) 汽车供应商。

(3) 汽车中间商。

(4) 顾客。

(5) 竞争者。

(6) 公众。

2. 简述汽车市场营销观念的演变路径。

答:(1) 汽车生产观念。

(2) 汽车产品观念。

(3) 汽车推销观念。

(4) 汽车市场营销观念。

(5) 汽车社会市场营销观念。

(6) 汽车全面营销观念。

五、论述题

如何进行汽车市场调研？

答：汽车市场调研一般按以下步骤进行。

（1）确定汽车市场调研的必要性，即论证是否需要开展此项汽车市场调研项目。

（2）明确开展汽车市场调研需要解决的问题，即汽车市场调研项目需要围绕某个明确的问题开展。

（3）确定汽车市场调研目标，即确定汽车市场调研项目需要达成的目标。

（4）制订汽车市场调研计划，即围绕汽车市场调研目标，设计汽车市场调研方案，确定信息的类型和来源，制订汽车市场调研计划。

（5）执行汽车市场调研计划，即实施已经制订好的汽车市场调研计划，并在实施过程中发现问题、反馈信息、修正和调整计划，在计划执行后进行评估和总结。

（6）处理汽车市场调研信息，即将汽车市场调研计划实施过程中收集到的信息进行整理、分析，得出调研结论，撰写调研报告。

六、条例分析题

1. 试分析福特汽车成功推出 T 型车的过程中都应用了哪些营销策略？

答：（1）定价策略。福特汽车公司通过提高生产技术、改进生产线、降低汽车产品成本来提高市场份额，采取低价策略，市场份额最大化是其定价目标。

（2）分销策略。福特汽车公司在推出 T 型车时，采用了间接渠道、宽渠道策略。利用具有专业化水准和规模经济优势的汽车中间商高效地占据汽车销售市场。

2. 试从营销学角度分析福特汽车在后期市场上失利，以及通用公司后来居上，推行汽车形式多样化经营方针获得成功的原因。

答：市场营销观念是企业在开展市场营销活动的过程中，在处理企业、顾客和社会三者利益方面所持的态度、思想和观念，是一切经营活动的出发点。这种观念是以满足顾客需求为出发点的，即顾客需要什么，就生产什么。市场营销观念认为，实现企业各项目标的关键在于正确确定目标市场的需要和欲望，并且比竞争者更有效地传送目标市场所期望的产品或者服务，进而比竞争者更有效地满足目标消费者的需要和欲望。

在供大于求的买方市场中，企业必须转变经营观念，通过市场细分，确定目标市场，满足目标市场需求，才能求得生存和发展。

模拟试题 2

一、单项选择题

1. "我生产什么，就卖什么"属于（　　）。
   A. 生产观念　　　B. 产品观念　　　C. 推销观念　　　D. 市场营销观念
2. 以下促销方式中属于推销方法灵活、针对性强、容易促成及时成交的是（　　）。
   A. 人员推销　　　B. 营业推广　　　C. 公共关系　　　D. 广告
3. 以下哪一项不属于营销渠道选择的主要因素？（　　）。
   A. 产品因素　　　B. 市场因素　　　C. 媒体因素　　　D. 企业自身因素
4. 以下对于汽车市场营销策略描述不正确的是（　　）。
   A. 4P 理论的提出奠定了管理营销的基础理论框架
   B. 市场营销活动的核心在于制定并实施有效的市场营销组合策略
   C. 市场营销组合是指市场需求或多或少在某种程度上受到营销变量的影响，为寻求一定的市场反应，企业要对这些要素进行有效组合
   D. 4P 理论是随着营销组合理论的提出而出现的，包括产品、价格、促销、广告四个方面
5. 影响消费者购买行为的因素众多，其中家庭属于（　　）。
   A. 文化因素　　　B. 社会因素　　　C. 个人因素　　　D. 心理因素
6. 以下主要用于获取二手资料的市场调查方法是（　　）。
   A. 访问法　　　　B. 观察法　　　　C. 实验法　　　　D. 方案调研法
7. 企业根据市场需求的多样性和购买者行为的差异性，把整个市场划分为若干具有某种相似特征的用户群，以便用来确定目标市场的过程称为（　　）。
   A. 市场管理　　　B. 市场细分　　　C. 市场战略　　　D. 市场营销
8. 下列组织中，（　　）不是汽车营销中介单位。
   A. 汽车中间商　　B. 汽车供应商　　C. 银行　　　　　D. 保险公司
9. 根据消费者能够接受的最终销售价格，推算汽车中间商的批发价和生产企业的出厂价，这种定价方法称为（　　）。
   A. 需求差异定价法　　　　　　　　B. 理解定价法
   C. 产品差别定价法　　　　　　　　D. 逆向定价法
10. 对汽车外部宏观环境和微观环境的调研和分析可使汽车管理层发现（　　）。
    A. 优势和劣势　　　　　　　　　　B. 竞争和市场
    C. 机会和威胁　　　　　　　　　　D. 政策和法规

二、判断题

1. 折扣定价属于心理定价策略的范畴。（　　）
2. 汽车市场环境调研是汽车市场调研的主要内容之一。（　　）

3. 乘用车用户消费市场是指由以营利为经营目的而购买汽车的企业客户构成的汽车用户市场。（   ）

4. 集团消费购买行为模式主要包括直接重构、修正重构和新购三种。（   ）

5. 汽车产品包括有形产品和无形产品。（   ）

6. 为了使调研的结果符合调研意图，可以在设计调研问卷时设计一些有引导含义的问题。（   ）

7. 头脑风暴法属于集体经验判断法，该方法受专家个性和心理因素或者其他专家意见影响，也可能受到参加人数和讨论时间的制约。（   ）

8. 汽车市场定位是汽车企业制定市场营销组合的基础。（   ）

9. 竞争导向定价法是以产品成本为中心的定价方法。（   ）

10. 政治与法律环境的改变会显著影响企业的市场营销活动。（   ）

三、名词解释

1. 汽车市场营销

2. 汽车市场定位

3. 汽车渠道

四、简答题

1. 请简述汽车市场营销宏观环境的内容。

2. 请简述产品、效用和价值的内容。

3. 请简述数据和信息的内容。

五、论述题

请论述汽车市场 STP 营销战略的步骤及内容。

六、案例分析题

奇瑞汽车公司作为中国地方汽车企业，曾经成功推出奇瑞旗云、东方之子等性价比较高的轿车，并且凭借自主品牌的优势与合理的价格优势向国外出口轿车产品，已经在全国形成相当高的知名度。

微型客车销量曾在 20 世纪 90 年代初期持续高速增长。但是，自 20 世纪 90 年代中期以来，各大城市纷纷限制微型客车。同时，由于各大城市在安全环保方面要求不断提高，成本的抬升使微型客车的价格优势越来越小，因此微型客车厂家已经把主要精力转向轿车生产，微型客车产量的增幅迅速下降。

在这种情况下，奇瑞汽车公司经过认真的市场调研，精心选择微型轿车进入市场。它的新产品不同于一般的微型客车，但具有微型客车的尺寸和轿车的配置。2003 年 4 月初，奇瑞公司开始对奇瑞 QQ 的上市做预热，通过传播奇瑞公司的新产品信息，引发媒体对奇瑞 QQ 的关注。由于这款车的强烈个性特征和最优的性价比，媒体自发掀起第一轮炒作，吸引了消费者的广泛关注。2003 年 4 月下旬，蜚声海内外的上海国际车展开幕，通过媒体奇瑞公司告知奇瑞 QQ 将亮相上海国际车展，与消费者见面，引起消费者更进一步的关注。2003 年 5 月，预热阶段结束，奇瑞 QQ 的价格揭晓了——4.98 万元，比消费者期望的价格更吸引人，这个价格与同等规模的微型客车差不多，但从外观到内饰都是与国际同步的轿车配置。

2003 年 6 月奇瑞 QQ 开始大批量供货，在全国近 20 个城市同时开展上市期间的宣传活动，邀请各地媒体对奇瑞 QQ 进行全面深入的报道，持续不断刊登全方位的产品信息广告，同时针对奇瑞 QQ 目标用户年轻时尚的个性特点，结合互联网的特性，推出"奇瑞 QQ"网络 flash 设计大赛，以吸引目标消费者参与。

奇瑞QQ除轿车应有的配置外，还装载了独有的"I-say"数码听系统，成为"会说话的QQ"，堪称当时小型车时尚配置之最。据介绍，"I-say"数码听是奇瑞公司为目标用户专门开发的一款车载数码装备，集文本朗读、MP3播放、USB盘存储多种时尚数码功能于一身，奇瑞QQ与计算机和互联网紧密相连，完全迎合了离开网络就像鱼儿离开水的年轻一代的需求。

2003年11月，厂家更进一步地针对奇瑞QQ消费者时尚个性的特点，组织开展了"QQ秀个性装饰大赛"。由于奇瑞QQ始终倡导"具有亲和力的个性"的生活理念，因此在当今社会的年轻一代中深获共鸣。从这次大赛中不难看出，奇瑞QQ已逐渐成为年轻一代时尚生活理念新的代言者。

奇瑞QQ微型轿车在2003年5月推出，6月就获得良好的市场反应。到2003年12月已经售出二万八千多台，同时获得多个奖项。

（资料来源：https://www.cnqihua.com/3g/show.asp?m＝1&d＝2811&p＝o[2023－09－18]）

分析：

1. 什么是汽车市场细分？奇瑞QQ是如何细分轿车市场的？请结合案例阐述汽车市场细分的作用？

2. 请结合案例阐述奇瑞QQ的市场营销策略。

模拟试题 2 答案

一、单项选择题

| 1. A | 2. A | 3. C | 4. D | 5. B | 6. D | 7. B | 8. B | 9. D | 10. C |

二、是非题

| 1. × | 2. √ | 3. × | 4. √ | 5. √ | 6. × | 7. √ | 8. √ | 9. × | 10. √ |

三、名词解释

1. 汽车市场营销

汽车市场营销是汽车企业为了实现汽车企业经营目标，在一定的汽车市场营销环境下，通过发现消费者的需要及潜在需求，按消费者的需要及潜在需求来设计、生产、推广产品与服务，以更好地满足市场需求，或者引导消费需求，而开展的一系列汽车市场营销活动和管理过程。

2. 汽车市场定位

汽车市场定位是汽车企业选择与目标市场相应的产品设计与营销组合策略，从汽车产品、汽车服务、企业形象等方面进行差异化定位。

3. 汽车渠道

汽车渠道是指汽车生产商的产品通过一定的销售网络销向不同的区域，是产品销售的路线，是在汽车产品或者服务从汽车生产商向消费者转移的过程中，直接或者间接转移汽车所有权经历的途径。

四、简答题

1. 请简述汽车市场营销宏观环境的内容。

（1）人口环境。

（2）经济环境。

（3）政治法律环境。

（4）社会文化环境。

（5）自然环境。

（6）地理环境。

（7）科技环境。

2. 请简述产品、效用和价值的内容。

产品是指提供给市场的可以用来交换的物品，包括有形产品和无形产品。例如，一辆车是有形产品，为这辆车进行维修和保养的汽车服务是无形产品。

效用是指消费者对商品拥有和使用的满足程度。反映在汽车市场上，效用是消费者拥有和使用汽车产品的满足程度。

价值是指满足需要的效用关系。价值可以表明商品的交换能力。

3. 请简述数据和信息的内容。

数据是事实或观察的结果，是对客观事物的逻辑归纳，是用于表示客观事物的未经加工的原始素材。数据的类型包括声音、图像等模拟数据和符号、文字等数字数据。

数据经过加工后就成为信息。数据是信息的表现形式和载体，信息本身没有意义，只有对实体行为产生影响时才成为信息。信息是加载于数据之上、对数据进行解释的内涵。二者是形与质的关系。

五、论述题

请论述汽车市场STP营销战略的步骤及内容。

答：汽车市场STP营销战略的步骤及内容如下。

（1）汽车市场细分。汽车企业通过市场调研，将特定的影响因素（如地理位置、人口分布、消费者行为心理特征、消费者个人特征、汽车级别等）作为细分变量，将汽车市场整体分为若干个细分汽车市场，并明确细分汽车市场的特征。

（2）汽车目标市场选择。汽车企业根据企业自身特征、市场竞争情况、市场规模和市场潜力等方面的分析，对各个细分市场进行评估，选择部分细分市场作为目标市场，并明确目标市场的特征。

（3）汽车市场定位。汽车企业选择与目标市场相应的产品设计与营销组合策略，从汽车产品、汽车服务、企业形象等方面进行差异化定位。

六、案例分析题

分析：

1. 什么是汽车市场细分？奇瑞QQ是如何细分轿车市场的？请结合案例阐述汽车市场细分的作用？

答：汽车市场细分是指通过汽车市场调研，发现汽车消费者的需要和欲望、购买行为和购买习惯等方面的差异，并根据这些差异把某一汽车产品的市场整体划分为若干消费者群体的市场分类过程，以选择和确定市场营销活动。

奇瑞QQ应用的两个细分变量是车型大小和消费者年龄，将整个家用轿车市场划分出了微型轿车市场和年轻人轿车市场，并以此为目标市场进行目标市场定位，制定符合该目标市场的市场营销策略，最终取得成功。

汽车市场细分的作用：①能发现新的市场机会；②能更好地满足市场需求；③能更充分地发挥企业优势；④有助于企业选定合适的目标市场。

2. 请结合案例阐述奇瑞QQ的市场营销策略。

答：从产品、价格、渠道、促销四个角度的分析如下。

（1）产品：结合年轻人诉求设计、生产满足其需求的产品。

（2）价格：实行低价策略入市，小数定价策略。

（3）渠道：全国统一供货，特约销售方式。

（4）促销：售前、售中、售后不同阶段采取不同广告促销和销售促进活动。

参 考 文 献

波特,2014. 竞争战略 [M]. 陈丽芳,译. 北京:中信出版社.
程玉桂,宋颖,2019. 营销工程与实践 [M]. 武汉:华中科技大学出版社.
费鸿萍,2012. 营销工程与应用:基于中国市场与企业运作的视角 [M]. 上海:华东理工大学出版社.
高鸿业,2011. 西方经济学(第 5 版)典型题题解 [M]. 北京:中国人民大学出版社.
科特勒,阿姆斯特朗,2015. 市场营销:原理与实践:第 16 版 [M]. 楼尊,译. 北京:中国人民大学出版社.
科特勒,凯勒,2017. 营销管理:精要版:第 6 版 [M]. 王永贵,华迎,译. 北京:清华大学出版社.
科特勒,凯勒,切尔内夫,2022. 营销管理:第 16 版 [M]. 陆雄文,蒋青云,赵伟韬,等译. 北京:中信出版社.
李海波,刘学华,2005. 新编统计学 [M]. 上海:立信会计出版社.
利连,朗格斯瓦米,2005. 营销工程与应用 [M]. 魏立原,成栋,译. 北京:中国人民大学出版社.
万广圣,2009. 营销工程应用导向的营销决策方法 [J]. 商业经济研究(26):23-24.
翁智刚,2010. 营销工程 [M]. 北京:机械工业出版社.
杨亚莉,2015. 汽车营销理论实务 [M]. 北京:清华大学出版社.